한권으로 마스터하는
퍼펙트 축구 포메이션

SOCCER FORMATION ZUKAN by Ayumu Tatsuoka
Copyright © 2022 Ayumu Tatsuoka
All rights reserved.
Original Japanese edition published by KANZEN CORP.
This Korean edition is published by arrangement with KANZEN CORP, Tokyo
in care of Tuttle-Mori Agency, Inc., Tokyo, through Botong Agency, Seoul.

이 책의 한국어판 저작권은 Botong Agency를 통한 저작권자와의 독점 계약으로 삼호미디어가 소유합니다.
신 저작권법에 의하여 한국 내에서 보호를 받는 저작물이므로 무단전재와 무단복제를 금합니다.

한권으로 마스터하는
퍼펙트 축구 포메이션

Contents

6
들어가며

4backs

10
[**4-4-2**]
포메이션의 원점

41
번외 포메이션 ① [N-BOX]

42
[**4-2-3-1**]
황금의 균형

55
번외 포메이션 ② [4-2-2-2]

56
[**4-3-3**]
점유율 축구의 원리주의

84
[**4-3-2-1**]
함께 빛나는 재능

110
[**4-3-1-2**]
왕의 귀환

135
번외 포메이션 ③ 필자가 어릴 때 생각한 [최강의 포메이션]

136
Column 포메이션 명승부 돌아보기 ①

141
Column 포메이션 명승부 돌아보기 ②

3backs

146
[3-4-3 (플랫)]
사이드를 제패하는 자

170
[3-4-1-2]
공격과 수비의 분업

196
[3-3-2-2]
가변적 카멜레온

220
[3-4-2-1]
미완성된 큰 그릇

244
[3-4-3 (다이아몬드)]
궁극의 변태 시스템

268
Column 포메이션 명승부 돌아보기 ③

276
마치며

들어가며

"포메이션 간의 모든 조합을 망라한 도감 같은 걸 내보고 싶은데요."

무리한 제안을 꺼내기로 유명한 《풋볼 비평》의 이시자와 편집장에게 이 말을 들었을 때 나는 어안이 벙벙한 표정을 짓고 있었다. 솔직히 잘 와 닿지 않았다. 그러잖아도 현대 축구가 가변 시스템의 발달이니 프리롤의 진화니 하는 방향으로 점점 발전하는 지금, 포메이션은 껍데기만 남았다는 말까지 나오고 있다. 펩 과르디올라Pep Guardiola의 유명한 발언인 '포메이션의 숫자는 그냥 전화번호 같은 것이다'에 대해서는 새삼 다시 소개할 필요도 없을 것이다. 요즘 시장에 포메이션을 주제로 삼은 책에 대한 수요가 있을까? 그런 일말의 불안을 안고 첫 미팅에 나갔던 기억이 아직도 생생하다.

그러나 어느 날 내 인식은 뒤집혔다. 장기 용왕('명인'과 함께 일본 장기의 최고 타이틀) 후지이 소타가 타이틀전에 나서서 화제가 되었던 때로 기억한다. 나는 장기를 잘 하지는 못하지만, 전략을 다루는 게임성과 기사의 사고법에는 예전부터 관심이 있었다. 특히 후지이 소타는 천재적인 두뇌의 소유자로 칭송받는 기사이기 때문에 더욱 궁금했다. 그래서 재미 삼아 인터넷 대국 중계를 보고 있었다.

장기는 해설자의 태도가 축구와는 완전히 달라서 흥미롭다. 한 수 한 수 시간을 들여서 놓는 장기에서는 해설자가 장기판을 이용해 다음 수와 거기에 서 파생될 시합 전망을 자세히 설명해 준다. 그리고 때때로 "굉장한 수가 나 왔습니다!" 등의 추임새를 넣는다. 나아가 요즘 인터넷 중계는 AI를 활용하 여 판단한 형세를 숫자와 그래프로 보여주기 때문에 어느 쪽이 대국에서 우 위를 점하고 있는지도 일목요연하게 알 수 있다.

그러나 장기를 잘 모르는 나는 장기판을 봐도 무엇이 '굉장한 수'인지, 왜 우세한지 전혀 이해할 수 없다. 해설자의 말을 듣고 아마 정석(바둑 용어로, 예로 부터 지금에 이르기까지 공격과 수비에 최선이라고 인정한 일정한 방식으로 돌을 놓는 법)에서 벗어난 기발한 수일 것이라고 추측은 할 수 있지만, 그 정석을 모르기에 진정 한 가치도 모르는 것이다. 만약 내게 기본적이더라도 장기의 정석을 총망라 한 가이드북이 있었다면, 분명 좀 더 흥미진진하게 대국을 관전할 수 있었을 것이다.

거기서 문득 깨달았다. 이시자와 편집장의 의도는 이런 것이 아니었을까? 축구의 포메이션은 장기의 정석 같은 것인지도 모른다. 정석만 가지고는 승 부에서 이길 수 없고, 시합의 전부를 파악할 수도 없다. 어디까지나 전제로 깔아둔 채 서로 전략을 발휘하는 것이다. 그런데 이 전제를 모르면 고도의 전술이나 기발한 수도 결코 이해할 수 없다. 과르디올라의 '전화번호 같은 것일 뿐'이라는 말은 그 전제를 알고 있기에 나올 수 있는 것이다. 갑자기 '가짜 풀백'이라는 말을 들었을 때 풀백의 원래 위치나 움직임을 모르면 무엇이 '가짜'인지 알 도리가 없지 않은가.

  게다가 축구는 장기와 달라서 시시각각으로 빠르게 국면이 전환된다. 사전에 정석을 머릿속에 넣어두지 않으면 시합 전개를 곧바로 따라갈 수 없을 것이다. 따라서 포메이션과 포메이션의 조합도 정석으로 기억해 두면 시합에서 주목할 부분과 지금까지 보이지 않았던 부분이 명확해질지도 모른다.

  실제 시합에서는 대부분의 선수와 감독이 이 책에 나오는 정석을 이해한 상태에서 상대를 공략하기 위해 머리를 짜낸다. 정석대로 시합이 진행되는 일, 예측대로 양쪽이 맞물리는 일은 현실에서는 드물다. 그렇기에 더욱 정석을 알면 서로 어떻게 상대의 약점을 파고들며 자신의 약점을 잘 숨기는지가 자연스럽게 눈에 들어올 것이다. 독자분들이 축구를 더 재미있게 즐길 수 있도록, 이 책이 정석 가이드가 될 수 있다면 저자로서 그저 기쁠 것이다.

2022년 1월 다쓰오카 아유무

【본문과 그림의 포지션 표기】

GK = 골키퍼
CB = 센터백
SB = 사이드백(풀백)
AC = 앵커(앵커맨 – 수비형 중앙 미드필더)
VO = 볼란치(수비형 미드필더)
SH = 사이드하프(측면 미드필더)
WB = 윙백
CH = 센터하프(중앙 미드필더)
IH = 인사이드하프(메짤라)
OH = 오펜시브하프(공격형 미드필더)
FW = 포워드
CF = 센터포워드
WB = 윙

⟵ 볼의 움직임
⟵------ 선수의 움직임
⟵∼∼ 드리블의 움직임

Formation / 4backs

[4-4-2]

포메이션의 원점

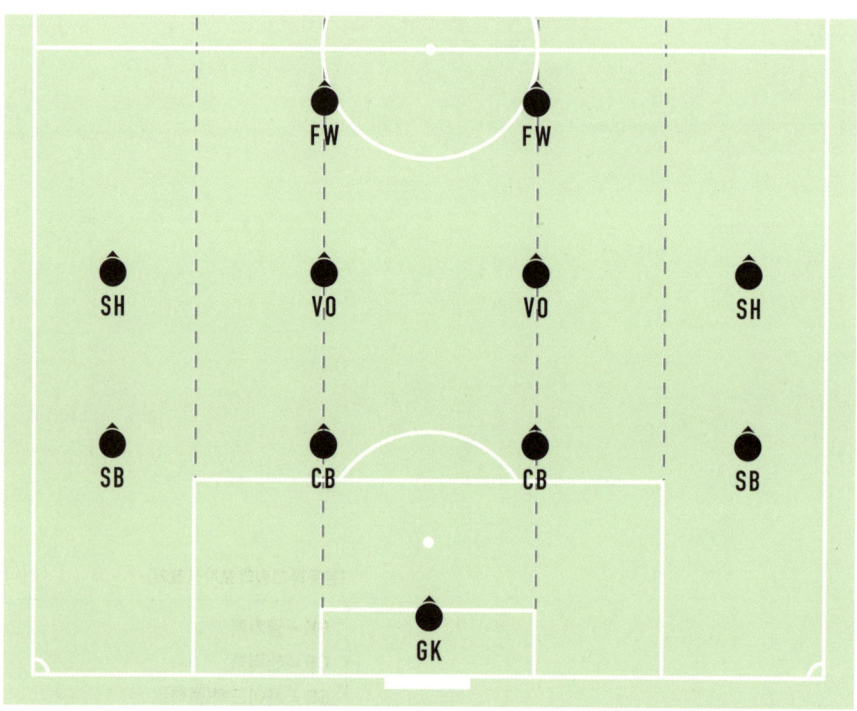

<레이더 차트>

공격 지향 / 수비 지향

이상주의 / 현실주의
볼 비점유 / 볼 점유

▶ 강점과 약점

강점
○ 범용성이 높아서 어느 팀이든 운용할 수 있다.
○ 접근성이 높아서 특별히 뛰어난 선수가 필요하지 않다.
○ 단시간에 훈련시킬 수 있다.

약점
× 볼을 점유했을 때 패스 경로가 적다.
× 현대 축구에서는 공략법이 명확하다.

▶ 감독

• 아리고 사키 Arrigo Sacchi • 파비오 카펠로 Fabio Capello
• 디에고 시메오네 Diego Simeone
• 미겔 앙헬 로티나 Miguel Angel Lotina
• 엑토르 쿠페르 Hector Raul Cuper
• 마르셀리노 가르시아 토랄 Marcelino Garcia Toral

[4-4-2]의 메커니즘

범용성이 높아서 특출난 선수가 없어도 효과적

[4-4-2]는 모든 포메이션의 원점이라고 할 수 있다. 결국 쓰리백은 [4-4-2]에서 떼어낸 수비수를 어디에 보충할 것인가? 하는 발상에서 나온 포지션이고, 쓰리톱도 [4-4-2]에서 어느 포지션을 떼어내 전방을 3명으로 만들 것인가? 하는 발상에서 나왔다고 해도 과언이 아니다. 출발점은 모두 [4-4-2]인 것이다.

그렇다면 왜 [4-4-2]는 모든 포지션의 기본일까? 이 배치야말로 가로 68m, 세로 105m의 필드를 가장 균형 있게 운용할 수 있는 배열이기 때문이다. 지역방어가 주류인 현대 축구에서 필드 너비 68m는 3명으로 방어하기에는 너무 넓고, 5명으로 방어하기에는 조금 좁다. 무엇보다 세 라인으로 구성된 포메이션에서 어느 한 라인을 5명으로 만들어 선수의 거의 절반을 넣어 버리면 다른 한 라인은 빈틈이 많아질 수밖에 없다.

쓰리백은 3명으로 수비 라인을 지킬 만한 센터백이 없는 팀에서는 실현할 수 없다. [4-3-3]도 중간이 3명이기 때문에 볼을 점유할 수 있는 미드필더가 없으면 도입하기 어렵다. 그 점에서 [4-4-2]는 선수를 가로세로로 균일하게 배치할 수 있으므로 어느 한 포지션에 인원이 치우치지 않는다.

모든 포지션이 균형을 이룬다는 것은 어느 한 포지션에 특출난 선수가 없어도 잘 기능하는, 범용성이 높은 포메이션이라는 뜻도 된다. [4-4-2]는 개인 능력으로 돌파하는 드리블러도 없고, 천재적인 공격형 미드필더도 없고, 슈퍼 스트라이커도 없는 매우 평범한 팀이라도 어느 정도까지는 완성도를 높일 수 있는 포메이션이다.

애초에 축구계의 피라미드 구조를 생각하면 이런 스타 선수들을 가진 팀은 매우 일부에 불과한 빅클럽 뿐이다. 숫자로 보면 그 외의 수많은 '일반적인 선수'들로 구성된 평범한 팀이 압도적으로 많다. 그런 까닭에 현대 축구의 긴 역사에서 [4-4-2]는 항상 정석 중의 하나로 존재해 왔다.

특히 1980년대 후반, 그전까지 맨투맨이 주류였던 축구에서 아리고 사키Arrigo Sacchi가 '지역방어'라는 혁신적인 전술을 도입한 후로 [4-4-2]는 흔들림 없는 위상을 차지하게 되었다. [4-4-2]는 필드의 각 지역을 빈틈없이 지키는 데 딱 맞는 포메이션이라고 할 수 있었다. 사키 이후로 수많은 팀이 지역방어로 노선을 변경했으며 그와 함께 [4-4-2] 포메이션을 도입하는 사례가 주류가 되었다.

생명줄을 쥔 치밀한 세 라인

하지만 [4-4-2]에도 사각지대가 존재한다. 균형이 너무 좋기 때문에 개성 있는 선수를 톱니바퀴 중 하나로 포함시키기가 어려운 면이 있는 것이다. [4-4]로 조직하는 수비 라인과 둘째 라인에서는 누구 하나라도 약속을 소홀히 하는 순간 조직이 곧바로 무너지고 만다. 그렇기에 [4-4-2]의 전성기였던 90년대에는 균형을 고집하는 감독이 특별한 개성을 보유한 선수를 팀에서 배제하는, 본말이 전도된 사례도 나타날 정도였다.

[4-4]의 균등한 톱니바퀴에 들어맞지 않은 당시의 판타지스타들이 다다른 곳은 투톱 포지션이었다. 이 선수들은 포메이션 표기에서는 투톱 포워드였지만, 실제로는 포워드도 아니고 공격형 미드필더도 아닌 '1.5번 째 라인'이라는 새로운 영역을 개척해 나갔다. 투톱의 일각에는 [4-4-2]의 생명줄인 [4-4]의 균형을 유지하는 동시에 아슬아슬하게 이단에 가까운 재능을 끼워 넣을 여지가 있었던 것이다. 로베르토 바조Roberto Baggio, 알레산드로 델피에로Alessandro Del Piero, 파블로 아이마르Pablo Aimar, 주니뉴 파울리스타Juninho Paulista 등 그 시대의 1.5번 째 라인에 위치했던 천재들은 이루 헤아릴 수 없다. 이러한 독자적인 변용을 통한 진화의 여지가 있었던 것도 그만큼 [4-4-2] 포메이션이 응용하기 쉬운 덕분이라고 할 수 있을 것이다.

[4-4-2] 포메이션의 메커니즘에서 생명줄을 쥔 것은 세 라인의 치밀함이다. 특히 미들 라인 4명과 수비 라인 4명이 만들어내는 [4-4]의 간격은 10m 이하로 좁히는 것이 필수다. 소위 위험 지역(득점이 가능한 치명적 지역)이라고 하는 공간은 [4-4-2]의 약점이다. 이 지역으로 쉽게 종패스가 들어와 상대 선수가 전방을 향하게 되면 수비 라인은 함부로 앞으로 나설 수 없고 후퇴할 수밖에 없다. 이때 상대 선수는 스루패스, 드리블 돌파, 미들 슛 등 무엇이든 할 수 있는 상태가 된다.

그러나 이 지역이 항상 치밀하다면 가령 종패스가 들어와도 그 순간 [4-4]의 두 라인이 협공할 수 있다. 즉, 지역이 치밀한 상태에서는 뛰어난 수비수나 수비형 미드필더가 없어도 여러 명이 둘러싸고 볼을 빼앗을 수 있는 것이 [4-4-2]의 이점이다.

균형이 너무 잘 잡혀 있어서 '치고 나올 선수'가 없다

이처럼 범용성이 높은 [4-4-2]도 명확한 약점이 있는데, 그것은 바로 볼 점유에는 매우 부적합한 포메이션이라는 점이다. 수많은 포메이션 중에서 선수와 선수를 선으로 이었을 때 생기는 삼각형의 수가 가장 적은 것이 [4-4-2]다.

가령 [4-4-2] 팀의 수비형 미드필더가 볼을 빼앗은 국면을 상상해 보자. 수비형 미드필더의 전방에 있는 패스 경로는 눈앞의 투톱뿐이며 사선 패스 경로는 존재하지 않는다. 미들 라인은 옆으로 한 줄이므로 횡패스가 되고 만다. 볼을 넓게 전개한다는, 볼 점유의 기본이라고 할 수 있는 플레이가 어려워지는 것이다. 볼을 빼앗은 후의 전개는 투톱이 볼을 소유하거나, 측면 미드필더가 빈 공간으로 달려들어가거나 둘 중 하나가 된다. 다시 말해 볼을 점유하지 않은 국면에서는 강하지만, 일단 볼을 점유하고 나면 전체 포지션의 균형이 너무 잘 잡혀 있어서 '치고 나올 선수'가 없는 것이다.

따라서 필연적으로 [4-4-2]를 도입하는 팀 중 다수가 견고한 방어와 속공이라는 스타일에 다다르게 된다. [4-4-2]를 선호하는 감독들의 스타일만 봐도 볼을 점유하지 않았을 때를 전제로 경기를 생각하는 경향이 명확하다. 디에고 시메오네Diego Simeone 와 파비오 카펠로Fabio Capello 등 '안티 풋볼(수비에만 치중하는 축구를 비판하는 용어)'이라는 야유를 받을지라도 자신의 축구 철학을 굳게 고수하는 강한 성격의 감독들도 [4-4-2] 를 활용한다.

볼 점유에 부적합한 [4-4-2]를 볼 점유 상황에서 잘 활용하려면 볼을 빼앗은 후의 포지션 밸런스를 잘 무너뜨릴 필요가 있다. 가령 투톱을 세로로 배치해 [4-4-1-1]을 만들어서 수비하고, 공격할 때는 순간적으로 공격형 미드필더의 역할을 해서 치고 나올 선수를 지정하는 방법이 있다. 또는 수비할 때 볼과 반대쪽에 있는 측면 미드필더를 비스듬히 앞에 남겨 두었다가 활용하는 방법도 있다. 이렇게 하면 볼을 빼앗은 순간 반대쪽으로 사선 패스 경로가 생겨난다.

이처럼 [4-4-2]는 아무런 응용도 없는 기본 상태에서는 그저 수비할 때 균형이 잘 잡혀 있을 뿐이지만, 각 팀에 맞게 변형할 여지가 있는 응용성 높은 포메이션이라고 볼 수 있다.

다만 최근에는 [4-4-2]를 이용하는 팀이 감소하는 경향이 있는 것도 사실이다. 그 이유는 전술의 진화와 함께 [4-4-2]가 철저히 연구되었기 때문이라는 측면을 부정할 수 없다. 지금은 수많은 포메이션과 전술이 [4-4-2]를 분쇄할 방법을 갖추고 있다.

예를 들어 0톱은 [4-4-2]의 급소인 위험 지역을 유린하기 위한 전술이다. 최근 유행하는 5레인(경기장을 세로로 5등분해 선수를 배치하는 전술)도 포백을 죽이기 위한 형식이다. 또한 쓰리백은 빌드업 시작 시 [4-4-2] 포메이션에 대해 3대2의 수적 우위를 점할 수 있다. 지난 30년간 [4-4-2] 포메이션이 하나의 정석이었음은 틀림없지만, 앞으로도 그 자리를 계속 유지할 수 있으리라는 보장은 없다.

<관전 포인트>

경기에서 확인할 [4-4-2]의 포인트

세 라인의 치밀함

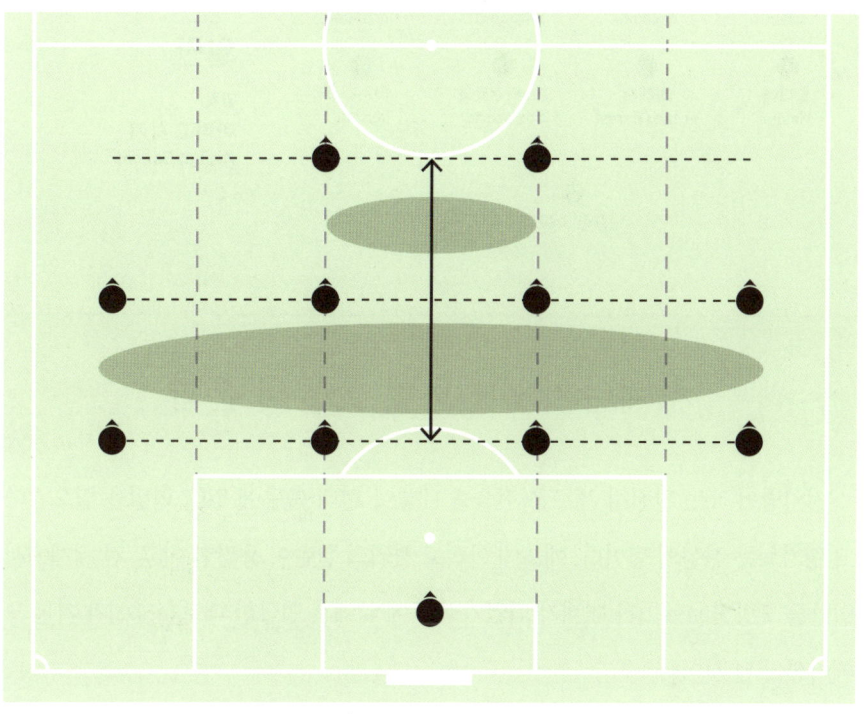

세 라인의 치밀함을 얼마나 유지하느냐가 성패를 가른다. 두 수비형 미드필더의 챌린지 앤드 커버(한 선수가 볼을 빼앗으러 달려들고 다른 선수가 대각선 뒤쪽에서 빈 공간을 커버하는 것)로 위험 지역의 패스 경로가 막혀 있느냐가 중요하며, 상대가 반대쪽 사이드로 이동할 때 팀 전체의 전환 속도도 중요하다. 볼이 이동함에 따라 [4-4-2]로 조직된 10명이 일사불란한 움직임으로 진형을 구축하는 모습은 기능미라는 관점에서 축구가 가진 예술성의 한 자락을 느끼게 한다. 반대로 라인이 느슨해서 위험 지역을 쉽게 점유당한다면 그 팀의 실점은 시간문제라고 생각해도 좋다.

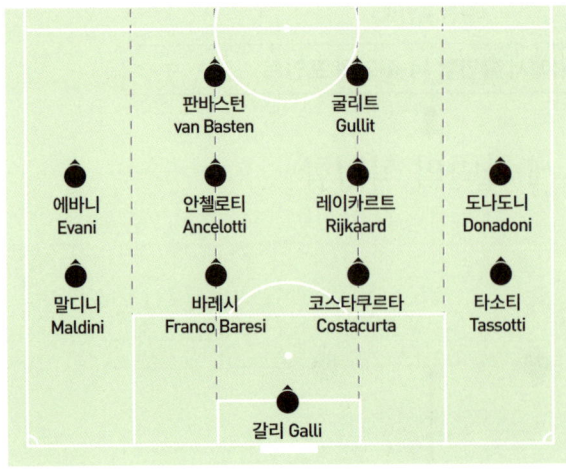

1988-89
밀란

감독/
아리고 사키
Arrigo Sacchi

카테나치오 + 토탈 풋볼의 혼합

'지역방어'라는 완전히 새로운 전술을 내놓아 현대 축구에 일대 혁명을 일으켰다고 평가되는 전설의 팀이다. 애초에 아리고 사키의 밀란이 등장한 이후, 전 세계에서 밀란을 모방한 [4-4-2]가 대세가 되었기 때문에 앞에서 언급한 대로 [4-4-2]가 기본 포메이션이 된 것이다.

사키의 밀란은 맨투맨이 주류였던 시대에 사람을 막는 것이 아니라 각자가 담당 영역을 분담해 막는 지역방어를 도입했다는 점에서 혁신적이었다. 다른 감독 밑에 있었다면 공격형 미드필더로 기용되어 팀의 제왕으로 군림해도 이상하지 않았을 로베르토 도나도니Roberto Donadoni와 루드 굴리트Ruud Gullit가 착실하게 톱니바퀴 역할을 했다는 사실은 상징적이다.

전설의 팀이라고 하면 압도적인 공격력과 화려한 볼 점유를 떠올릴 수 있지만, 사키의 밀란은 어디까지나 [4-4-2]의 기본인 견고한 수비와 속공의 팀이었다. 볼을 점유했을 때 이상으로 볼을 점유하지 않은 국면에서 훌륭한 능력을 발휘한 것이다.

특히 아직 발기술이 뒤떨어지는 센터백이 많았던 당시에 마르코 판바스턴Marco van

Basten과 루드 굴리트라는 투톱의 압박은 엄청난 효과를 발휘했다. 상대는 공격을 시작하자마자 압박을 받기 때문에 볼을 제대로 연결하지 못했고, 밀란은 미들 라인에서 마음대로 볼을 낚아채서 숏카운터를 펼쳤다. 상대를 무너뜨리기보다 무너진 상태에서 볼을 빼앗아 슛까지 해치우기에 화려한 볼 점유는 애초에 필요 없다고도 할 수 있다.

굴리트와 판바스턴은 공격 시엔 더욱 무서운 투톱으로 변모했다. 이 둘은 발기술, 돌파력, 그리고 공중전의 제공권도 갖춘 슈퍼 투톱이었다. 현대 축구에 비유한다면 크리스티아누 호날두Cristiano Ronaldo와 로베르트 레반도프스키Robert Lewandowski로 이루어진 투톱이라고 생각하면 될 것이다.

이 시즌 유러피언컵(챔피언스 리그의 옛 이름)에서 밀란은 통산 20득점을 기록했는데 그중 절반인 10득점을 판바스턴이 올렸다(굴리트도 4득점). 이 투톱에 미들 라인에서 기회를 보며 치고 올라오는 프랑크 레이카르트Frank Rijkaard를 더해, 공격에서는 실질적으로 '오렌지 트리오'만으로 득점을 올리는 구성이었다. 그런 의미에서 이탈리아의 카테나치오(빗장 수비)와 네덜란드의 토탈 풋볼이 적절히 혼합되어 균형을 이룬 팀이었는지도 모른다.

한편 수비에서는 주장인 프랑코 바레시Franco Baresi가 모든 권한을 쥐고 있었다. 바레시의 외침에 따라 밀란이 오프사이드 트랩을 거는 모습은 압권이다. 또한 팀이 한 덩어리가 되어 볼을 가진 상대 선수를 마치 해일처럼 덮치기도 했다. 당시에는 포워드가 볼에 관여하지 않아도 위치만으로 오프사이드가 적용되는, 공격하는 입장에서는 까다로운 규칙이 존재했다. 그러나 그 점을 빼고 생각해도 공격 측은 패스를 하면 오프사이드가 되고, 볼을 가지고 있으면 금세 밀란에 에워싸이는 진퇴양난의 상태다.

당시 밀란을 잘 관찰해 보면 오프사이드 트랩을 걸기 위해 수비 라인을 올리는 타이밍을 모두 바레시의 감각에 의존하는 것을 볼 수 있다. 실제로 바레시가 경기 중에 혼자 라인에서 벗어난 위치로 홀연히 물러나는 모습을 때때로 볼 수 있었다. 마치 젊은 날 바레시의 원래 포지션이었지만, 사키 이후에 없어진 '리베로(자유)'가 된 듯한 움직임이다.

그러다 상대의 패스가 나오는 순간, 바레시는 예상했다는 듯 날렵하게 혼자 올라와 남겨진 포워드를 오프사이드 트랩에 몰아넣는다. 이처럼 밀란은 체계적으로 조직된 것처럼 보이는 팀이면서 수비 라인에는 특권을 허락받은 '수비의 왕'이 한 명 있었다. 그야말로 수비의 나라 이탈리아다운 팀 구조다.

[4-4-2]
과거의 명팀
2

2013-14
아틀레티코 마드리드

감독/
디에고 시메오네
Diego Simeone

3단계로 나뉜 수비의 메커니즘

　최근 [4-4-2]의 완성형 중 하나라고 할 수 있는 것이 디에고 시메오네가 만들어낸 아틀레티코 마드리드다. 특히 취임 3년째였던 2013-14 시즌에는 라리가에서 바르셀로나와 레알 마드리드를 제치고 우승을 차지했으며 챔피언스 리그에서도 결승까지 진출했다(아쉽게도 준우승).

　시메오네의 아틀레티코는 그야말로 견고한 수비와 속공의 표본이라고 할 만한 팀이었다. 수비 시의 메커니즘은 3단계로 나뉜다. 우선 주로 경기 초반에 사용하는 것은 적진의 가장 깊숙한 위치에서 실시하는 하이 프레스(방어선을 높여 상대 진영에서부터 수비를 펼치는 전술)다. 골키퍼에게 가는 백패스도 포워드가 쫓아가게 함으로써 맹렬하게 압박해 경기의 주도권을 쥐는 것이 목적이다. 하이 프레스가 벗겨지면 물러나서 전통적인 수비로 이행해 하프라인보다 뒤에 머무른다. 그리고 아군 진영으로 더욱 깊숙이 볼이 들어오면 골문 앞에 견고한 성을 쌓는다.

　특히 아군 진영에 틀어박힐 때는 10명 모두가 과감하게 깊숙이 물러나서 블록을 형성한다. 이때 아군의 페널티 에어리어 바로 앞에 구축된 [4-4-2] 세 라인이 매우 치밀하기 때문에 상대는 파고들어 갈 틈이 없다. 아틀레티코 마드리드 선수 10명이 그야말로 하나의 유기체처럼 볼의 이동에 맞추어 일사불란하게 움직이는 모습은 현대 축구의 기능미 그 자체였다.

팀의 생명선인 수비진에는 빈틈없는 선수들을 갖추고 있었다. 수비형 미드필더인 가비Gabi와 마리오 수아레스Mario Suarez 콤비는 중앙을 단단히 걸어 잠그고, 후안프란Juanfran과 필리피 루이스Filipe Luis는 현대 축구에서 보기 드문 수비형 풀백으로 사이드 공간을 쉽게 내주지 않는다. 디에고 고딘Diego Godin과 미란다Miranda는 공중전에서 무적을 자랑하며, 가령 여기가 뚫린다고 해도 그 뒤에는 골문의 수호신 티보 쿠르투아Thibaut Courtois가 기다리고 있다.

지휘관인 시메오네는 라리가에서 바르셀로나, 레알 마드리드와 늘 격전을 벌여야 했고, 그런 상황이 수비에 대한 새로운 아이디어로 계속해서 이어졌다. 0톱으로 위험 지역에 맹공을 퍼붓는 바르셀로나를 상대할 때는 사이드 공간을 내버려 두고 중앙을 철저히 굳히는 대응으로 성과를 올렸다.

사이드를 방치해도 크로스가 올라왔을 때 리오넬 메시Lionel Messi나 안드레스 이니에스타Andres Iniesta의 공중전은 두렵지 않았기에, 최종적으로 상대가 무너뜨리고자 하는 중앙만 잘 지키면 된다는 과감한 대응책이었다. 이것은 특정 시기에 '바르셀로나 대책'으로 전 유럽의 클럽들이 모방한 움직임이기도 하다.

나아가 포백을 잡는 5레인과 이너랩(하프스페이스로 들어오는 공격)에 대해서는 풀백이 나간 빈자리를 측면 미드필더가 메우는 세로 방향의 챌린지 앤드 커버 메커니즘을 구축했다. 측면 미드필더가 나간 빈자리는 투톱 중 1명이 내려와 메움으로써 [4-5-1]로 바꾼다. 이것도 지금은 [4-4-2]에서 5레인 대책의 기본으로 당연시되고 있지만 원래는 시메오네의 아틀레티코가 전파시킨 것이다.

하지만 시메오네도 [3-2-5] 시스템의 대두와 가짜 풀백 등 점점 진화하는 [4-4-2] 공략의 조류에 발맞추어 최근에는 파이브백을 병용하는 스타일로 변화했다. 이것도 [4-4-2]가 철저히 연구된 현재 상태를 보여주는 하나의 증거라고 할 수 있을 것이다.

현대 축구의 진화에 대응하고자 하는 시메오네의 발전은 훌륭하지만 '아틀레티코의 [4-4-2]'를 볼 수 없게 된 것은 조금 아쉽다.

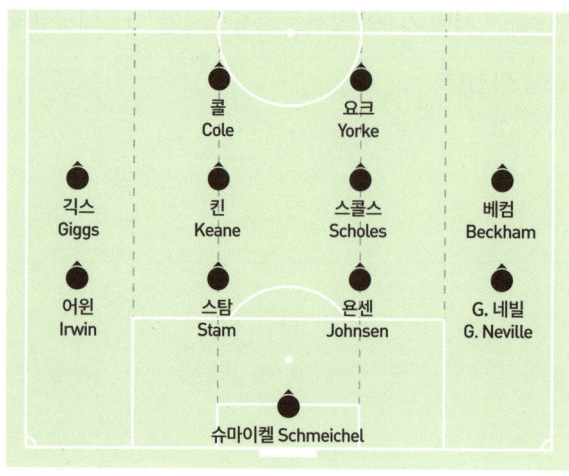

[4-4-2]
과거의 명팀
3

1998-99
맨체스터 유나이티드

감독/
알렉스 퍼거슨
Alex Ferguson

[4-4-2]를 상대하는 강자의 [4-4-2]

　[4-4-2](이 경우는 '포포투'라고 발음하고 싶다)하면 잉글랜드라고 할 만큼 잉글랜드는 [4-4-2]의 대국이다. 그중에서도 최고 걸작으로는 아르센 벵거Arsene Wenger의 아스날, 그리고 1990년대 말의 맨체스터 유나이티드를 꼽아야 할 것이다.

　90년대 프리미어 리그에서는 소속 팀 대부분이 [4-4-2]를 채택했기 때문에 필연적으로 [4-4-2]끼리 맞붙는 싸움이 반복되었다. 거기서 강자가 되기 위해서는 시시콜콜한 일에 신경을 쓰기보다 단순히 각 포지션의 1대1 관계에서 우위에 서면 된다는 사고방식을 구체화한 사람이 바로 알렉스 퍼거슨Alex Ferguson이었다.

　신인 육성으로 유명했던 퍼거슨은 유스 선수들에게 눈을 돌려 장래가 유망한 젊은 선수들을 대거 발탁해서 키워냈다. 1998-99 시즌 팀은 '퍼기의 아이들Fergie's fledglings'이라고 불린 이 유스 출신 선수들이 전성기를 맞이하며 황금기에 돌입했다.

　[4-4-2]의 스페셜리스트로 키워진 각 포지션의 영재들은 퍼거슨의 기대대로 유럽 전체를 놓고 보아도 최고 수준으로 성장했다. 왼쪽 사이드는 만 17세의 나이에 프로 계약을 맺은 드리블러 라이언 긱스Ryan Giggs의 독무대였다. '천재', '마술사'로 형용되

던 긱스는 볼을 컨트롤하면서도 속도가 전혀 줄어들지 않는 지그재그 드리블로 사이드를 갈랐다. 이는 [4-4-2]의 측면 미드필더로서 그야말로 이상적인 플레이 중 하나다.

오른쪽 사이드에서는 유스 시절부터 콤비였던 데이비드 베컴David Beckham과 게리 네빌Gary Neville이 숙련된 협동 플레이를 보여줬다. 베컴은 독특한 폼에서 나오는 정확도 높은 킥을 무기로 자신 앞의 수비수를 완전히 제치지 않고도 얼리 크로스로 어시스트를 양산할 수 있는 크로서였다. 그런 까닭에 상대 풀백은 베컴이 볼을 가지고 있으면 바짝 따라붙을 수밖에 없다. 그러나 그 순간 베컴의 옆에서 네빌이 절묘한 타이밍으로 달려나간다. 유나이티드는 이 두 자루의 창으로 오른쪽 사이드에서 항상 주도권을 쥔 형국이었다.

그리고 중앙에는 베컴과 네빌에게 지시를 내리면서 자신도 기회가 있을 때 골문 앞으로 뛰어들어가는 이상적인 '박스 투 박스(양쪽 골문 앞의 박스를 오가는 미드필더)' 폴 스콜스Paul Scholes가 수비형 미드필더로 군림했다. 스콜스는 팀의 균형을 잡는 역할인 로이 킨Roy Keane과 콤비를 이루어 중앙 에어리어를 지배했다. 이렇게 좌우와 중앙 에어리어 모두에 개별적으로 주도권을 쥘 수 있는 뛰어난 선수들을 배치한 유나이티드가 [4-4-2]끼리 맞붙는 프리미어 리그에서 무적이었던 것은 어떻게 보면 필연적이라고 할 수 있다.

그리고 미들 라인의 우위성을 살려 안정적으로 좌우 사이드에서 공급되는 크로스를 골로 연결한 것이 통칭 '핫 세트'로 불리던 투톱이 있다. 포워드인 드와이트 요크Dwight Yorke와 앤디 콜Andy Cole은 세로로 늘어서거나 사선으로 서기도 하는 등 종횡무진 움직이면서도 일정한 거리를 유지해 수비진을 교란했다. 요크와 콜의 움직임을 통해 유나이티드의 포메이션은 [4-4-1-1]과 [4-4-2]를 오갔기 때문에 상대 입장에서는 대처가 매우 어려웠다. 이로 인해 양쪽 사이드에서 결정적인 크로스가 들어올 때 둘 중 하나가 마크를 받지 않는 상황이 만들어져 골이 양산되었다.

전성기를 맞이한 선수들이 하나의 팀으로 맞물린 이 1998-99 시즌은 클럽 역사에서도 주목해야 할 시즌이 되었다. 잉글랜드 내 리그와 FA컵을 압도적인 우세 속에 지배한 유나이티드는 마지막 목표인 '유럽 제패'에 나섰다. 챔피언스 리그 결승 상대는 독일의 강자 바이에른 뮌헨이었다. 하지만 이 경기에서 유나이티드는 대체 불가능한 수비형 미드필더 콤비인 킨과 스콜스가 출장정지로 빠진 상태였다. 퍼거슨은 우측 미드필더인 베컴을 수비형 미드필더로 기용하는 등의 방법으로 위기를 넘겨보려 했으나 급조한 포메이션은 잘 기능하지 않았고 경기는 난항을 겪었다.

  1대0으로 바이에른이 리드하는 가운데 맞이한 후반 추가 시간, 가망이 없어 보이는 상황에서 경기를 뒤집은 것은 두 번의 코너킥과 베컴의 오른발이었다. 익숙하지 않은 수비형 미드필더로 기용되어 특기인 크로스를 발휘하지 못하던 베컴이 코너킥 상황에서 최고의 크로스를 선보이며 챔피언스 리그 역사에 남을 대역전극이 펼쳐진 것이다. 이렇게 해서 트레블(3관왕)을 달성한 유나이티드는 전설의 팀으로 오늘날까지 회자되는 존재가 되었다.

[4-4-2] 과거의 명팀 4

2002-03
레알 소시에다드

감독/
레날 드누에
Raynald Denoueix

[4-4-2]에 이상적인 선수들이 모인 훌륭한 팀

2002-03 시즌, 프랑스인 감독 레날 드누에Raynald Denoueix가 이끄는 레알 소시에다드가 라리가에 돌풍을 일으켰다. 개막 전에는 아무도 주목하지 않았던 이 팀이 시즌 마지막까지 우승을 놓고 경쟁할 줄은 아무도 예상하지 못했을 것이다.

그러나 지금 다시 팀의 구성을 돌아보면 [4-4-2]에 이상적인 선수들이 모인 훌륭한 팀이었음을 알 수 있다. 우선 뭐니 뭐니 해도 팀을 견인한 것은 둘이서 합계 43득점을 기록한 투톱 니하트 카흐베지Nihat Kahveci와 다르코 코바체비치Darko Kovacevic일 것이다(니하트 23득점, 코바체비치 20득점). 187cm의 장신으로 타겟맨(뛰어난 체격 조건을 바탕으로 크로스와 패스를 받아내는 공격수)인 코바체비치와 그 주변을 마치 위성처럼 맴도는 기동력 높은 니하트의 찰떡 콤비는 투톱의 이상적인 모범이라고 할 수 있었다.

이 투톱의 절묘한 조합으로, 단순한 롱볼마저도 코바체비치가 받고 니하트가 몰고 나가는 형태로 골까지 연결할 수 있었다. 경기 중 두 선수가 옆으로 나란히 서는 경우는 없었다. 항상 니하트가 틈새를 만들어서 상대에게 잘 붙잡히지 않는 위치를 확보했다.

좌우 측면 미드필더에도 숙련된 선수들이 있었다. 좌측의 프란시스코 데페드로 Francisco de Pedro는 속도는 느리지만 왼발 크로스 하나로 프로 생활을 이어나간 것이나 마찬가지인 스페셜리스트로, '스페인의 베컴'이라는 별명이 있는 크로서다. 데페드로는 라리가 통산 어시스트 수에서 루이스 피구 Luis Figo에 이어 2위를 기록했다. 우측에는 강력한 드리블 돌파와 무한한 지구력을 자랑하는 발레리 카르핀 Valeri Karpin이 군림했다. 또한 중앙 사령탑은 젊은 날의 샤비 알론소 Xabi Alonso였다. 샤비 알론소는 당시부터 이미 좌우로 날렵하게 사이드 체인지를 실시하는 플레이스타일을 확립했으며 그의 롱패스는 양쪽 사이드와 투톱에 숨구멍을 열어 주었다.

이처럼 확실한 실력을 갖춘 선수들을 보유했던 소시에다드는 당시 '로스 갈락티코스(은하계)'라고 불리던 스타 군단 레알 마드리드와 우승을 놓고 치열한 싸움을 펼쳤다. 소시에다드는 홈에서 레알 마드리드를 물리치고 한때 1위에 섰을 만큼 실로 무서운 기세를 보여주었지만, 최종적으로는 아깝게도 겨우 2점의 승점 차로 2위로 마감했다(우승은 레알 마드리드). 그러나 바르셀로나가 6위에 그친 라리가에서 소시에다드는 뜨거운 화제가 되었고, 다음 시즌에는 챔피언스 리그에서도 16강에 진출했다. [4-4-2]로 성공한 훌륭한 팀들을 되돌아볼 때 역시 빼놓을 수 없는 기록을 남긴 팀이다.

한권으로 마스터하는
퍼펙트 축구 포메이션

[4-4-2] 대전 조합 일람

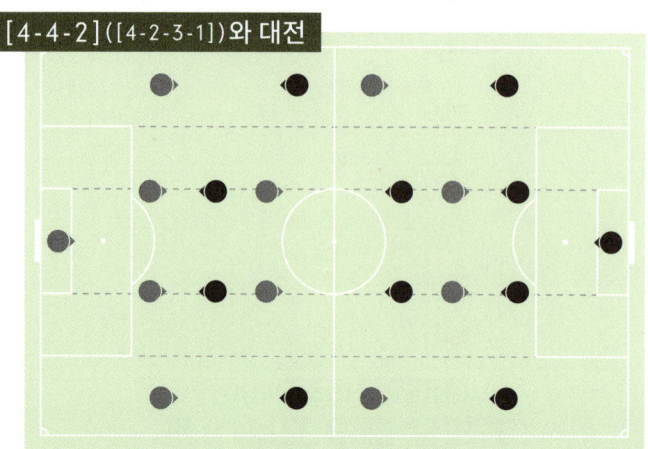

<우위 포지션> 없음

[4-4-2]([4-2-3-1])끼리 맞물릴 때 '우위 포지션'은 없다. 따라서 모든 포메이션이 서로 대응하는 관계가 되면서 경기가 교착 상태에 빠지기 가장 쉬운 것이 [4-4-2] 미러 매치라고 할 수 있다. 기본적으로 [4-4-2]는 볼 점유에 가장 부적합한 포메이션이므로 볼을 점유한 측이 포메이션에 얼마나 변화를 줄 수 있느냐, 그리고 수비하는 측이 거기에 어떻게 대응하느냐, 하는 가변성 대결이 중심이 된다.

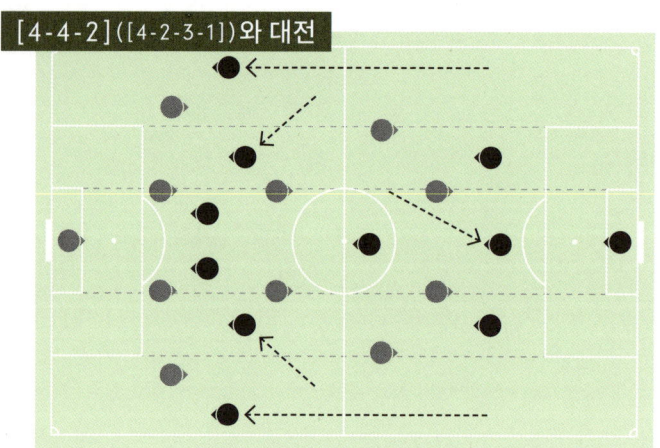

효과적인 공격 루트 ❶

[4-4-2]끼리의 미러 매치에서 가장 정석이면서 효과적인 것이 이 가변적 패턴이다. 수비형 미드필더를 1명 내려보내 쓰리백을 만들고, 좌우 미드필더는 안쪽으로 좁혀들어 하프스페이스(경기장을 세로로 5등분했을 때 중앙과 측면 사이에 해당하는 두 영역)로 향한다. 그리고 양쪽 풀백은 올라간다. 이렇게 하면 빌드업을 시작하는 쓰리백에서는 3대2가 되고, 적진에서는 상대 풀백에 대해 측면 미드필더와 풀백이 2대1의 수적 우위를 형성하게 된다.

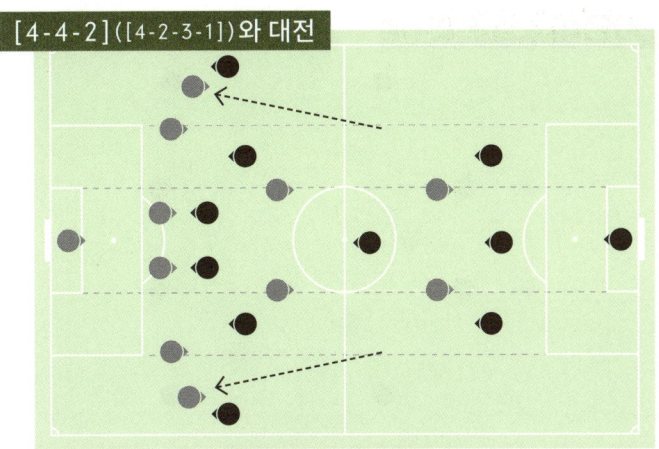

효과적인 공격 루트 ❷

상대가 내놓기 쉬운 대응은 좌우 미드필더를 풀백에 붙여서 머릿수를 맞추는 것이지만, 이렇게 되면 결과적으로 아군이 더 유리해진다. 상대는 식스백이 되고 말기 때문에 아군의 빌드업에 대한 압박을 할 수가 없고, 수비 측 진영 깊숙이 공략당할 수밖에 없다. 게다가 볼을 빼앗아도 사이드로 패스할 경로가 없고 카운터도 쉽지 않아 점점 선택지가 없어지는 상태가 된다.

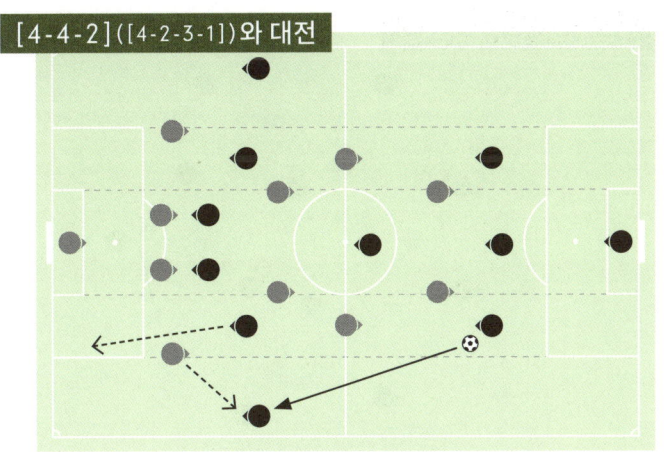

효과적인 공격 루트 ❸

상대의 측면 미드필더가 안쪽으로 좁혀와 [4-4-2]의 형태를 무너뜨리지 않고 지역방어를 시도할 때는 풀백을 활용한다. 이때 상대 풀백이 달려들면 간단하게 하프스페이스를 빼앗을 수 있다. 상대 센터백은 투톱을 상대하고 있으므로 하프스페이스에 대응하기 어려워진다.

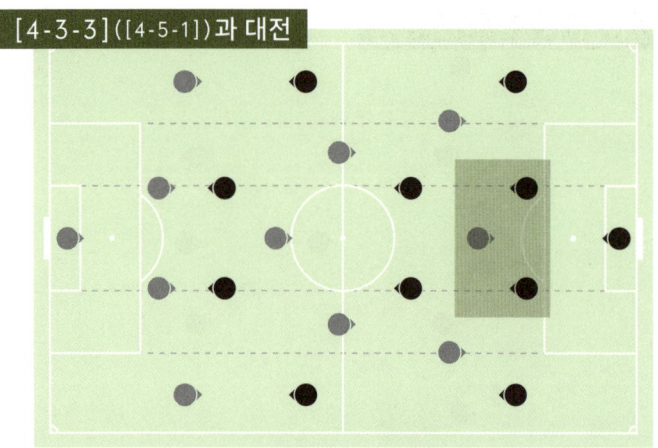

<우위 포지션> 센터백

[4-4-2]가 [4-3-3]([4-5-1])과 맞물릴 때 구조적으로 여유가 있는 '우위 포지션'은 센터백이다. 그러나 그보다 앞의 포지션은 기본적으로 상대 선수들이 따라붙으므로 [4-4-2]의 입장에서는 까다로운 조합이다.

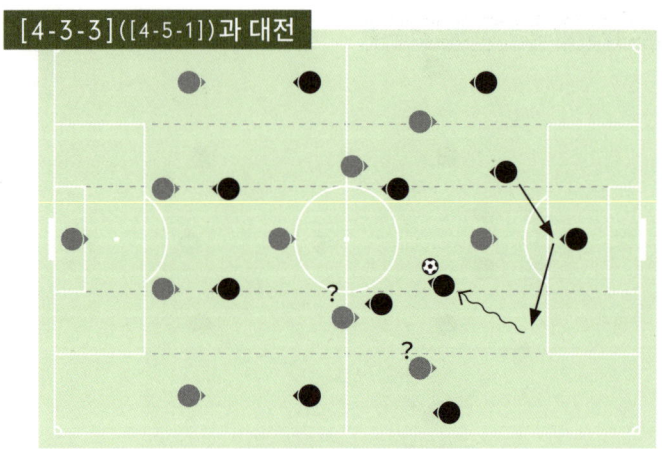

효과적인 공격 루트 ❶

[4-4-2]에 이상적인 빌드업은 골키퍼도 활용하면서, 센터백이 상대 센터포워드를 벗겨내고 안쪽으로 볼을 가져가는 것이다. 이렇게 하면 상대는 메짤라(중앙 미드필더가 3명인 전술에서 좌우의 중앙 미드필더를 가리키는 이탈리아어)나 윙 중 하나가 자신이 마크하던 선수를 내버려 두고 나올 수밖에 없다. 메짤라가 나오면 수비형 미드필더가 비고, 윙이 나오면 풀백이 빈다.

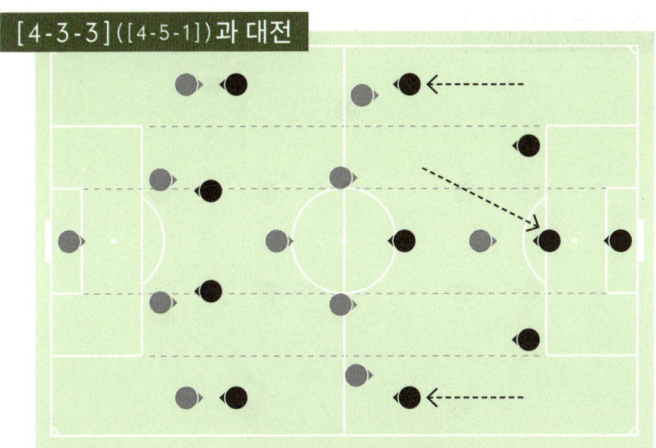

효과적인 공격 루트 ❷

그렇다고 해도 센터백이 볼을 몰고 가는 일은 리스크가 크다. 드리블에 뛰어난 센터백이 없는 팀도 있을 것이다. 그 경우에는 수비형 미드필더를 내려보내 쓰리백을 만들어서 후미에서 3대1의 수적 우위를 형성하고 풀백을 올려보낸다. 이렇게 해서 상대의 양쪽 윙을 밀어내 [4-5-1]에 가까운 포메이션을 강제로 유도하는 것도 효과적이다.

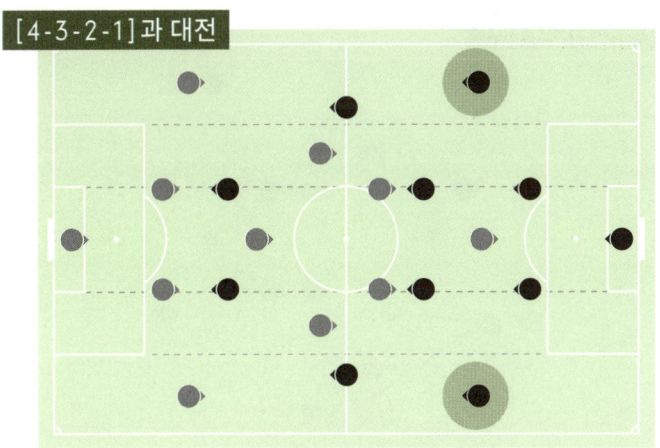

<우위 포지션> 풀백

[4-4-2]가 [4-3-2-1]과 맞물릴 때 구조적으로 여유가 있는 '우위 포지션'은 풀백이다.

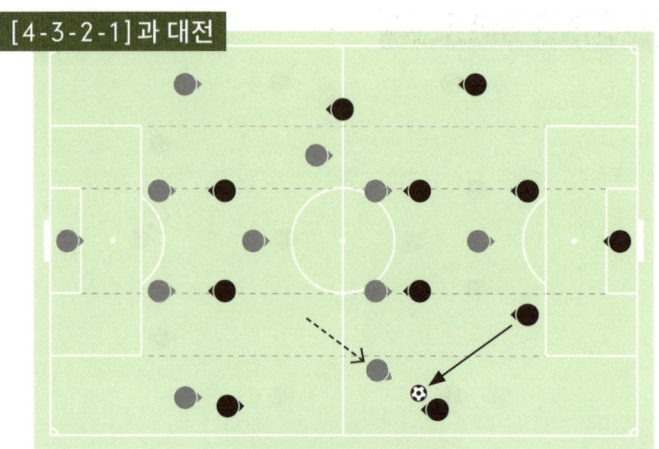

효과적인 공격 루트 ❶

다만 풀백이 볼을 소유했을 때 측면 미드필더를 향한 종패스는 다가오는 상대 선수의 좋은 먹잇감이 된다. 그러므로 풀백과 측면 미드필더를 같은 레인에 세우는 일은 위험하다.

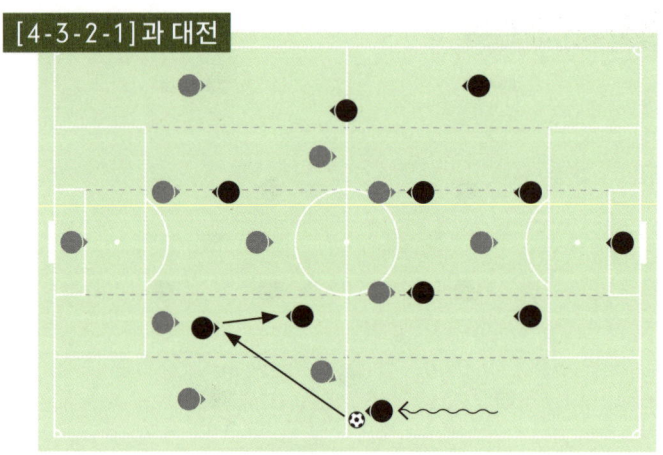

효과적인 공격 루트 ❷

측면 미드필더를 안쪽 레인으로 이동시키면 상대 중앙 미드필더가 뒤쪽을 신경 쓰느라 풀백에게 마음대로 접근하지 못하게 되는 효과를 기대할 수 있다. 만약 상대 중앙 미드필더가 가운데로 파고들며 접근하면 포워드에게 비스듬히 패스를 찔러 넣고, 포스트 플레이로 측면 미드필더를 활용해 파이널 써드(경기장을 3등분했을 때 상대방의 골대를 포함하는 1/3 지점)로 침입할 수 있는 형태가 된다.

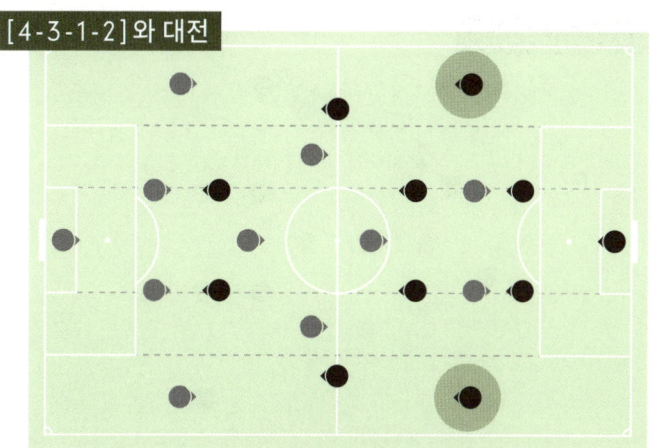

<우위 포지션> 풀백

[4-4-2]가 [4-3-1-2]와 맞물릴 때 구조적으로 여유가 있는 '우위 포지션'은 풀백이다.

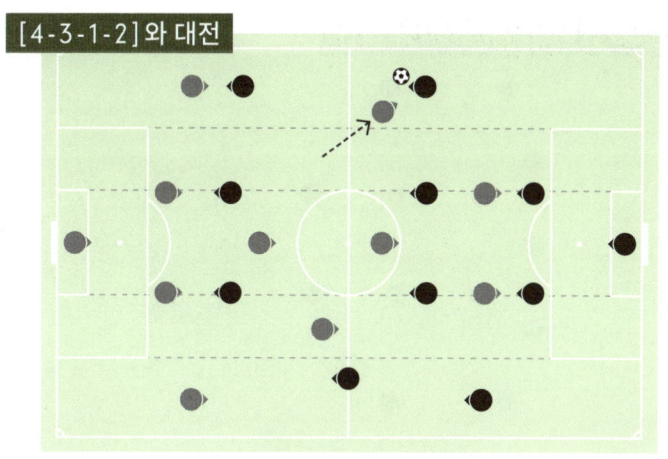

효과적인 공격 루트 ❶

다만 단순히 풀백에게 볼을 주기만 하면 상대 중앙 미드필더에게 따라잡혀 손쓸 방법이 없어지는 어려운 조합이기도 하다.

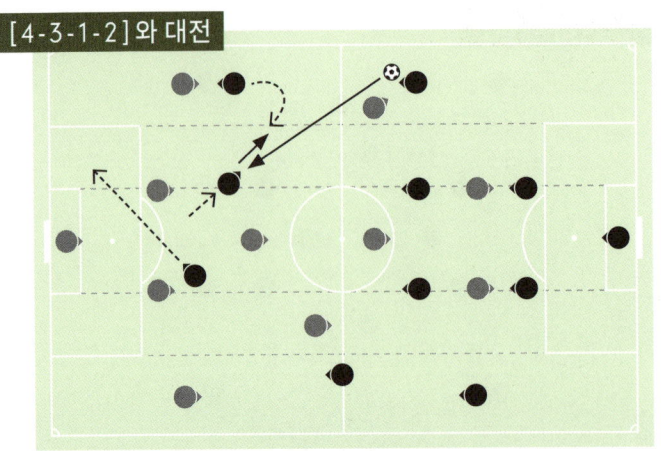

효과적인 공격 루트 ❷

[4-3-1-2]의 약점은 앵커맨(수비형 중앙 미드필더)의 옆 공간이다. 그러므로 포워드를 상대 앵커맨 쪽으로 보내 사선 패스 경로를 만든다. 이때 다른 한 포워드가 뒷공간을 노림으로써 상대 센터백이 쉽게 따라붙지 못하게 하는 것이 중요하다. 포워드에게 패스가 가면 측면 미드필더가 안쪽으로 들어가며 서포트 함으로써 '제3의 포워드'가 된다. 만약 상대 센터백이 따라붙으려 한다면 풀백이 직접 상대 센터백 뒷공간으로 패스를 노려도 좋다.

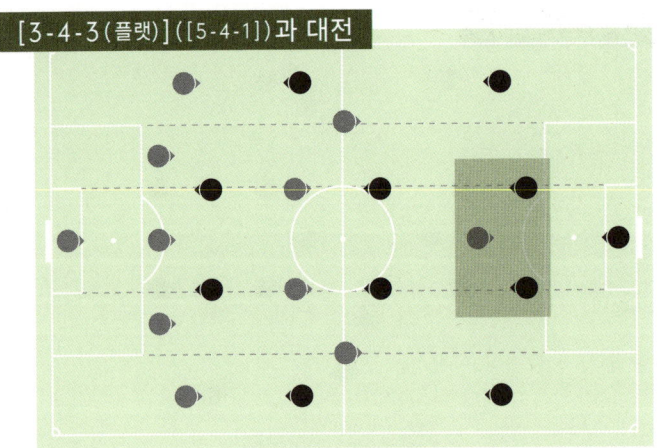

<우위 포지션> 센터백

[4-4-2]가 [3-4-3(플랫)]([5-4-1])과 맞물릴 때 구조적으로 여유가 있는 '우위 포지션'은 센터백이다. 다만 안이하게 센터백에게 볼을 주면 그 후의 패스 경로가 전부 가로막혀 버리므로 막다른 길에 몰릴 가능성도 크다.

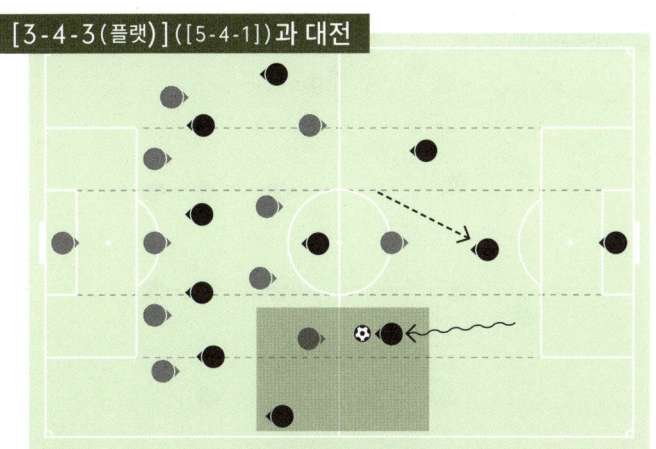

효과적인 공격 루트

이때 아군의 수비형 미드필더 1명이 내려가 쓰리백을 형성하고, 양쪽 풀백이 위로 올라가면 사이드에서 우위를 점하기가 쉽다.

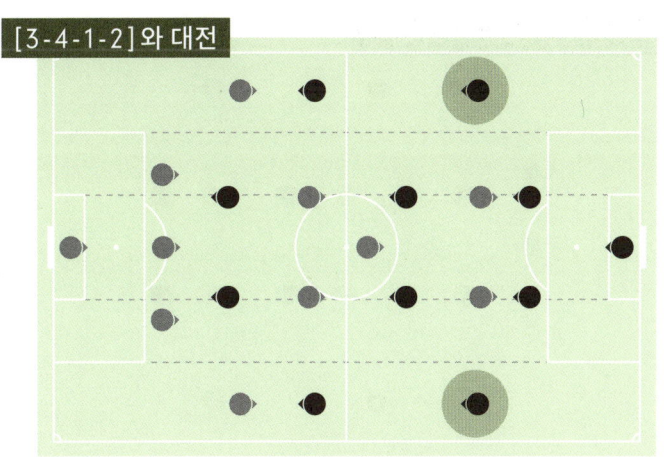

<우위 포지션> 풀백

[4-4-2]가 [3-4-1-2]와 맞물릴 때 구조적으로 여유가 있는 '우위 포지션'은 풀백이다.

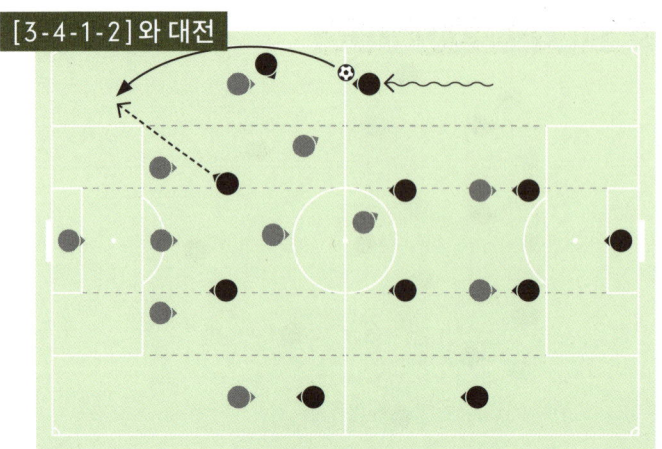

효과적인 공격 루트

풀백이 볼을 운반할 때 측면 미드필더가 상대 윙백을 끌어내 뒷공간을 만들지 않으면 막힐 가능성이 크다. 또한 포워드가 뒷공간으로 움직일 때 골문 앞에 남은 포워드가 1명뿐인 상황을 피하기 위해서는 반대쪽 측면 미드필더나 수비형 미드필더가 페널티 에어리어 안으로 들어갈 필요가 있다.

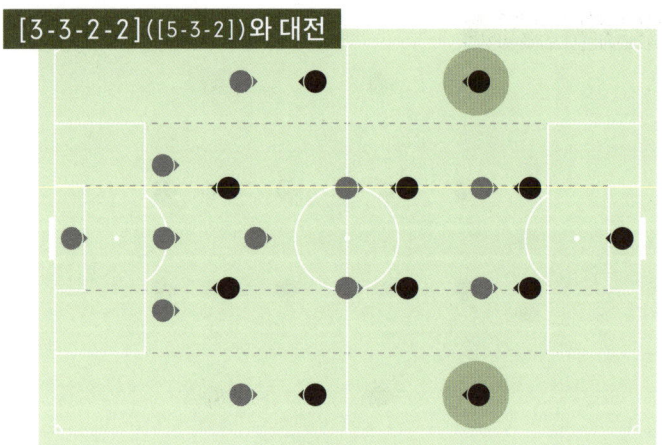

<우위 포지션> 풀백

[4-4-2]가 [3-3-2-2]([5-3-2])와 맞물릴 때 구조적으로 여유가 있는 '우위 포지션'은 풀백이다.

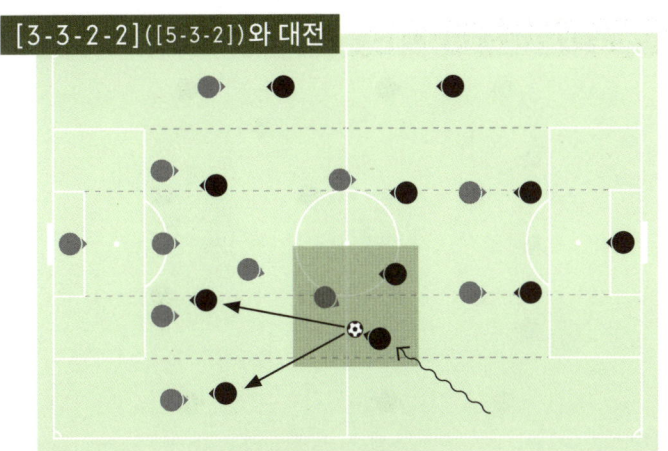

효과적인 공격 루트 ❶

자유로운 풀백이 하프스페이스로 볼을 운반하면 패스 경로의 선택지가 늘어나므로 아주 효과적이다. 풀백의 움직임으로 사이드에서 상대의 수비형 미드필더에 대해 2대1의 수적 우위를 만드는 것이 기본이다.

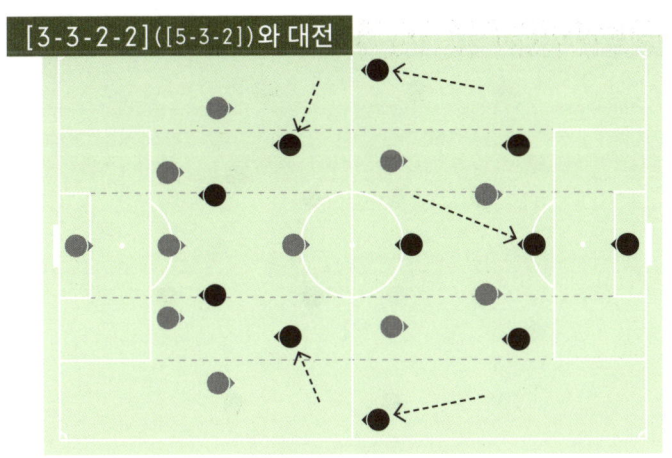

효과적인 공격 루트 ❷

상대가 수비 라인을 높이지 않도록 수비형 미드필더 1명을 내려서 쓰리백을 만들고, 풀백과 측면 미드필더를 가변적으로 운용하여 구조 자체를 크게 바꾸는 것도 효과적인 선택지다.

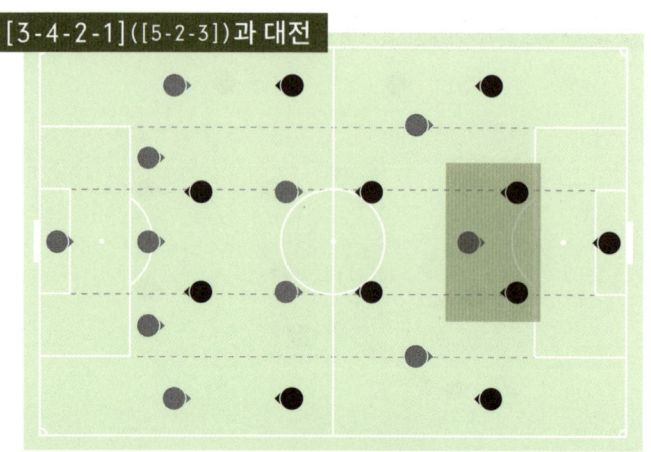

<우위 포지션> 센터백

[4-4-2]가 [3-4-2-1]([5-2-3])과 맞물릴 때 구조적으로 여유가 있는 '우위 포지션'은 센터백이다.

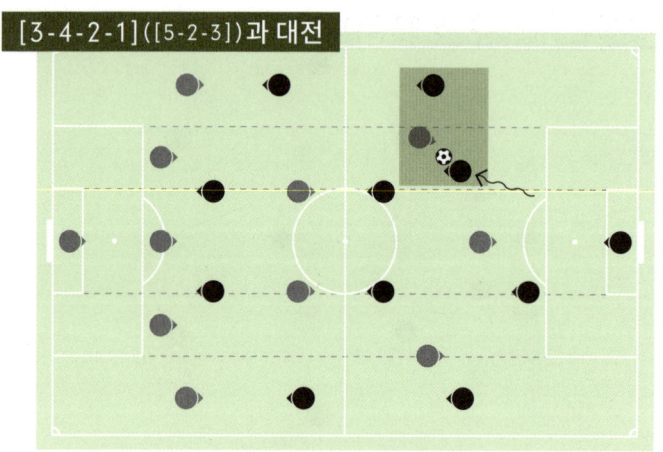

효과적인 공격 루트 ❶

[4-4-2]에서는 센터백이 볼을 몰고 감으로써 상대 공격형 미드필더에 대해 2대1의 매치업을 만드는 것이 빌드업의 첫수다. [5-2-3]의 두 공격형 미드필더는 안쪽으로 좁혀지며 대응할 수밖에 없으므로 그렇게 끌어당긴 후 풀백에게 패스하면 적진까지 볼을 몰고 갈 수 있다.

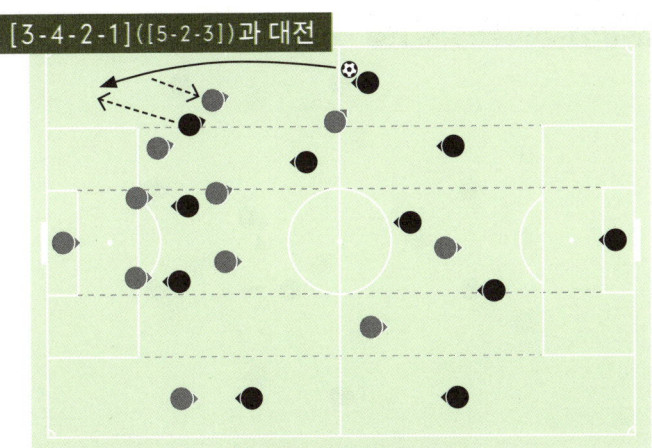

효과적인 공격 루트 ❷

[4-4-2] 풀백이 볼을 운반할 때, 같은 레인의 측면 미드필더는 한 레인 안쪽으로 좁혀 들어가 사선 패스 경로를 만든다. 만약 상대 윙백도 안쪽으로 들어와 사선 패스 경로를 차단할 경우에는 측면 미드필더가 사이드 뒷공간으로 침투한다. 이 움직임으로 상대 센터백이 끌려 나가면 순간적으로 투톱이 상대 센터백과 수적으로 동등한 2대2 상황이 된다. 이 상황에서 볼을 골문 앞으로 돌릴 수 있다면 득점 기회가 늘어날 것이다.

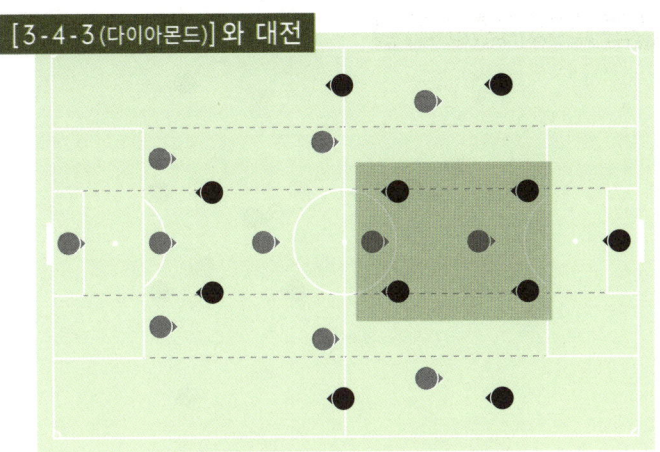

<우위 포지션> 센터백 + 수비형 미드필더

[4-4-2]가 [3-4-3(다이아몬드)]와 맞물릴 때 구조적으로 여유가 있는 '우위 포지션'은 4대2의 수적 우위 상황이 되는 센터백 + 수비형 미드필더다.

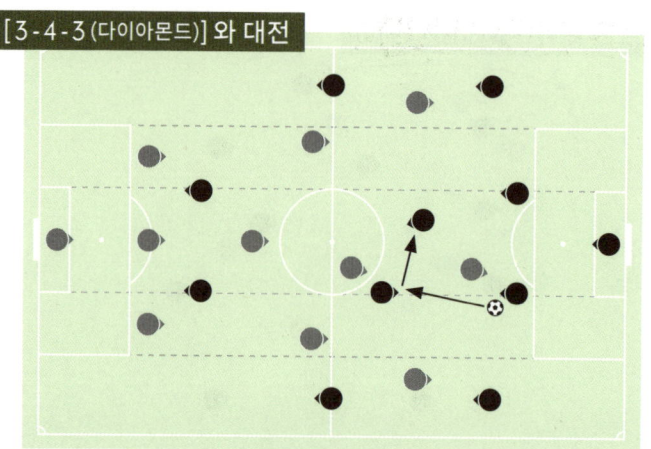

효과적인 공격 루트 ❶

[4-4-2]의 두 수비형 미드필더는 상대 공격형 미드필더에 대해 2대1이라는 수적 우위를 활용할 수 있다. 두 수비형 미드필더가 서로 각을 이루어 서면 상대의 첫 압박을 벗겨낼 수 있는 구조가 된다.

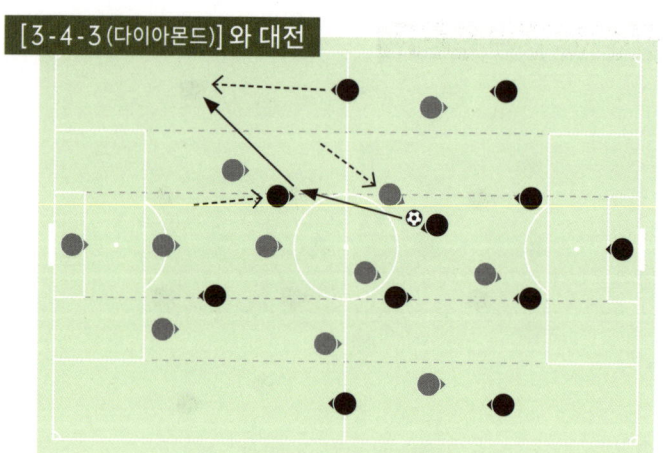

효과적인 공격 루트 ❷

만약 수비형 미드필더의 수적 우위에 대처하기 위해 [3-4-3(다이아몬드)]도 수비형 미드필더를 내보낸다면, 빈 공간이 생긴 측면 미드필더를 잘 활용한다. 포워드가 앵커맨 옆 공간으로 가서 연결 지점을 만들고 측면 미드필더에게 볼을 연결하면 사이드가 완전히 빈 [3-4-3(다이아몬드)]를 상대로 좋은 기회를 이끌어 낼 수 있다.

번외 포메이션 ①

[N-BOX]

J리그의 독자적인 갈라파고스 진화의 결정체

아직도 J리그 사상 최강팀으로 유명한 것이 1999년 주빌로 이와타의 통칭 'N-BOX' 시스템이다. 중간이 마치 주사위의 5처럼 배치된 것이 특징으로, 한가운데의 나나미 히로시Nanami Hiroshi가 공격과 수비를 지휘했기 때문에 'N' BOX라는 이름이 붙었다. 공격할 때는 미들 라인 앞쪽의 선수들이 종횡무진 나왔다 들어갔다 하며 화려한 패스워크로 마음껏 골을 넣는다. 수비할 때도 하이 프레스와 즉각적인 볼 빼앗기를 실현해 J리그에서 무적이 되었다. 순수하게 사이드를 담당하는 선수가 없기 때문에 가로 68m를 팀 전원이 지켜내는 시스템이었다. 당시 선수들은 '누구 하나라도 게으름을 피우면 와해되는 골치 아픈 시스템이었다'라고 회상한다. 당시의 스즈키 마사카즈Suzuki Masakazu 감독이 같은 해에 개최될 예정이었던 클럽 월드컵에서 은하계라 불리던 레알 마드리드와 경기한다는 전제로 생각해낸 포메이션이었다. 그러나 대회가 취소되었기 때문에 대결은 이루어지지 않았다. J리그의 독자적인 갈라파고스 진화의 결정체라고도 할 수 있는 포메이션이 당시 세계 최강으로 여겨지던 레알 마드리드를 상대로 어디까지 싸울 수 있을지 개인적으로도 보고 싶었던 국제 경기였다. 배열이 지나치게 특수해서 세계적으로 보아도 이 팀 외의 사례가 없기 때문에 본문에서는 제외했다.

Formation / 4backs

[4-2-3-1]

황금의 균형

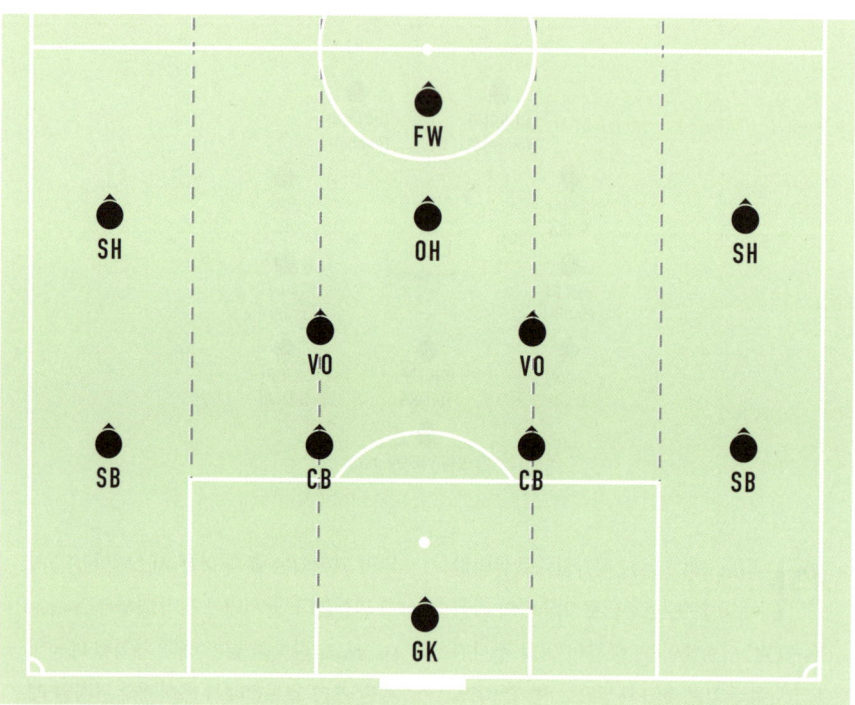

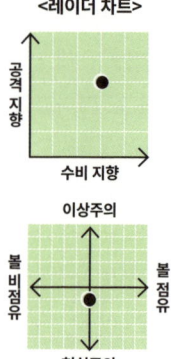

▶ 강점과 약점

강점
○ 균형이 잘 잡혀 사이드와 중앙에서 모두 공격이 가능하다.
○ 미들 라인에 선수가 많다.

약점
× 원톱이 고립되기 쉽다.
× 상대 골문 앞을 향한 박력이 부족하다.

▶ 감독

- 하비에르 이루레타 Javier Irureta
- 빅토르 페르난데스 Victor Fernandez
- 조제 무리뉴 Jose Mourinho

[4-2-3-1]의 메커니즘

2000년대의 요구를 만족시킨 최선책

[4-2-3-1]은 2000년대에 들어서면서 크게 유행했으며 현재는 정석 중 하나로 정착된 포메이션이다. 이 포메이션이 유행한 요인으로는 시대의 요구에 걸맞은 균형 잡힌 배치를 들 수 있다.

1980~90년대 트렌드의 주축이었던 [4-4-2]는 2000년대에 들어 점차 미드필드의 위험 지역 공방이 주목받기 시작하면서 초기에 상대의 위험 지역으로 배치되는 미드필더가 없다는 단점이 드러났다. 한편 위험 지역에 공격형 미드필더를 두는 [4-3-1-2]나 [3-4-1-2]의 경우는 또 하나의 중요한 영역인 사이드에 선수가 부족하다는 단점이 있다. [4-3-3]은 아군의 위험 지역을 지킬 사람이 앵커맨 1명뿐이기 때문에 불안하다. 이처럼 2000년대 축구에서는 사이드와 중앙의 위험 지역을 균형 있게 공격하고 수비할 필요가 있었던 것이다.

분명 [4-2-3-1]은 이 다양한 요구를 100점 수준까지는 아니더라도 어느 정도 만족시키는 최선책이었다. 측면 미드필더와 풀백이 있으므로 사이드는 2명이 지키고, 중앙에서는 공격형 미드필더가 상대 진영의 위험 지역을 노린다. 그리고 아군의 위험 지역은 수비형 미드필더 2명이 확실하게 지켜보고 있다. 이렇게 균형이 잘 잡혔다는 점이 지금까지도 정석 포메이션 중 하나로 지위를 확립할 수 있게 한 요인일 것이다.

물론 [4-2-3-1]도 만능은 아니다. 미드필드를 지배할 수는 있지만 마지막에 점수를 따낼 포워드가 부족하다는 구조적 약점이 있다. 이 문제를 해결하기 위해서는 둘째 라인에 배치된 선수의 역할이 매우 중요하다. 측면 미드필더 2명과 공격형 미드필더 1명이 마지막에 상대를 무너뜨리는 단계에서 세컨드 스트라이커(중앙 공격수의 뒤에서 보조하는 공격수) 역할을 할 수 있느냐에 성패가 달려 있다. 만약 공격형 미드필더가 결정적 패스를 하는 사령탑 역할에만 그치거나, 측면 미드필더가 사이드를 돌파해 크로스를 올려주는 데만 특화되어 있는 윙이라면 이 포메이션은 높은 확률로 '상대를 무너뜨리고 있는 듯 보이지만 득점은 하지 못하는' 구조적 딜레마에 빠질 것이다.

실제로 80~90년대 축구에서는 그런 유형의 선수가 많았다. 하지만 시대의 필연으로 [4-2-3-1]이 주류가 된 2000년대 이후의 공격형 미드필더와 측면 미드필더에는 세컨드 스트라이커도 될 수 있는 자질을 갖춘 선수가 늘어나게 되었다.

중앙의 지단과 양쪽의 측면 미드필더를 융합한 프랑스

[4-2-3-1]이 시대의 흐름을 잡는 계기가 된 대표적인 경기가 바로 유로 2000 결승의 이탈리아 대 프랑스다. 이 경기는 [4-2-3-1]을 이미 도입한 프랑스 대표팀과 당시 세리에A의 주류인 [3-4-1-2]를 활용하던 이탈리아 대표팀이 격돌한, 말하자면 당시의 포백 대 쓰리백의 최강결정전이었다. 여기서 흥미로운 것이 지네딘 지단Zinedine Zidane 의 존재다. 애초에 세리에A에서 쓰리백이 유행한 배경에는 지단을 [3-4-1-2]의 공격형 미드필더로 둔 당시 유벤투스의 영향이 컸다(알베르토 자케로니Alberto Zaccheroni가 감독으로 있던 밀란도 적시에 [3-4-1-2]를 도입했다).

이탈리아(세리에A)에서 지단을 활용하는 방식은 수비의 부담을 뒤쪽의 선수에게 맡기고 공격의 전권을 지단에게 주는 것이었다. 물론 지단은 그 요구에 부응할 수 있는 걸출한 재능을 갖췄다. 그러나 이탈리아 대표팀에는 지단이 없다. 당시 이탈리아 대표팀 감독이었던 디노 조프Dino Zoff는 지단의 역할을 스테파노 피오레Stefano Fiore와 프란체스코 토티Francesco Totti에게 분담시켜 해결을 도모했다. 공격형 미드필더로 배치된 피오레는 더 순수한 미드필더 유형의 선수였고, 미들 라인과 전방을 연결하며 뒤에서 지원하는 역할에 충실했다. 그리고 포워드로 기용된 토티가 세컨드 톱으로 마지막 패스 등 결정적 역할을 했다. 그러나 지단 한 명과 투톱을 활용하던 유벤투스와 비교하면 지단 자리에 2명을 넣은 것이므로 전방의 박력이 부족한 감이 있었다.

한편 프랑스 대표팀은 [4-2-3-1]의 공격형 미드필더 자리에 지단을 두면서도 그 옆을 측면 공격수로 굳혔다. 특히 이 경기의 연장전에서는 실뱅 윌토르Sylvain Wiltord, 로베르 피레스Robert Pirès, 티에리 앙리Thierry Henry 등 '젊고 득점력이 좋은 측면 미드필더'들이 융합하면서 중앙의 지단뿐만이 아니라 사이드까지 위협적인 팀으로 변모했다. 프랑스는 지단이 볼을 가지고 있을 때는 원톱에 더해 양쪽의 측면 미드필더도 세컨드 스트라이커로서 선택지에 추가되어 더욱 다채로운 공격을 보여주었다.

중앙의 피오레와 토티에게 공격의 전권을 위임한 이탈리아, 그리고 지단을 활용하기 위해 사이드에도 변화를 준 프랑스. 어느 쪽이 우위에 있는지는 명확할 것이다. 이 결승전에서 프랑스가 넣은 두 골은 사이드로 가서 볼을 받은 윌토르가 직접 해결한 것과 피레스가 사이드를 돌파하고 다비드 트레제게David Trezeguet에게 연결한 것이었다. 두 골의 흐름이 모두 지단을 경유하지 않았다는 점이 프랑스의 다채로운 공격을 상징한다. 이 경기 이후 유럽 무대에서는 한동안 쓰리백이 모습을 감추고 대신 [4-2-3-1]이 트렌드의 중심이 되었다.

원톱의 유형에 따라 특색이 달라진다

이후에도 [4-2-3-1] 포메이션으로 성과를 올린 팀에는 항상 '득점이 가능한 둘째 라인'의 존재가 있었다. 2000년대 라리가에서 시대를 풍미한 빅토르 페르난데스Victor Fernandez의 셀타 데 비고에서는 공격형 미드필더의 황제 알렉산더 모스토보이Alexander Mostovoy가 어시스트뿐만 아니라 골도 넣음으로써 공격형 축구를 뒷받침했다. 특히 전성기였던 2000-01 시즌과 2001-02 시즌에는 2년 연속으로 공식 경기에서 두 자리 득점(리그와 컵을 합쳐 13골)을 기록했다.

같은 시기 데니우손Denílson과 호아킨 산체스Joaquín Sanchez라는 라리가 굴지의 드리블러를 보유한 베티스도 [4-2-3-1] 포메이션으로 강팀 대열에 합류했다. 이 팀은 측면 공격수가 골도 넣는 유형의 전형적인 사례로, 호아킨이 2002-03 시즌에 역시 두 자릿수 득점을 기록했다(리그와 컵을 합쳐 12골). 자케로니 감독 시절의 일본 대표팀도 [4-2-3-1]을 도입해 둘째 라인의 혼다 케이스케Honda Keisuke, 카가와 신지Kagawa Shinji, 오카자키 신지Okazaki Shinji가 득점을 담당하는 팀을 구성했던 것이 새삼 기억난다.

원톱에 기용하는 선수의 유형도 [4-2-3-1]을 도입하는 팀의 특색이 잘 드러나는 부분이다. 독일 분데스리가에서는 억센 포스트 플레이어(큰 키를 이용해 상대편 수비수를 등진 채 볼을 받아내는 선수)를 기용하는 것이 주류라고 할 수 있다. 바이에른 뮌헨의 로베르트 레반도프스키, 보루시아 도르트문트의 엘링 홀란드Erling Haaland, RB 라이프치히의 유수프 포울센Yussuf Poulsen 등이 여기에 해당한다. 공격도 세로 방향으로 빠른 롱볼을 원톱에게 주는 스타일이 중심이며 전방 압박 전술과 궁합도 잘 맞는다.

사용하기에 따라 어떤 전술과도 잘 맞는 응용성

한편 스페인에서는 미들 지역의 다섯 명이 상대를 무너뜨리고, 원톱은 상대 수비 라인과 밀고 당기다가 뒷공간으로 빠져나가 다섯 명이 주는 스루 패스를 골로 연결하는 스타일이 주류다. 후안 카를로스 발레론Juan Carlos Valeron의 스루 패스를 통해 득점을 양산한 데포르티보 라 코루냐의 로이 마카이Roy Makaay(2003년에는 득점왕에도 등극), 파블로 아이마르의 스루 패스를 득점으로 연결한 발렌시아의 다비드 비야David Villa, 그리고 아틀레티코 마드리드의 빠른 카운터와 궁합이 아주 좋았던 스피드스터 페르난도 토레스Fernando Torres가 있었다.

이 사례에서 알 수 있듯 스페인에서는 [4-2-3-1]을 점유율 축구(경기 내내 볼을 빼앗기지 않고 차지하는 비율이 상대 팀에 비해 월등히 높은 축구) 스타일에 이용한 경우가 많았다. 따라서 [4-2-3-1]은 어떻게 활용하느냐에 따라 어떤 전술 스타일과도 잘 어울리는, 응용성이 높은 포메이션이라고 할 수 있다. 지금까지 꾸준히 인기가 있는 것도 이해가 된다.

한편으로는 '[4-4-2]와 근본적으로 어떻게 다른가?'라는 시각도 있을 것이다. 확실히 [4-4-2]에서도 투톱이 세로로 늘어서면 기본적으로는 [4-2-3-1]과 똑같은 배치가 된다. 반대로 [4-2-3-1]도 가끔 공격형 미드필더가 전방까지 뛰어나오면 [4-4-2]와 비슷한 배치가 될 것이다. 차이점이라면 투톱이 내려오느냐, 공격형 미드필더가 올라가느냐 하는 초기 배치의 차이다. 또한 이는 그곳에 배치된 선수의 특성과도 연결되는 이야기다.

1990년대 말에서 2000년대 초에 걸쳐 잉글랜드의 프리미어 리그에서는 [4-4-2] 속에 [4-2-3-1]의 요소를 담은 팀이 여럿 대두했다. 더 순수한 센터포워드 유형의 선수를 최전선에 세우고, 때때로 미들 라인으로 내려와 플레이메이커(경기 전반을 조율하고 결정적 기회를 만드는 선수) 역할도 하는 포워드를 세컨드 스트라이커로 삼는 방식이 주류가 되었다. 맨체스터 유나이티드의 드와이트 요크와 앤디 콜, 뤼트 판 니스텔로이Ruud van Nistelroo와 폴 스콜스, 그리고 아스날의 티에리 앙리와 데니스 베르캄프Dennis Bergkamp의 관계가 여기에 해당한다.

한편 같은 시기에 라리가에서 주류가 된 [4-2-3-1]의 공격형 미드필더 위치에는 [4-4-2]의 포워드와 다르게 미드필더의 성격이 강한 선수가 배치된 경우가 많았다. 즉 '미드필드 싸움'이라는 시대의 경향에 맞춰 미드필더가 세컨드 스트라이커의 자질도 갖추기 시작한 스페인과 세컨드 스트라이커가 미드필더의 자질을 갖추기 시작한 잉글랜드라는 흐름이었다. 양쪽 모두 최종적으로는 비슷한 배치에 다다랐으니 근본적으로 [4-4-2]와 [4-2-3-1]은 연결되어 있다고 할 수도 있을 것이다.

<관전 포인트>

경기에서 확인할 [4-2-3-1]의 포인트

파이널 써드의 운용

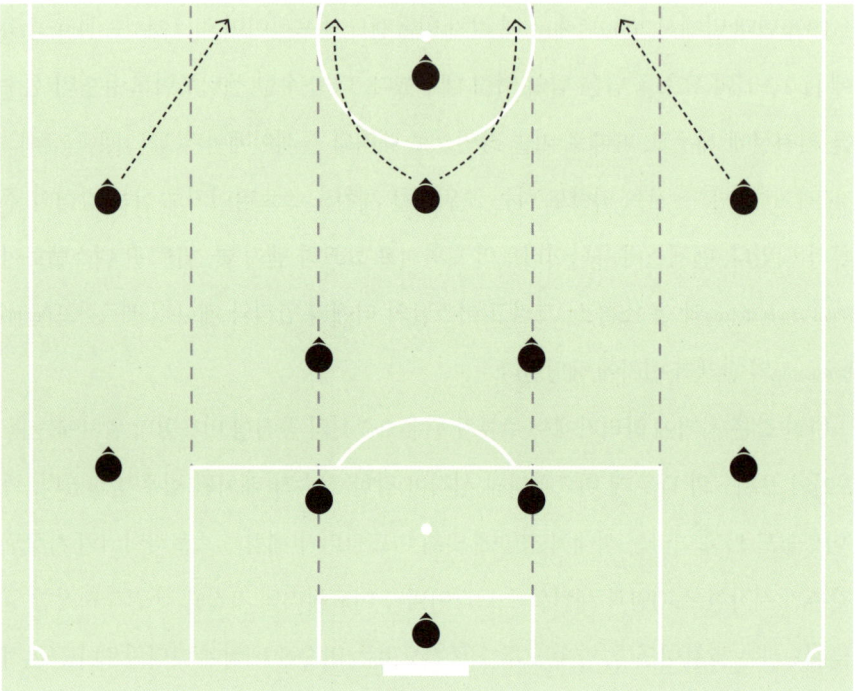

　수적 우위를 살려 미들 라인의 선수들이 볼을 가져갈 수 있는 것은 어떻게 보면 당연하므로 파이널 써드의 운용이 중요해진다. 원톱이 고립되는 문제를 팀 전체가 어떻게 해결해야 할까? 이상적인 해결책은 공격형 미드필더와 측면 미드필더로 이루어진 둘째 라인이 세컨드 스트라이커가 되어 페널티 에어리어 안으로 진입하고 골도 넣는 것이다. 미들 라인이 팀을 조율하는 역할로만 끝나면 결국 마지막 순간에 점수를 내지 못하는 흐름이 되기 쉽다. 우측 미드필더의 크로스를 좌측 미드필더가 받아 득점하는 형태의 골 패턴이 없는 [4-2-3-1]은 불완전하다고 할 수 있다.

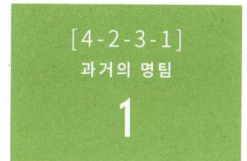

2001-02
**데포르티보
라 코루냐**

감독/
하비에르 이루레타
Javier Irureta

유럽의 트렌드에 영향력을 행사한 '수페르 데포르'

어쩌면 [4-2-3-1]이라는 말을 들었을 때 가장 먼저 이 팀을 연상한 사람은 필자뿐만이 아닐지도 모른다. 그 정도로 당시를 기억하는 팬들에게는 기억에 남는 전설적인 팀이라고 해도 과언이 아니다. 2000년대 초 UEFA 순위에서 1위를 독차지하던 군웅할거의 라리가에서 하비에르 이루레타Javier Irureta 감독의 데포르티보 라 코루냐는 5년 연속(2000~2005년) 챔피언스 리그 출장을 달성했다. 그 월등한 실력 덕분에 '수페르super 데포르depor'라는 별명도 얻었다.

이루레타는 철저히 점유율 축구를 지향한 감독이며 아름다운 축구를 사랑하는 이상주의자였다. 그런 이루레타가 미드필드를 지배하기 위해 [4-2-3-1] 포메이션에 다다른 것은 자연스러운 흐름이라고 할 수 있다. 이루레타가 만들어낸 데포르티보는 그야말로 [4-2-3-1]의 완성품이라고 할 만한 완성도를 갖추었다. 이 팀의 특징은 치밀하게 구성된 미들 라인과 다채로운 공격 경로였다.

수비형 미드필더 마우로 실바Mauro Silva는 지금으로 말하면 은골로 캉테N'Golo Kante나 클로드 마켈렐레Claude Makelele 등과 같은 수비 장인들의 선배다. 뛰어난 예측 능력을 활용한 인터셉트로 미드필드의 수비를 혼자서 도맡는 존재였다. 그 옆의 세르히오 곤살레스Sergio Gonzalez는 공격과 수비에 모두 능했으며 힘든 역할도 마다하지 않는, 종합적인 능력이 뛰어난 미드필더였다. 오른쪽 사이드의 빅토르 산체스Victor Sanchez는 직진 드리블이 특기였고, 왼쪽의 프란 곤살레스Fran Gonzalez는 플레이메이커이며 정확도 높은 왼발 크로스가 무기였다. 그러나 뭐니 뭐니 해도 데포르티보의 최대 강점은 '스페인의 지단' 후안 카를로스 발레론과 포워드인 로이 마카이의 연계 플레이였다. 발레론은 라인과 라인 사이의 절묘한 위치 선정과 훌륭한 볼 키핑 능력, 그리고 일격필살의 스루 패스를 무기 삼아 정말로 지단을 방불케 하는 플레이스타일로 강력한 공격형 미드필더로 군림했다. 원톱이었던 마카이는 뒷공간으로 빠져나갈 때의 빠른 속도와 크로스에 맞춘 정확한 슛으로 모든 공격 경로에서 득점을 양산했다(2002-03 시즌에는 라리가 득점왕 자리에 올랐다).

이루레타의 데포르티보는 2001-02 시즌에 코파 델 레이 결승에서 레알 마드리드를 제치고 우승하는 쾌거를 이룩했다. 이 우승을 도화선 삼아 데포르티보는 그 후로도 안정적으로 실력을 유지했고, 2년 후인 2003-04 시즌 챔피언스 리그에서는 이탈리아의 강호 밀란을 격파하며 전설적인 경기를 펼쳤다.

적지에서 맞이한 1차전에서는 데포르티보가 밀란에 1대4로 졌기 때문에 역전은 절망적으로 보였다. 그러나 홈에서 열린 2차전에서는 우승 후보 중 하나였던 밀란을 4대0으로 유린했다. [4-3-1-2]였던 밀란은 데포르티보의 사이드 공격을 풀백 1명으로 막아낼 수 없었고, 사이드의 수비를 의식해서 넓게 퍼지자 이번에는 발레론이 위험 지역을 누비며 펼쳐내는 다채로운 공격에 연이어 실점했다. 경기 후 밀란의 젠나로 가투소Gennaro Gattuso가 한 말은 데포르티보의 강함을 단적으로 보여준다. '마치 지옥에 있는 것 같았다. 사방에서 적이 튀어나온다. 영원히 끝나지 않는 악몽 같았다.'

이 경기를 계기로 유럽에서는 사이드에 풀백을 1명만 두는 [4-3-1-2]와 [3-4-1-2] 포메이션이 한동안 모습을 감추었다. 유럽의 트렌드에도 큰 영향을 준 역사적인 팀이라고 할 수 있다.

[4-2-3-1]
과거의 명팀
2

1998-99
셀타 데 비고

감독/
빅토르 페르난데스
Victor Fernandez

크루이프도 매료된 스펙터클한 축구

공격 축구의 신봉자 빅토르 페르난데스가 이끌던 당시의 셀타 데 비고는 그 유명한 요한 크루이프Johan Cruyff가 '지금 유럽에서 가장 스펙터클한 축구를 한다'라고 말한 팀이다. 첫째도 공격, 둘째도 공격이 신조인 페르난데스의 팀은 수비형 미드필더도 위로 올라가고 양쪽 풀백도 동시에 위로 올라가는 것이 당연해서 사실상 투백으로 아군 진영을 지키는 일도 드물지 않았다.

오른쪽 풀백은 나중에 레알 마드리드로 이적하게 되는, 공격 성향이 매우 강한 풀백 미첼 살가도Michel Salgado였다. 살가도는 기회가 보이면 무조건 과감하게 공격에 가담해 오른쪽 사이드를 활성화했다. 살가도와 함께 뛴 선수는 당시 라리가에서도 세 손가락 안에 들어가던 사이드 공격수, 러시아 대표팀의 발레리 카르핀Valeri Karpin이었다. 카르핀은 독특한 리듬의 드리블과 정확도 높은 크로스로 오른쪽 사이드에서 수많은 기회를 만들어냈다. 수비형 미드필더는 그 유명한 클로드 마켈렐레였다. 마켈렐레는 나중에 이적한 레알 마드리드에서는 팀의 균형을 맞추느라 수비 장인의 이미지가 강했지만, 당시 셀타에서는 미드필드를 꽉 채우며 뛰어다니는 에너지 넘치는 존재였다.

그리고 역시 셀타의 중심은 '황제'라는 별명이 있던 공격형 미드필더인 알렉산더 모스토보이였다. 압도적인 테크닉으로 사람들을 매료시킨 이 판타지스타는 평범한 흐름에서 한 번의 스루패스로 결정적인 순간을 연출했다. 모스토보이에게 볼이 가면 경기의 리듬이 바뀌고 시간이 멈춘다. 1대1로 대치하는 상대 선수가 함부로 달려들지 못하기 때문에 그곳만 시간이 멈춘 듯 보이는 것이다. 그리고 모스토보이는 상대의 무게중심을 보고 적절히 허를 찔러 빠져나가서 마크를 무효화했다. 당시 셀타와 경기한 수많은 팀이 모스토보이를 철저히 마크해서 붙잡아 두려고 했지만 헛된 시도로 끝났다.

모스토보이가 [4-2-3-1]의 공격형 미드필더로 이상적이었던 이유는 스스로 골을 넣는 능력도 있었기 때문이다. 앞에서 언급한 대로 전성기였던 2000-01 시즌과 2001-02 시즌에는 2년 연속으로 공식전에서 두 자리 득점(리그와 컵을 합쳐 13골)을 기록했다.

당시 라리가에서 이 정도로 압도적인 퍼포먼스를 보여준 모스토보이를 다른 팀들이 가만히 내버려 둘 리가 없었고, 레알 마드리드와 바르셀로나로의 이적설도 있었다. 그러나 모스토보이는 셀타에서 유일무이한 황제로 군림하는 길을 택했다. 돈이나 명예보다 자신이 마음 편하게 경기할 수 있는 환경이라는, 그야말로 모스토보이다운 선택이었다. 까다로운 성격이었던 모스토보이는 당시 러시아 대표팀 감독을 무능하다고 일컫는 등 말썽꾼의 면모도 가지고 있었다. 그러나 페르난데스의 공격 축구와 모스토보이의 재능은 이상적인 조합이었고, 이 두 사람의 만남은 나중에 크루이프를 매료한 스펙터클한 축구의 시작점이 되었다.

[4-2-3-1]
과거의 명팀
3

2013
일본 대표팀

감독/
알베르토 자케로니
Alberto Zaccheroni

선수를 적절히 배치했을 때는 일본 사상 최강

　2010년에 세리에A 우승 경험이 있는 이탈리아의 명장이 일본 대표팀 감독으로 초빙되었다. 자케로니 감독의 일본 대표팀은 출범 초기부터 놀라운 퍼포먼스를 보여줬다. 부임한 지 한 달밖에 되지 않았을 때 국제친선경기에서 아르헨티나 대표팀을 1대0으로 격파한 것이다. 일본 팀은 치밀한 세 라인에 사이드와 중앙의 균형을 잘 맞춰서 선수를 배치한 [4-2-3-1] 포메이션으로 다채로운 공격을 펼쳤다.

　그 후에도 일본 팀은 생드니에서 치른 프랑스전(1대0), 컨페더레이션스컵에서 이탈리아와 펼쳤던 불꽃 튀는 경기(3대4), 월드컵 직전 네덜란드와 벨기에를 상대로 치른 평가전(1승 1무)에서 좋은 성적을 거두며 세계를 상대로 대등하게 겨루었다. 아쉽게도 월드컵에서는 좋은 결과를 거두지 못했지만 팀의 정점은 월드컵보다 한 해 전이었던 2013년이었다.

　당시 팀의 골격이 이미 완성된 상태에서 [4-2-3-1] 포메이션은 일본의 재능 있는 선수들을 활용하는 데 최적인 시스템이었다. 팀의 주역은 둘째 라인에 배치된 혼다 케이스케, 카가와 신지, 오카자키 신지, 이렇게 3명이었다. 혼다는 일본에서는 드물게

'득점이 가능한 공격형 미드필더'이자 팀의 얼굴이기도 했다. 역시 공격형 미드필더의 존재감과 개성은 [4-2-3-1] 포메이션에 없어서는 안 되는 양념일 것이다.

좌우 측면 미드필더의 성향이 다른 것도 재미있다. 좌측 미드필더 카가와는 측면 미드필더이면서도 중앙으로도 들어와 혼다, 그리고 엔도 야스히토Endo Yasuhito와 함께 펼치는 콤비 플레이가 특징이었다. 한편 우측 미드필더 오카자키는 볼을 가지고 있지 않을 때 경기장을 자유롭게 달리는 모습에 특색이 있었다. 일본은 '왼쪽의 카가와와 혼다가 상황을 만들고 오카자키가 결정한다'가 점점 필살기가 되었다.

원톱의 자리에는 수비수를 등진 상태에서도 확실하게 볼을 지켜내며 포스트 플레이를 할 수 있을 뿐 아니라 스스로 골을 넣을 줄도 아는 오사코 유야Osako Yuya의 존재가 컸다. 이 선수들에게 뒤에서 지시를 내린 사람은 수비형 미드필더 엔도였고, 주장인 하세베 마코토Hasebe Makoto가 균형의 방향키 역할을 했다. 서로 특징이 겹치는 선수가 없고 각자의 개성이 잘 맞물린 이러한 배치에서 자케로니의 수완이 빛났다고 할 수 있다.

일본 축구 역사에서도 손에 꼽을 만큼 뛰어난 선수들이 모였던 이 팀은 선수들이 [4-2-3-1]에 적절하게 배치되었을 때 균형 있는 경기를 펼치며 때때로 세계의 강호들을 놀라게 하는 퍼포먼스를 보여주었다. 특히 백미라고 할 수 있는 네덜란드전의 골은 엔도의 사이드 체인지에서 시작되어 우치다 야쓰토Uchida Atsuto → 오카자키 → 혼다 → 우치다 → 오사코 → 혼다의 순서로 다섯 선수가 원터치로 아름다운 패스를 펼쳐내며 탄생했다.

그러나 이 골이 멋졌던 만큼 그 대가로 팀의 균형은 점차 무너졌다. 미들 라인의 선수들이 처음부터 중앙으로 모여들어 원투 패스를 중심으로 한 중앙 돌파에 치중하는 흐름이 되고 만 것이다. 그 결과 균형이 무너진 팀은 월드컵 본선에서 무리하게 중앙을 공략하고자 펼쳐내던 패스가 약점이 되어 카운터로 차례차례 실점하고 말았다. 네덜란드전의 골은 팀에서 가장 좋았던 골이라고 할 수 있지만 '차라리 그 골이 없었다면…'하고 생각하니 참 아이러니다.

번외 포메이션 ②
[4-2-2-2]
사이드에 선수를 두지 않는 극단적인 발상

전방 압박 전술의 시조로 불리는 랄프 랑닉Ralf Rangnick의 대명사라고도 할 수 있는 포메이션이다. 로저 슈미트Roger Schmidt를 필두로 랑닉의 영향을 받은 수많은 감독이 활용하고 있는 것으로도 유명하다. 빠른 직진 공격과 볼을 빼앗긴 후의 즉각적인 탈환에 특화되어 있으므로 그럴 바에는 처음부터 사이드에 선수를 두지 않겠다는 극단적인 발상에서 탄생한 변태 포메이션이라고도 할 수 있다. 어느 포지션에서 볼을 빼앗든 동료 선수가 세로 방향에만 있어 패스는 강제로 종패스가 될 수밖에 없다. 경기 중 벤치에서 감독이 "공격할 때는 세로 방향부터 신경 써라!"라고 소리치는 것보다 (흔히 있는 광경) 훨씬 합리적이다. 다만 어디까지나 수비에서 공격으로 전환하는 순간에 나타나는 가변적 시스템의 일종이며, 상대가 지공으로 빌드업을 시작했을 때는 선수들이 넓게 퍼지는 상대에 맞춰 일반적인 [4-4-2]를 고수하는 것이 기본이다. 포메이션 구조 자체는 [4-4-2]로 집약될 수 있으므로 이 도감에서는 제외했다.

Formation / 4backs

[4-3-3]
점유율 축구의 원리주의

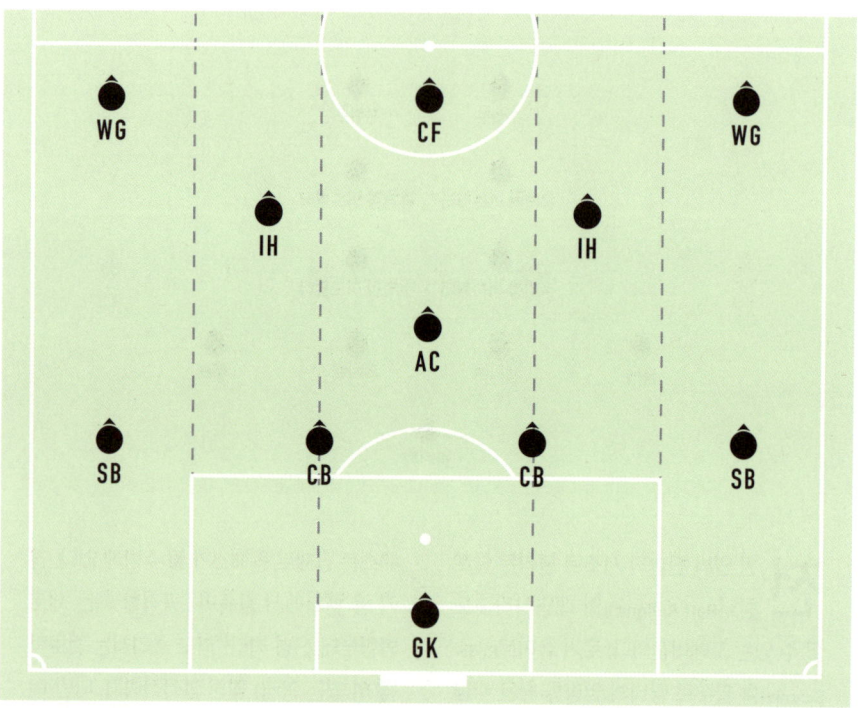

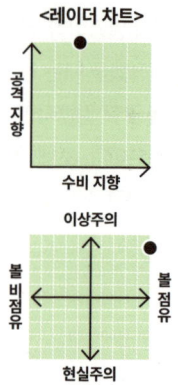

▶ 강점과 약점

강점
- ○ 선수 사이에 그릴 수 있는 삼각형이 많다.
- ○ 선수가 폭넓게 배치되어 있다.
- ○ 점유율 축구, 포지셔널 플레이와 궁합이 좋다.

약점
- × 포지션이 교착된다.
- × 카운터를 당할 때 취약하다.
- × 개인의 역량이 필요한 포지션이 많다.

▶ 감독

- 펩 과르디올라 Pep Guardiola
- 즈데넥 제만 Zdenek Zeman
- 루이 판할 Louis van Gaal
- 루이스 엔리케 Luis Enrique

[4-3-3]의 메커니즘

점유율을 중시하는 스타일에 최적인 배치

[4-3-3]의 특징은 우선 볼을 점유하고 싶을 때 최적인 배치 중 하나라는 것이다. 쾌적하게 패스를 돌리는 데 매우 이상적인 배치로 선수들이 흩어져 있기 때문이다. 패스를 돌릴 때는 가로 68m, 세로 105m의 경기장 전체를 꽉 채우며 볼을 주고받는 것이 중요하다. 볼은 사람보다 빠르므로 볼을 크게 움직임으로써 패스를 받은 선수가 항상 '공간'과 '시간'을 확보한 상태를 만들어낼 수 있다.

반대로 좁은 영역에서 볼을 계속 움직이면 상대 수비에 따라잡혀 시간과 공간이 없는 상황에서 패스를 돌리다가 볼을 빼앗기고 말 것이다. 그 점에서 [4-3-3] 포메이션은 쓰리톱에서 양쪽 윙이 경기장의 양쪽 '폭'을 완전히 확보한다는 이점이 있다. 폭을 확보하는 윙을 두는 것이 이 포지션의 가장 큰 목적이라고 해도 좋을 것이다. 수비하는 입장에서는 양쪽으로 넓게 퍼진 윙을 붙잡기 위해 수비 블록이 옆으로 벌어질 수밖에 없다.

경기장 전체에 선수들이 흩어져서 이루는 균형도 [4-3-3]의 특징이다. 선수와 선수를 연결하면 수많은 삼각형이 경기장에 그려진다. 모든 선수가 자기 위치를 제대로 지키면 자연스럽게 여러 패스 경로가 생겨나도록 되어 있는 것이다. 그 결과로 볼 점유율이 올라가는 것이 이상적인 [4-3-3]의 모습이다. 따라서 점유율 축구를 지향하는 감독, 선수의 위치 선정을 중시하는 포지셔널 플레이의 이념을 지향하는 감독이 특히 선호하는 포메이션이다.

그러나 포지션의 균형이 너무 좋아 초기에 배치된 위치에서 움직이기 어렵다는 폐해가 생기기도 한다. 이것이 포지션의 교착, 그리고 공격의 교착으로 이어질 수 있다는 측면이 있다. 까다로운 점은 그렇다고 해서 함부로 움직이면 오히려 전체의 균형이 무너질 수 있다는 것이다.

펩 과르디올라나 즈데넥 제만Zdenek Zeman과 같은 감독은 흥미로운 방법으로 [4-3-3]의 이러한 위험을 해소했다. 이 감독들이 도입한 것은 '사람은 움직이지만 배치는 움직이지 않는다'라는 메커니즘이었다. 예를 들면 사이드에 배치된 풀백, 메짤라, 윙, 이렇게 3명을 하나의 단위로 생각하며 이 선수들의 포지션을 서로 회전시키는 것이다. 삼각형이 시계 방향으로 돌아간다고 하면 상상하기 쉬울 것이다. 결과적으로 배치는 달라지지 않지만 선수가 달라지므로 포메이션에 유동성이 생기고, 공격에 생동감도 생겨난다.

윙의 위치와 수비에서 성향이 드러난다

수비로 전환할 때는 그대로 [4-3-3]을 유지할 수도 있고 또는 양쪽 윙을 미들 라인으로 내려 [4-5-1]([4-1-4-1])의 배치로 수비할 수도 있다. 무엇을 선택하느냐에 따라 감독과 팀의 지향점이 달라진다.

윙을 높은 위치에 펼친 채 [4-3-3]으로 수비할 때는 높은 위치의 압박이 필수가 되는데 팀 전체가 가능한 한 빠르게, 그것도 높은 위치에서 볼을 다시 빼앗으려 하는 공격적인 성향을 엿볼 수 있다. 미들 라인에 선수가 3명뿐이므로 만약 전방 수비 라인이 뚫리거나 볼이 반대쪽 사이드로 가면 경기장의 가로 68m를 3명이 뛰어다니며 지켜야 한다. 이런 고강도의 수비를 매우 높은 수준으로 실현하고 있는 대표적인 팀이 위르겐 클롭Jurgen Klopp 감독의 리버풀이다.

한편 미들 라인에 선수를 집중시킨 [4-5-1]로 수비할 때는 상대적으로 위험이 낮아진다. 이 경우에는 미들 라인이 아군 진영으로 물러난 후 볼을 빼앗고, 뒷공간으로 양쪽 윙이 뛰어들어가며 카운터를 노리는 방식이 중심이다. 조제 무리뉴Jose Mourinho가 지휘한 첼시와 인테르는 이 스타일로 황금기를 구축했다.

윙에게 수비를 시키지 않는 [4-3-3]도 있다. 리오넬 메시, 루이스 수아레스Luis

Suárez, 네이마르Neymar, 통칭 'MSN'을 쓰리톱으로 세운 바르셀로나가 여기에 해당한다. 카림 벤제마Karim Benzema, 가레스 베일Gareth Bale, 크리스티아누 호날두, 통칭 'BBC'를 쓰리톱으로 세운 레알 마드리드도 있다. 이 두 팀의 공통점은 거금을 들여 세계 최고 수준의 포워드를 모으고, 이 선수들을 동시에 경기장에 세우는 수단으로 [4-3-3] 포메이션을 선택했다는 것이다. 이는 전술적인 목적보다도 전력 보강의 중심인 스타 선수들을 벤치에 앉혀둘 수는 없다는 클럽의 전략적 의중이 큰 비중을 차지하고 있었을 것이다.

공격 면에서는 수준 높은 선수들이 서로를 이해하기 때문에 어느 정도 시간만 주면 쓰리톱의 연계는 점점 향상된다. 문제는 수비다. 메시, 호날두, 네이마르 등은 원래 다른 팀에서는 유일무이한 중심 선수이므로 어느 정도 유아독존적인 행동이 허용되는 제왕이다. 제왕은 기본적으로 수비를 하지 않는다. 제왕이 팀에 하나뿐이라면 다른 선수들이 헌신해서 균형을 맞출 수 있지만 제왕이 셋이면 균형을 맞추기가 어렵다.

실제로 바르셀로나의 MSN과 레알의 BBC 모두 수비 국면에서는 전방에 남아 쉬고 나머지 7명이 수비하는 형국이었다. 필드에 있는 모든 선수가 공격과 수비에 열심히 참여하는 게 당연한 현대 축구에서 수비에 가담하지 않고 전방에 남아 우아하게 쉬는 선수들의 모습을 보고 필자는 혼자 '귀족 수비'라는 이름을 붙였을 정도다. 7명이 수비하고 3명이 공격하는 분업 축구라고 해야 할까. 그래도 실제 경기에서는 한 번 볼을 빼앗으면 전방에 남아 있던 이 선수들이 개인의 능력을 활용해 카운터로 득점을 양산하는 면도 있다. 그야말로 '살을 내주고 뼈를 취하는' 팀 밸런스다.

카운터를 당하는 국면에서는 취약하기도

원래 [4-3-3] 포메이션은 카운터를 당하는 국면에서 취약함이 드러나기 쉬운 면도 있다. 볼을 빼앗긴 순간에 미들 라인에서 볼을 적절히 차단해 줄 선수가 앵커맨 1명 뿐이므로 당연하다고 할 수 있다. 과르디올라는 [4-3-3]의 이 약점을 보완할 메커니즘을 팀에 도입했는데, 그것은 바로 '가짜 풀백'이다. 그는 팀이 볼을 점유할 때 일반적으로는 사이드에 있는 풀백을 가운데로 보내 앵커맨의 양쪽에 배치했다. 그러면 만약 볼을 빼앗겨 카운터를 당해도 중간에서 앵커맨과 두 풀백, 이렇게 3명이 막아 주므로 중앙이 뚫릴 일이 줄어든다. 상대의 카운터를 사이드로 우회시킬 수 있다면 그동안 전방의 선수가 돌아올 시간을 벌 수 있으므로 결과적으로 카운터에 대한 수비력이 크게 향상된다.

물론 가짜 풀백의 이점은 수비할 때만 존재하는 것이 아니다. 공격에서는 볼 점유 시 중앙의 패스 경로를 늘린다. 그러나 때로는 진짜 풀백으로서 터치 라인 주위를 위아래로 움직이고, 때로는 가짜 풀백으로서 중앙에서 경기의 조율에 참여하는 플레이를 모두 손색없이 펼칠 수 있는 선수는 그다지 많지 않다. 과르디올라가 맨체스터 시티에서 가장 돈을 많이 들여 보강한 포지션이 풀백이었던 데는 그런 사정도 있었을 것이다.

[4-3-3]에서 각 포지션이 맡은 일을 살펴보면 이 시스템은 선수에게 매우 높은 수준을 요구한다. 우선 앵커맨을 보면, 다른 포메이션에서 2명의 수비형 미드필더가 담당하는 지역을 단 1명이 담당해야 하므로 1명이 2명 몫의 일을 해야 한다. 앵커맨의 임무는 항상 '그곳에 있기'다. 앵커맨이 지나치게 많이 움직이면 [4-3-3] 전체의 균형이 무너질 수 있다. 항상 팀의 배꼽에 해당하는 중앙에 머물며 다른 선수들이 가져온 볼을 좌우로 적절히 배분해서 패스의 리듬을 만들어내야 하기 때문에 필드의 지휘관이라고 할 수 있는 것이다. 공격과 수비의 중심이 되는 포지션인 만큼 감독의 전폭적인 신뢰를 받는 선수가 기용되는 것은 필연적이다.

최근 더욱 중요해진 메짤라의 존재

자기 자리를 지키며 패스를 잘 받아 볼을 빼앗기지 않고 경기하는 일은 말처럼 쉽지 않다. 게다가 현대 축구에서는 [4-3-3]과 맞붙는 팀이 앵커맨을 무너뜨리러 오는 일은 이미 정석이 되었다. 앵커맨은 최소한의 움직임으로 최적의 타이밍을 노려 최적의 위치를 잡고, 몸의 방향을 활용해서 상대를 속여야 한다. 그리고 수비에서는 상대 카운터의 싹을 미리 잘라낼 수 있어야 한다. 이처럼 매우 뛰어난 기술을 가진 선수가 앵커맨의 자리에 있지 않으면 [4-3-3]을 높은 수준으로 활용하기가 어렵다.

다음으로 윙은 전문직이라고 할 수 있는 포지션인데, 스페셜리스트 중의 스페셜리스트가 필요하다. 만약 상대가 전면 수비에 들어가는 등의 상황이라면(예를 들어 [5-4-1]) 이를 무너뜨리는 일은 윙의 1대1 돌파력에 의존할 수밖에 없기 때문이다. 팀이 재빠르게 패스를 돌리며 반대쪽 사이드의 열린 공간으로 볼을 보내도 패스를 받은 윙이 직진 방향으로 진행하지 않고 백패스를 반복하기만 하면 상대 수비 블록은 좀처럼 무너지지 않을 것이다.

그리고 요즘 [4-3-3]에서 또 하나의 주역이 되는 포지션이 메짤라다. 차비 에르난데스Xavi Hernandez, 안드레스 이니에스타, 케빈 더 브라위너Kevin De Bruyne, 다비드 실바David Silva 등 이름을 나열하는 것만으로도 현대 축구가 메짤라에 요구하는 선수상이 명확하다는 것을 알 수 있다. 메짤라는 상대 수비 블록의 미들 라인과 수비 라인 사이의 작은 공간, 소위 하프스페이스에서 볼을 받아 결정적인 패스를 할 수 있어야 한다.

[4-3-3]에서 공격이 잘 풀리지 않는 팀의 경기를 보면 메짤라가 제 기능을 하지 못하는 경우가 매우 많다. 하프스페이스나 틈새의 위치 선정은 좋지만 막상 종패스가 들어오면 메짤라가 전방으로 향하지 못하고 그대로 백패스를 하는 것이다. 이렇게 해서는 공격을 전개하기가 어렵다. 따라서 메짤라는 그만큼 [4-3-3]에서 중요한 포지션이라고 할 수 있다.

<관전 포인트>

| 경기에서 확인할 [4-3-3]의 포인트 |

앵커맨의 선정

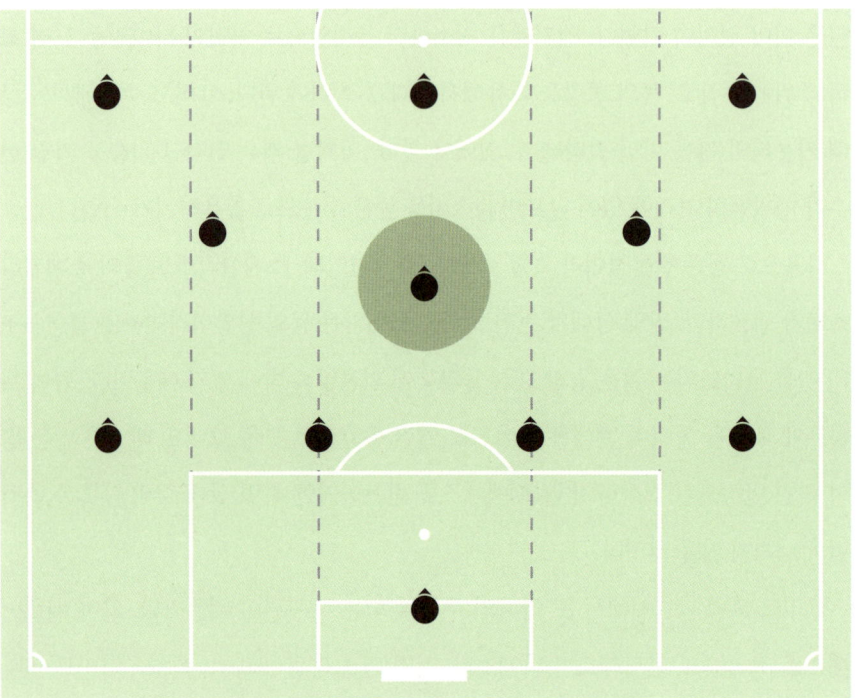

이 포지션에 어떤 선수를 두느냐에 따라 팀의 스타일과 작전을 확인할 수 있다. 극단적으로 말하면 같은 [4-3-3]이라도 앵커맨의 자리에 세르지오 부스케츠Sergio Busquets를 기용하느냐 또는 클로드 마켈렐레를 기용하느냐를 보면 벤치에 앉은 감독의 얼굴을 보는 것보다도 더 확실하게 팀의 의도를 알 수 있다. 공격에서 앵커맨을 이용하는 팀은 점유율 축구의 경향이 강하고, 패스가 철저히 앵커맨을 경유한다. 반대로 패스가 앵커맨을 지나쳐서 전방으로 가는 팀은 점유율에는 그다지 관심이 없는 스타일임이 분명하다.

2010-11
바르셀로나

감독/
펩 과르디올라
Pep Guardiola

점유율 축구의 이상적 형태 중 하나

　현대 점유율 축구의 이상적인 형태 중 하나를 제시한 팀이 바로 과르디올라의 바르셀로나였다. 그중에서도 과르디올라가 취임한 지 3년째였던 2010-11 시즌의 팀은 모든 의미에서 완성되어 있었다. 한 시합의 볼 점유율이 60%를 넘는 게 흔하디 흔할 정도로 상대가 경기를 하지 못하도록 만드는 팀이었다.

　바르셀로나는 챔피언스 리그 결승에서 당시 세계 최강의 자리를 놓고 경쟁하던 맨체스터 유나이티드를 상대로 완승을 거두었다. 적장 알렉스 퍼거슨이 '내가 지금까지 상대한 팀 중에 최강'이라고 말했을 정도다. 이 경기는 과르디올라의 바르셀로나가 정점을 찍었다고 할 수 있는 내용이었다.

　멤버 구성을 보면 골키퍼에서 포워드까지 11명 모두가 볼을 다루는 기술이 뛰어난 선수임을 알 수 있다. 골키퍼 빅토르 발데스Víctor Valdés는 11번째 필드 플레이어의 역할을 해서 팀의 빌드업에 참여했고, 센터백 제라르 피케Gerard Pique는 과감한 볼 컨트롤과 정확도 높은 패스로 최후방에서 팀을 움직였다.

　피케의 파트너로 오랫동안 수비형 미드필더가 본업이었던 하비에르 마스체라노

Javier Mascherano를 센터백으로 전환한 데에서도 과르디올라가 센터백에게 얼마나 뛰어난 드리블 테크닉을 요구하는지 알 수 있다.

미들 라인의 세르지오 부스케츠, 차비 에르난데스, 안드레스 이니에스타는 여기서 새삼 언급할 필요도 없이 [4-3-3]에서 점유율을 높이는 데 이상적이라고 할 수 있는 유닛이었다. 물론 이 3명이 오랫동안 같은 육성 조직(통칭 칸테라)에서 자라나 서로 호흡이 잘 맞았기에 가능했던 연계다. 그리고 과르디올라는 이 팀에 '0톱'이라는 최고의 향신료를 첨가했다. 그 메커니즘은 빼어나고 치밀하다.

우선 전방에 있는 쓰리톱 중 양쪽에 배치한 선수는 기본적으로 항상 넓게 퍼져서 최전선에 머무른다. 이렇게 하면 상대 수비 라인은 이 두 선수를 기준으로 설정될 수밖에 없다. 다시 말해 쓰리톱 중 윙의 역할은 상대의 수비 라인을 의도적으로 묶어두는 것이다.

그리고 초기 배치에서는 센터포워드였던 리오넬 메시가 자신이 원하는 타이밍에 미들 라인으로 내려온다. 마크를 담당하던 상대 센터백은 메시를 따라갈지 말지 매우 어려운 판단을 내려야 하는 순간이다. 풀백이 양쪽으로 넓게 퍼진 바르셀로나의 윙에게 발이 묶여 있는 상황에서 중앙의 센터백이 앞으로 나와 수비 라인에 빈틈이 생기면 중앙이 텅 빌 수 있다. 결과적으로 바르셀로나와 대치하는 상대 팀의 센터백은 명확히 마크할 상대가 없는 '방치 상태'가 되고 마는데, 이것이 과르디올라가 원하는 목적이다.

메시가 전방에서 내려오는 순간 미들 라인이 수적으로 우세해지고, 바르셀로나가 미드필드를 장악하기 쉬워진다. 그리고 메시는 상대의 센터백이나 수비형 미드필더에게 붙잡히지 않는 절묘한 위치로 와서 자신의 특기를 최대한으로 발휘할 수 있게 된다. 메시가 괴물 같은 능력을 발휘한 데는 이 [4-3-3] 시스템의 묘미도 기여한 것이다.

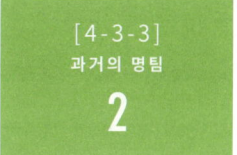

2002-03
아약스

감독/
로날드 쿠만
Ronald Koeman

양쪽 사이드의 '폭'을 완전히 활용한 공격

　네덜란드의 명문 아약스는 1990년대 중반 이후 침체기를 맞이했다. 챔피언스 리그에서도 1994-95 시즌의 우승을 정점으로 서서히 성적이 내려가기 시작해 1997-98 시즌 이후로는 본선 진출조차 어려운 상황이 되었다. 어쩌다 진출해도 조별리그나 심지어 플레이오프를 통과하지 못하는 등 유럽에서 오랫동안 존재감을 과시했던 네덜란드의 명문답지 못한 모습이 계속되었다.

　원인 중 하나로 1995년에 시행된 보스만 판결(축구선수의 자유 이적 권리를 선언한 판결)의 영향도 컸다. 당시 유럽 최고의 자리에 올랐던 아약스 선수들에게는 유럽 각국의 빅 클럽에서 파격적인 영입 제안이 날아들었고, 자금력으로는 상대가 되지 않았던 아약스는 순식간에 거의 모든 주력 선수를 외국으로 유출시키게 되었다.

　그런 어두운 분위기를 탈피한 계기는 유스부터 새롭게 키워낸 신세대의 등장이었다. 특히 2002-03 시즌의 아약스에서는 장래성이 풍부한 수많은 젊은 선수들이 성장하고 있었다. 195cm의 키에서 상상하기 어려운 화려한 테크닉으로 '크루이프의 재림'이라는 평가까지 들었던 즐라탄 이브라히모비치Zlatan Ibrahimovic, 결정적인 패스를 잘 줄 뿐 아니라 득점 능력도 갖추었던 공격적인 미드필더 라파엘 판데르파르트Rafael van der Vaart, 정확한 중거리 패스로 미들 라인에서 팀을 조율하던 사령탑 베슬리 스네이더르Wesley Sneijder 등이 바로 그들이다.

아약스의 특징은 역시 [4-3-3] 시스템을 활용한 양쪽 사이드의 공격력일 것이다. 우측 사이드에는 네덜란드산 순수 윙의 계보를 잇는 앤디 판데르메이데Andy van der Meyde가 군림했다. 볼이 오면 어떻게든 직진으로 밀고 나가서 크로스까지 해내는 스페셜리스트로서 사이드 공격을 견인했다. 그러나 판데르메이데 이후로 '윙 강국'으로 불리던 네덜란드는 유망한 윙을 배출하지 못했다. 최근 네덜란드 대표팀이 예전에 대명사로 여겨졌던 [4-3-3]을 포기하고 쓰리백 도입에 나선 것도 윙의 부재 때문이다. 그런 의미에서 판데르메이데는 멸종 위기를 맞이하기 전의 마지막 윙이었는지도 모른다.

이 시즌의 아약스는 윙을 뒤에서 서포트하는 풀백의 자질도 매우 높았다. 왼쪽의 막스웰Maxwell은 현재의 '가짜 풀백'의 원형이라고도 할 수 있는 사령탑형 풀백으로 사이드에서 경기를 조율했다. 막스웰은 그 후 똑똑한 풀백으로 명성을 높이며 과르디올라 감독이 지휘하던 바르셀로나로 이적했다. 한편 우측 사이드의 하템 트라벨시Hatem Trabelsi는 직진 추진력을 갖춘 유형의 풀백으로, 수비수답지 않은 공격력이 특징이었다. 이 개성 넘치는 선수들을 절묘하게 배치해 활용하던 감독 로날드 쿠만Ronald Koeman의 수완도 빛났다.

사이드를 돌파해 크로스를 올리면 중앙에서는 황제 이브라히모비치가 제공권을 장악했다. 나아가 이브라히모비치는 골문 앞에 머무를 뿐 아니라 자유롭게 사이드로 달려가거나 미들 라인으로 내려가는 등 경기를 조율하는 역할도 담당했다. 이브라히모비치는 발기술도 유달리 뛰어난 포워드였으며, 그 점에서는 피지컬의 차이는 있지만 요한 크루이프를 연상케 하는 플레이스타일이라고 할 수도 있다.

앞에서 설명한 과르디올라 감독의 바르셀로나에서 활약하던 리오넬 메시와 마찬가지로 [4-3-3]의 센터포워드는 이런 유형과 궁합이 잘 맞는지도 모른다. 이 시즌의 아약스는 역동적인 젊은 재능이 [4-3-3]에 딱 들어맞아 챔피언스 리그에서도 4년 만에 8강에 진출했다. 8강에서는 당시 유럽 최강으로 불리던 밀란(해당 시즌 우승)을 바짝 추격하는 뜨거운 경기를 펼쳤다.

아약스는 이렇게 다시 유럽에서 존재감을 과시했지만 얄궂게도 그 결과 때문에 주력 선수들이 대거 이적하고 말았다. 이 시즌의 팀은 순식간에 해체되고 아약스는 다시 긴 침체기에 돌입하게 된다.

2018-19

리버풀

감독/
위르겐 클롭
Jurgen Klopp

전방 압박으로 성과를 남긴 [4-3-3]

위르겐 클롭 감독의 리버풀은 [4-3-3]을 이용해 점유율 축구 스타일이 아니라 그 정반대인 전방 압박 스타일로 성과를 올려 역사에 이름을 남긴 위대한 팀이다. 이 팀은 처음에는 전방의 쓰리톱(모하메드 살라Mohamed Salah, 사디오 마네Sadio Mane, 호베르투 피르미누Roberto Firmino)은 주목을 받았지만 뒤쪽의 수비진이 안정되지 않았다는 문제가 있었는데, 2018-19 시즌 골키퍼에 알리송 베케르Alisson Becker, 미들 라인 아래쪽에 있는 앵커맨에 파비뉴Fabinho를 보강하면서 마지막 퍼즐 조각이 맞춰졌다.

수준 높은 스쿼드를 손에 넣은 클롭은 이 시즌 리버풀에 14년 만의 챔피언스 리그 우승을 가져다줬다. 또한 팀의 기세는 꺾일 줄 모르고 다음 시즌에는 32경기 무패라는 클럽 신기록을 달성하는 등 그야말로 황금기를 구가했다. 그 압도적인 강력함도 멤버 구성을 보면 이해가 된다.

우선 팀의 최후방을 뒷받침하는 선수는 당시 유럽 최고의 센터백이라는 의견이 많았던 버질 판다이크Virgil van Dijk와 브라질 대표팀의 수호신 알리송이었다. 판다이크는 공중전의 압도적인 우위와 넓은 공간을 혼자 지켜내는 속도를 겸비한 이상적인 센터백이었다. 골키퍼 알리송도 안정감 있는 캐칭과 1대1 상황에서 강한 모습을 보여주며 골을 봉쇄했다. 앵커맨 파비뉴는 리버풀의 전술을 담당하는 참모 펩 레인더스 코치가 '팀의 등대'라고 부른 선수다. 팀이 방향을 잃거나 고전할 때 앵커맨 파비뉴가 항상 제자리를 지키고, 볼이 넘어오면 팀을 올바른 방향으로 이끌어 준다는 뜻이다. 파비뉴가 합류하면서 리버풀의 공격과 수비에 안정감이 생겼다. 미들 라인의 메짤라는 조르지뇨 베이날둠Georginio Wijnaldum과 조던 헨더슨Jordan Henderson이라는, 발기술을 펼치기보다 몸을 아끼지 않고 뛰어다니며 싸울 수 있는 투사들을 배치했다. [4-3-3]을 점유율 축구에 활용하는 팀과의 차이가 드러나는 인선이다.

　전방의 쓰리톱은 저마다 뚜렷한 개성이 잘 조합된 유닛의 좋은 예다. 스피드스터인 살라는 카운터 상황에서는 그야말로 무적이었다. 아무도 따라갈 수 없는 속도로 골을 연발했다. 마네는 공격과 수비에서 세 사람 몫을 해내는 하드워커로, 살라가 앞쪽에 머물면서 생겨나는 수비의 부담을 혼자 상쇄하면서 골도 잘 넣었다. 센터포워드인 피르미누는 스트라이커라기보다는 팀의 윤활유 역할을 하는 선수로, 미들 라인으로 내려와 공격의 기점을 만드는 역할을 담당했다.

　그러나 이 팀의 진정한 차이를 만들어낸 부분은 사실 풀백이다. 왼쪽의 앤드루 로버트슨Andrew Robertson과 오른쪽의 트렌트 알렉산더아놀드Trent Alexander-Arnold는 유럽 최고의 풀백 콤비라고 불러도 손색이 없는 자질을 자랑했다. 이 시즌에 로버트슨은 11어시스트, 알렉산더아놀드는 12어시스트를 기록했는데, 한 팀의 두 풀백이 모두 10어시스트 이상을 기록한 것은 프리미어 리그 사상 최초였다. 상대 입장에서 보면 양쪽에서 매우 정확한 크로스가 계속 올라오는 무서운 상황이 벌어졌던 것이다. 또한 이 두 선수의 정확도 높은 킥을 살린 진정한 공격 양상은 두 선수 사이의 사이드 체인지였다. 좌우 풀백이 필드를 가로지르듯 낮고 빠른 사이드 체인지를 실시하면 상대는 계속 좌우로 휘둘려 팀 단위로 빠르게 대처하지 못하게 된다. 로버트슨과 알렉산더아놀드는 이 필살기로 상대 팀을 뒤흔들고, 마지막에는 정확한 크로스로 어시스트를 양산했다.

2004-05

레체

감독 /
즈데넥 제만
Zdenek Zeman

변태 감독 제만의 이상이 집약된 최고 걸작

[4-3-3] 포메이션을 이야기할 때 이 사람을 빼놓을 수 없다. 카테나치오의 나라 이탈리아에서 이단적 지도자로 알려진 공격 축구의 신봉자, 즈데넥 제만이다.

동유럽이 자랑하는 공격 축구의 나라 체코슬로바키아 출신인 제만은 [4-3-3]을 활용한 독자적인 축구 이론으로 수많은 팀을 성공시켰다. 제만의 공격 축구는 딱히 강호라고 할 수 없는 약소 클럽을 이끌 때 특히 빛을 발하는 경향이 있다. 제만의 커리어에서도 최고 걸작 중 하나라고 할 수 있는 것이 이 2004-05 시즌의 레체다.

이 시즌에 갓 승격한 팀이었던 레체는 제만의 지도하에 소도시 클럽답지 않은 공격 축구로 세리에A를 석권했다. 제만의 [4-3-3] 이론에서 유명한 부분은 사이드의 윙, 메짤라, 풀백을 '체인'이라는 하나의 유닛으로 묶어 공격 패턴을 구축하는 것이다.

우선 좌우의 윙은 기본적으로 서로 반대쪽 발을 쓰는 선수들을 배치한다. 레체의 경우 좌측에는 오른발잡이인 알렉스 피나르디Alex Pinardi, 우측에는 왼발잡이인 발레리 보지노프Valeri Bojinov를 배치했고, 윙에게 볼이 넘어가면 안쪽으로 컷인(사이드에서 중앙으로 드리블해서 파고들어 오는 것)하도록 했다. 윙이 컷인하면 상대 수비는 중앙으로 끌려오게 되어 윙의 바깥쪽으로 공간이 넓게 펼쳐진다. 이때 뒤에서 달려온 풀백이 이 공간을 활용하고, 메짤라는 풀백을 서포트하며 삼각형을 이룬다.

이 순환을 좌우 사이드에서 집요하게 반복하는 것이 제만 축구의 특징이었고, 사이드를 공략하는 패턴을 가진 레체는 중앙으로 좋은 패스가 많이 들어왔다. 이 덕분에 당시 아직 무명이었던 센터포워드 미르코 부치니치Mirko Vucinic는 이 시즌에 세리에A에서 19골을 터뜨리며 득점 순위 5위에 오르는 활약을 펼쳤다.

좌우 윙에게 패스를 배분하는 사람은 사령탑 역할을 하는 앵커맨 크리스티안 레데스마Cristian Ledesma였다. 레데스마도 제만의 공격 축구에서 재능을 꽃피운 선수 중 하나다. 결코 신체조건이 유리한 선수는 아니었기 때문에 육탄전에서 상대방을 누르는 모습은 보여주지 못했지만, 제만은 레데스마의 넓은 시야와 전개 능력을 높이 샀다. 레데스마는 활약을 인정받아 이후 이탈리아의 명문 클럽 라치오로 이적했다. 부치니치도 로마를 거쳐 유벤투스로 이적하는 등 제만은 선수 육성에도 뛰어난 능력을 발휘했다.

제만의 무서운 점은 당장 세리에A 잔류가 목표인 클럽에서도 철두철미하게 자신의 이상인 공격 축구를 밀고 나갈 만큼 신념이 강하다는 것이다. 공격에 투입하는 선수가 많으면 수비에는 사람이 부족해서 카운터로 인한 실점을 피할 수 없다. 이 시즌의 레체도 총득점은 우승팀인 유벤투스 바로 다음인 66점이라는 파괴력을 보여줬지만 총실점도 리그 최다인 73실점이었다. 아주 단순한 스타일로 리그에 재미를 더한, 사랑할 수밖에 없는 '변태 팀'이다.

[4-3-3] 대전 조합 일람

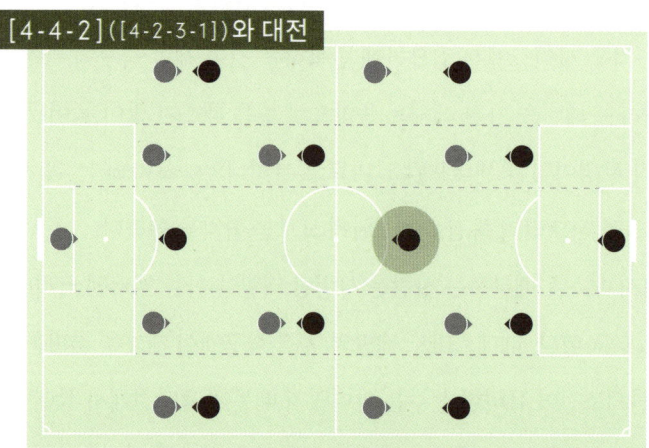

<우위 포지션> 앵커맨

[4-3-3]이 [4-4-2]([4-2-3-1])와 맞물릴 때 구조적으로 여유가 있는 '우위 포지션'은 앵커맨이다.

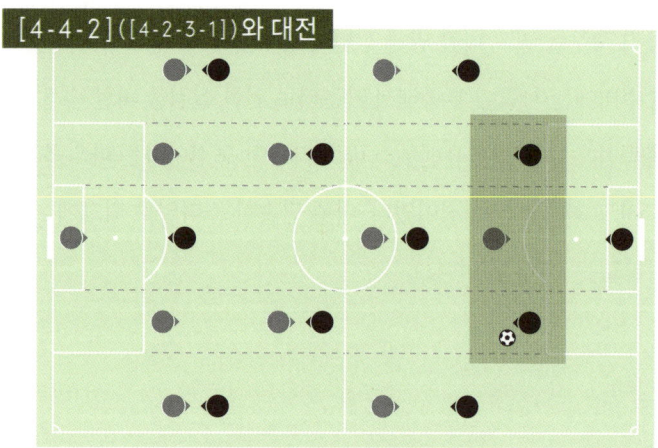

효과적인 공격 루트 ❶

[4-4-2]의 앵커맨 대책은 일반적으로 투톱을 세로로 늘어서게 해서 견제하는 것이다. [4-4-1-1] 수비에 대한 [4-3-3]의 '우위 포지션'은 센터백으로, 2대1의 수적 우위를 센터백이 어떻게 활용해서 볼을 운반하느냐가 중요하다. 예시를 보면 [4-4-2]와 [4-2-3-1]의 수비 구조는 기본적으로 비슷함을 이해할 수 있다.

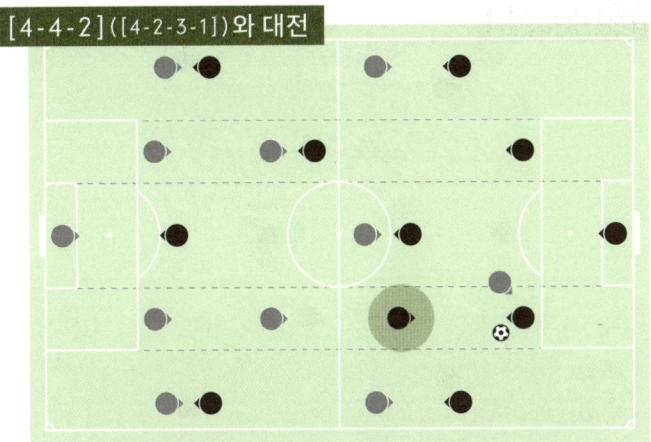

효과적인 공격 루트 ❷ (예: 바르셀로나의 경기 패턴 ①)

앵커맨 부스케츠 옆으로 메짤라 차비가 내려와 일시적으로 수비형 미드필더가 2명이 되었다. 이는 볼 주변에서 사라진 수적 우위를 되찾으려는 의도다.

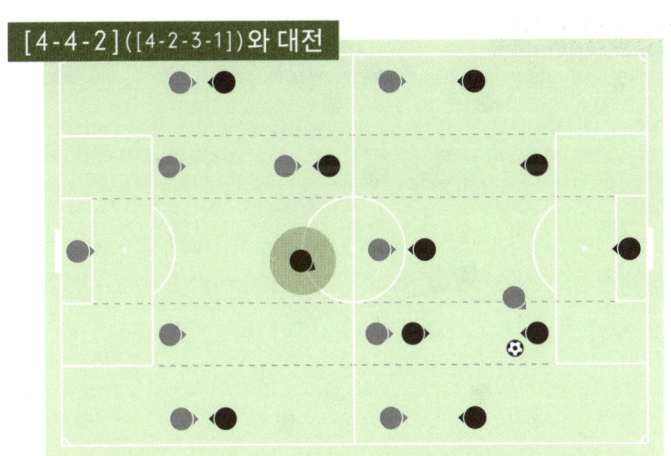

효과적인 공격 루트 ❸ (예: 바르셀로나의 경기 패턴 ②)

차비가 내려가면 마크하고 있던 수비형 미드필더도 자연스럽게 뒤쫓아 오는데, 그 순간 센터포워드 메시가 위험 지역으로 내려가는 움직임이 연동된다. 막다른 곳으로 몰아넣었던 듯 보였던 센터백 앞에 갑자기 다른 선수 하나를 거쳐 센터포워드에게 가는 패스 경로가 나타나는 구조다. 상대 센터백 입장에서는 미들라인 깊숙이 내려간 메시를 따라가기가 어렵다. 만약 따라가면 넓게 포진했던 양쪽 윙이 상대 센터백 1명만 남은 중앙을 공략하기 위해 사선으로 침투한다.

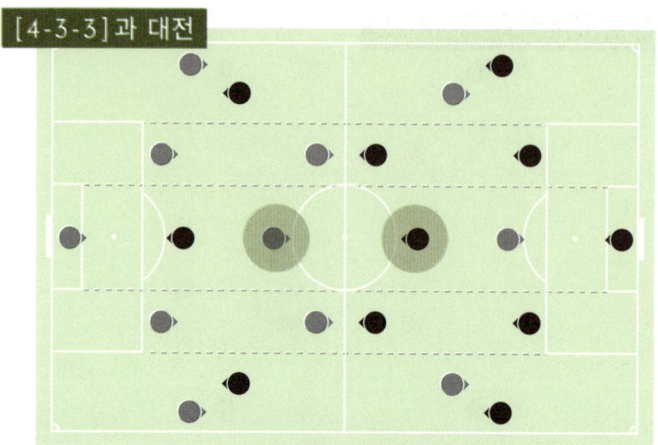

<우위 포지션> 앵커맨

[4-3-3]끼리 맞물리면 소위 말하는 미러 매치의 구조는 나오지 않는다. 서로 앵커맨이 붕 뜨기 때문이다. 또 수비 시의 [4-3-3]은 구조적으로 [4-5-1]과 비슷하다. 앵커맨과 앵커맨 사이의 거리가 멀기 때문에 앞으로 나와도 압박이 잘 안 되고, 오히려 미들 라인의 공간이 비는 결과가 되기 쉽다.

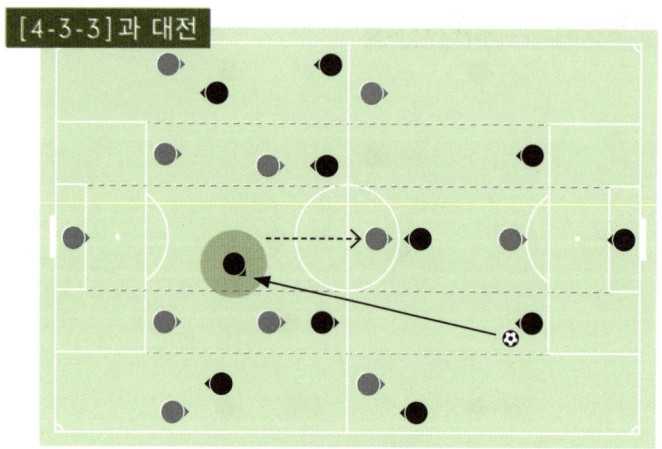

효과적인 공격 루트

[4-3-3]끼리 경기할 때 상대 앵커맨이 무리해서 아군의 앵커맨 쪽까지 오면 잘 생겨나는 구도. 애초에 위험 지역을 비워두지 않기 위해 앵커맨을 배치하는 이 포진에서 본말이 전도된 접근법이 되기 쉽다.

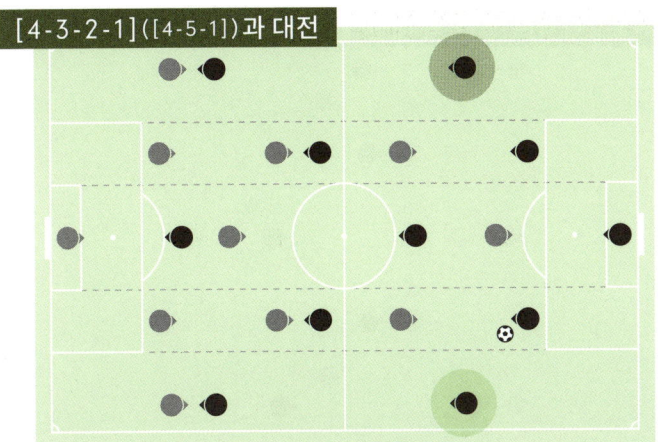

<우위 포지션> 풀백

[4-3-3]이 [4-3-2-1]([4-5-1])과 맞물릴 때 구조적으로 여유가 있는 '우위 포지션'은 풀백이다. 일반적으로 [4-3-2-1]은 공격형 미드필더 2명이 중앙으로 좁혀 들어오면서 앵커맨의 패스 경로를 차단하고 센터백에게 접근하는 일이 가능하다. [4-3-3]의 센터백 둘 + 앵커맨 하나 대 [4-3-2-1]의 공격형 미드필더 둘 + 원톱은 구조적으로는 3대3의 수적으로 동등한 관계이므로 여분의 포지션이 없다. 대신 사이드에 퍼져 있는 풀백이 항상 여유를 가지기 쉬운 구조다.

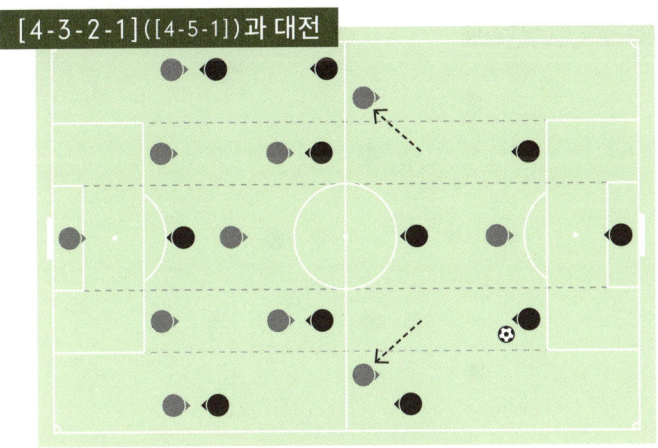

효과적인 공격 루트 ❶

여기에 대한 상대 [4-3-2-1]의 일반적인 대응책은 두 공격형 미드필더를 밖으로 넓게 보내 [4-5-1]과 비슷한 형태로 수비하는 것이다. 이러한 방식을 보더라도 [4-3-2-1]과 [4-5-1]의 수비 시 구조는 기본적으로 비슷함을 이해할 수 있다.

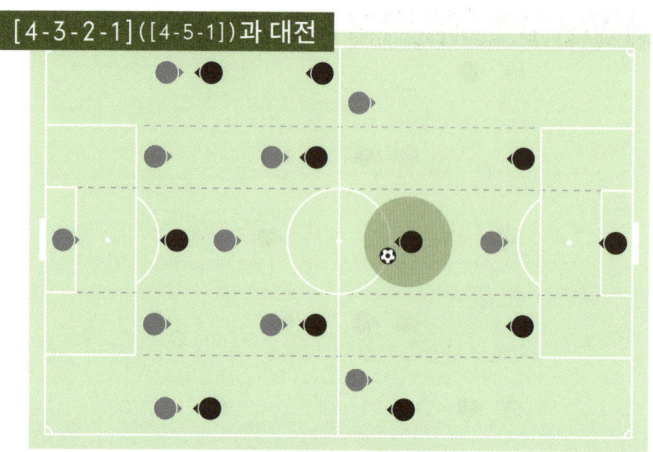

효과적인 공격 루트 ❷

상대가 [4-5-1]의 형태로 수비할 때는 앵커맨이 여유로운 포지션이 된다. 이렇게 되면 상대는 원톱으로 아군의 센터백 둘과 앵커맨 하나를 상대해야 하며 이런 1대3의 수적 열세로는 압박이 거의 불가능하다. 만약 상대가 원톱을 뒤로 물리고 앵커맨 곁에 붙이면 센터백이 자유롭게 볼을 운용할 수 있게 된다.

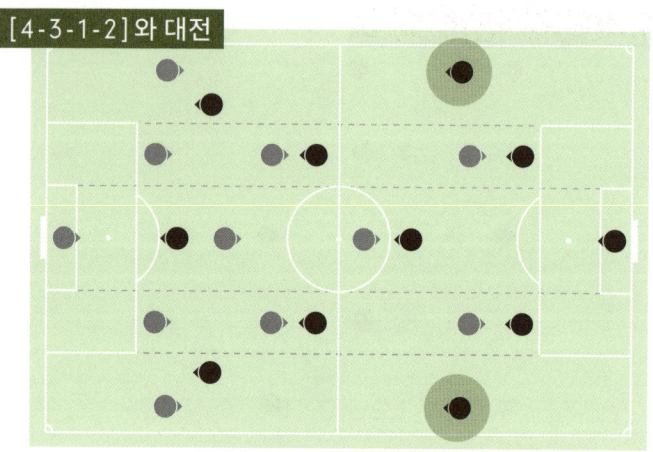

<우위 포지션> 풀백

[4-3-3]이 [4-3-1-2]와 맞물릴 때 구조적으로 여유가 있는 '우위 포지션'은 풀백이다.

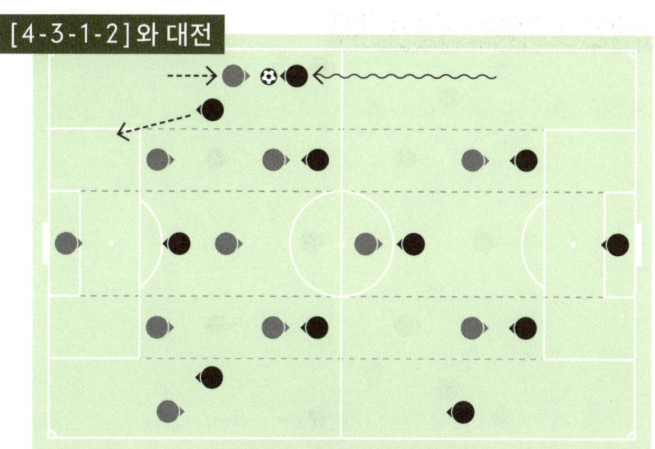

효과적인 공격 루트

여유가 있는 풀백을 활용해 적진으로 볼을 가져간 후, 상대 풀백이 나오면 윙이 하프스페이스를 노릴 수 있다.

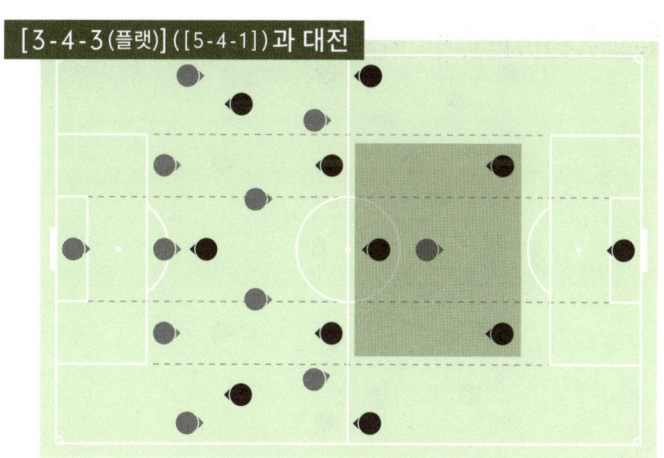

<우위 포지션> 상대 원톱에 대한 3대1

[4-3-3]이 [3-4-3(플랫)]([5-4-1])과 맞물릴 때 구조적으로 여유가 있는 '우위 포지션'은 상대 원톱에 대해 센터백 둘과 앵커맨 하나가 만들어내는 3대1의 수적 우위다.

효과적인 공격 루트 ❶

상대가 골문 앞을 [5-4-1]로 걸어 잠갔을 때 [4-3-3]의 정석은 자유로운 상태의 센터백이 적진으로 볼을 몰고 들어가 상대 수비의 반응을 이끌어내는 것이다. 이때 상대의 측면 미드필더가 센터백에 대응하기 위해 나서면 풀백이 빈다.

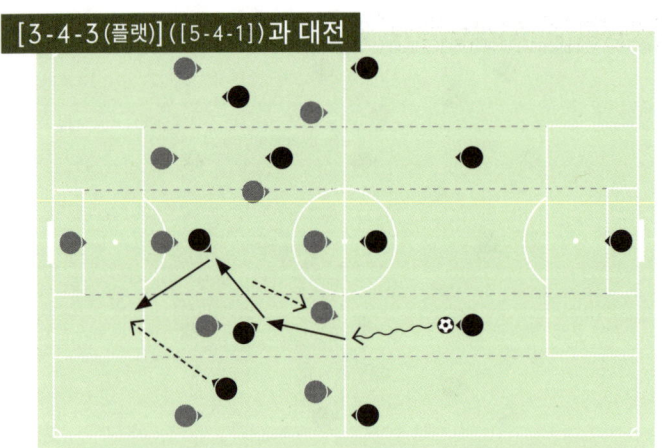

효과적인 공격 루트 ❷ (예: 맨시티의 [5-4-1] 무너뜨리기)

상대 수비형 미드필더가 나오면 메짤라가 빈다. 종패스를 받는 메짤라는 몸을 돌려 전방을 향하는 것이 이상적인데, 만약 상대 센터백이 따라붙을 경우에는 센터포워드를 향해 순간적으로 볼을 건네준다. 이때 상대 센터백이 달려 나와서 생긴 빈 공간에 넓게 퍼져 있던 윙이 사선으로 들어가면 [5-4-1]이 무너진다. 이것이 과르디올라 감독의 맨시티가 [5-4-1]을 무너뜨릴 때 자주 쓰는 정석이다. 스털링Sterling은 이 방식을 훈련한 후 득점 패턴의 대명사가 되었으며 2019-20 시즌에는 자신의 최다 기록인 20골을 달성했다.

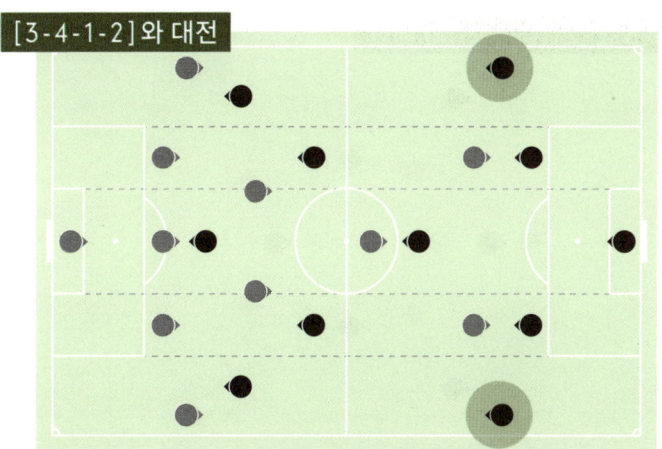

<우위 포지션> 풀백

[4-3-3]이 [3-4-1-2]와 맞물릴 때 구조적으로 여유가 있는 '우위 포지션'은 풀백이다.

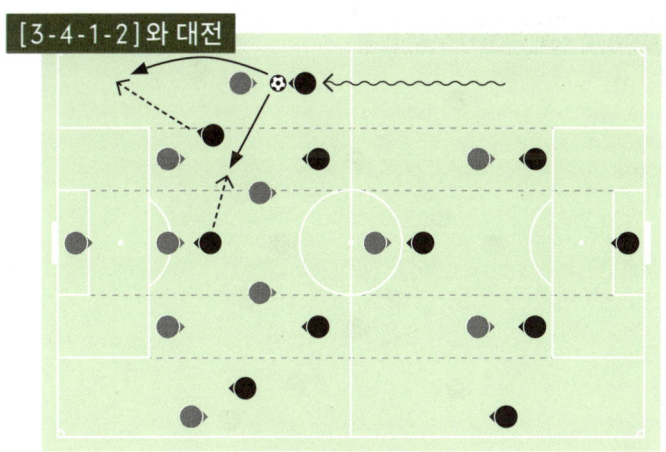

효과적인 공격 루트

자유로운 상태의 풀백이 볼을 몰고 가다가 상대 윙백이 나오면 윙이나 메짤라가 하프스페이스에서 상대 윙백의 뒷공간을 노린다. 이때 동시에 센터포워드도 움직여 볼을 가지고 있는 풀백에게 하나보다 많은 선택지를 주는 것이 중요하다. 이는 상대 수비가 한 곳에 집중되지 못하도록 하는 효과도 기대할 수 있다.

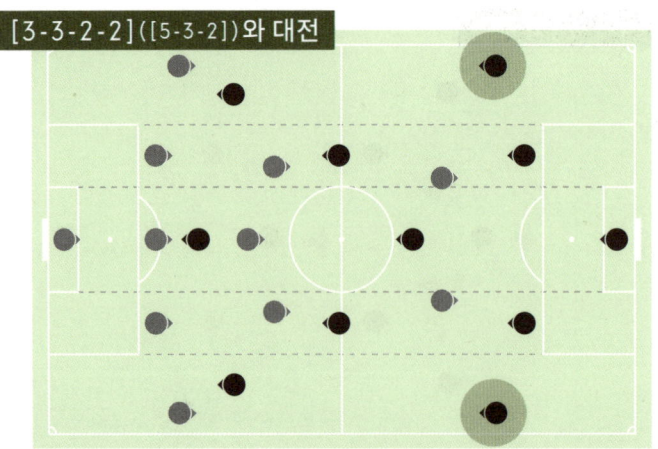

<우위 포지션> 풀백

[4-3-3]이 [3-3-2-2]([5-3-2])와 맞물릴 때 구조적으로 여유가 있는 '우위 포지션'은 풀백이다.

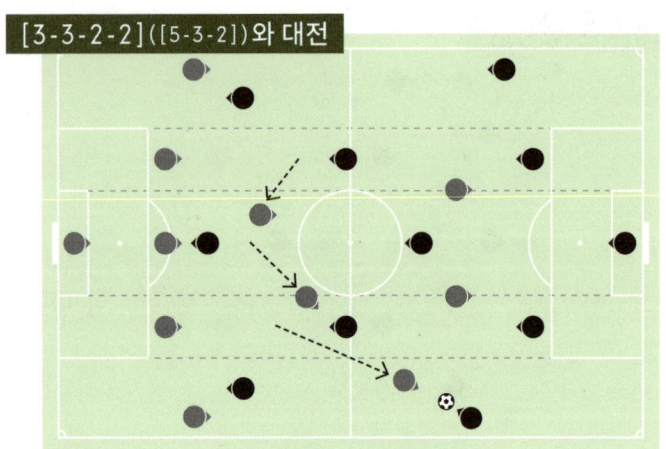

효과적인 공격 루트 ❶

풀백이 볼을 몰고 나올 때 상대의 일반적인 대응은 수비형 미드필더를 앞세워 미들 라인의 3명이 볼 사이드로 이동하는 것이다.

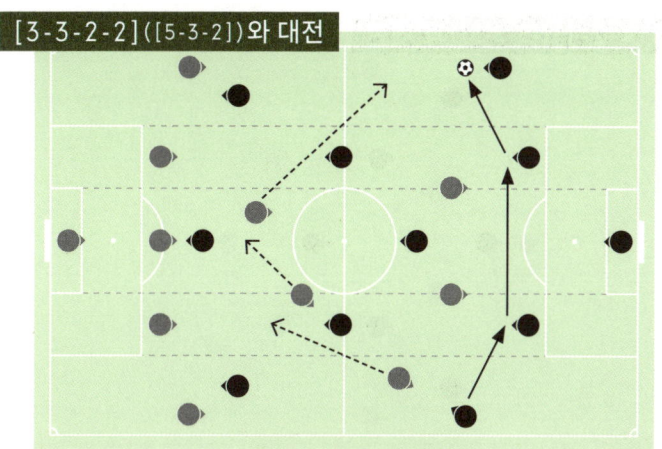

효과적인 공격 루트 ❷

그러나 이 대응은 풀백에게 볼이 넘어간 후의 뒤늦은 접근이 되기 쉽다. [4-3-3]은 풀백에서 일단 볼을 물리고 수비 라인을 경유해 U자 형태로 볼을 반대쪽 사이드로 가져가기만 하면 된다. [5-3-2]의 미들 라인 3명이 반대쪽 사이드로 다시 움직이려면 이동 거리가 너무 길어서 대응이 늦어진다. 경기장의 가로 68m를 3명이 메워야 하는 [5-3-2]의 최대 약점이 바로 이것이다.

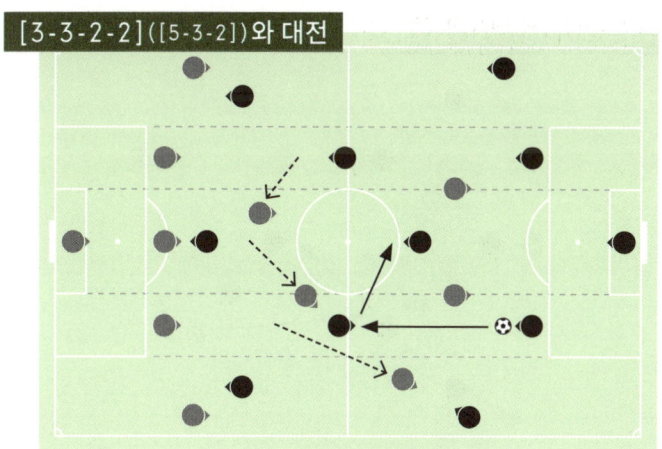

효과적인 공격 루트 ❸

이동 거리가 긴 미들 라인의 3명이 조금이라도 앞에서 풀백을 견제하고자 하는 심리를 역으로 이용한, 영리한 공격 루트다. 센터백이 자유로운 상태인 풀백에게 볼을 보내는 척하면서 메짤라에게 종패스를 하고, 메짤라는 자유로운 상태인 앵커맨에게 원터치로 볼을 떨어뜨려 주면 효과적으로 공격을 전개할 수 있다.

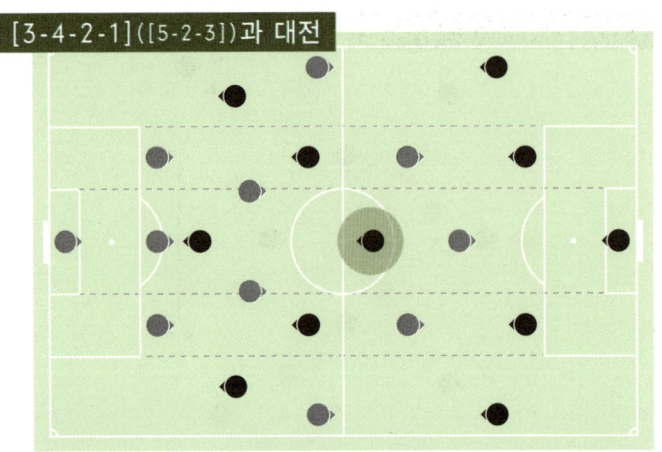

<우위 포지션> 앵커맨

[4-3-3]이 [3-4-2-1]([5-2-3])과 맞물릴 때 구조적으로 여유가 있는 '우위 포지션'은 앵커맨이다.

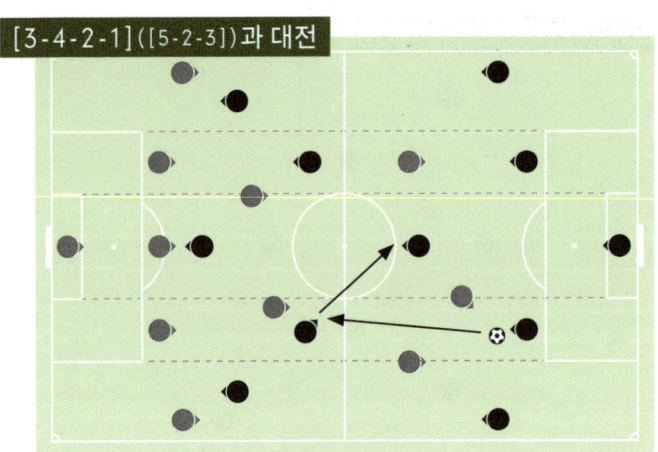

효과적인 공격 루트

[4-3-3]의 공격 루트는 단순하게 풀백이 적진까지 볼을 몰고 가는 바깥쪽 루트와 메짤라를 경유해 여유로운 앵커맨에게 원터치 패스로 볼을 주는 중앙 루트가 주축이다.

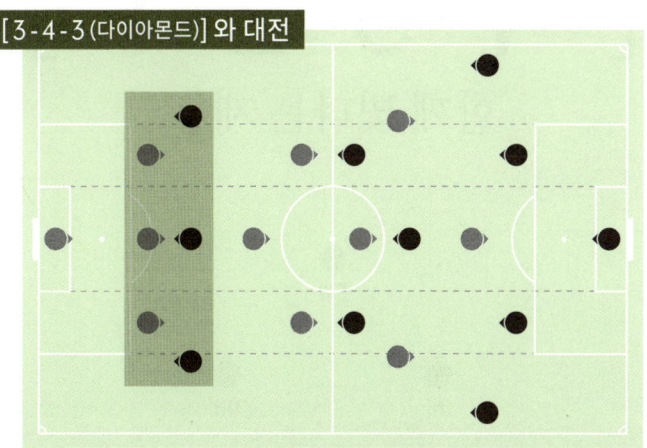

<우위 포지션> 쓰리톱

[4-3-3]이 [3-4-3(다이아몬드)]와 맞물릴 때 구조적으로 여유가 있는 '우위 포지션'은 수적으로 동등한 쓰리톱이다. 이 경우 상대 쓰리백 쪽에는 개인의 능력이 상당히 뛰어난 센터백이 필요해진다. 최후방 라인과 미들 라인에는 앵커맨도 포함해 아군을 마크할 선수들이 있으므로 항상 강도 높은 압박이 들어오는 구조다. 경기는 [4-3-3]이 압박을 재빨리 뚫고 나가거나 [3-4-3(다이아몬드)]가 하이 프레스로 숏 카운터를 반복하는 난타전 양상이 된다. 이 조합에서 경기가 교착 상태에 빠지는 일은 드물다.

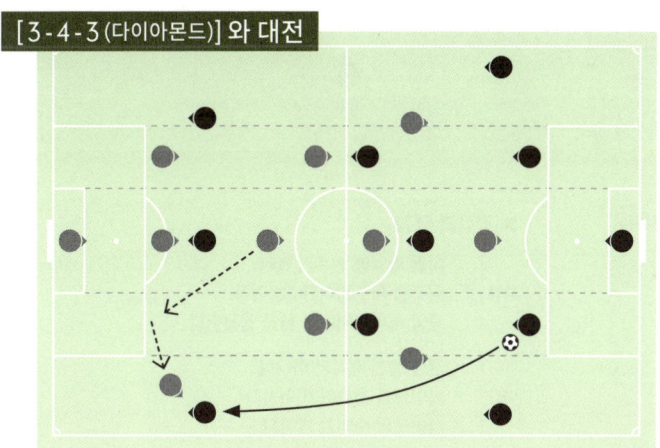

효과적인 공격 루트

[4-3-3]의 정석은 센터백을 기준으로 비스듬한 위치에 윙을 보내는 것이다. 이 공간을 활용하면 상대 센터백을 사이드로 이끌어낼 수 있다. 아군 진영이 압박을 받는 상황을 단번에 전환할 수 있는 효과적인 공격 루트다.

Formation / 4backs

[4-3-2-1]

함께 빛나는 재능

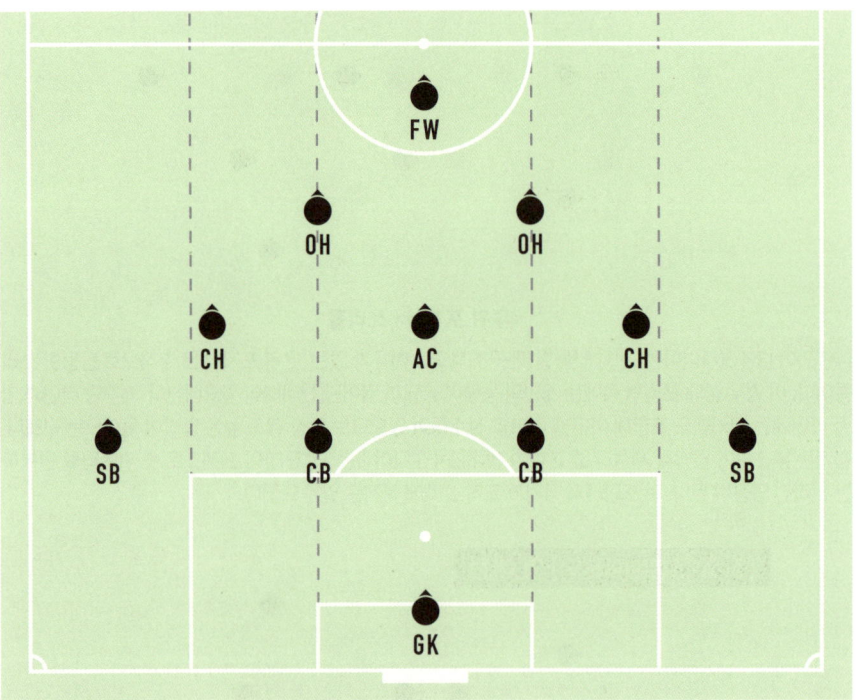

<레이더 차트>

공격 지향 / 수비 지향

이상주의 / 현실주의
볼 비점유 / 볼 점유

▶ 강점과 약점

강점
- ○ 미들 라인에 선수가 많다.
- ○ 공격형 미드필더가 2명이다.
- ○ 중앙 에어리어에서 볼을 점유한다.

약점
- × 균형 잡힌 배치가 아니다.
- × 사이드를 활용하기 어렵다.
- × 사이드의 수비가 약하다.

▶ 감독
- 카를로 안첼로티 Carlo Ancelotti

[4-3-2-1]의 메커니즘

'형태'가 아니라 '선수'를 우선하는 발상

[4-3-2-1]의 특징은 뭐니 뭐니 해도 균형이 맞지 않는 배치일 것이다. 한 걸음 물러나 그림을 보면 포진 전체가 전방의 정점을 향해 삼각형을 이루고 있으며 이런 형태 때문에 '크리스마스 트리'라고 불리기도 하는 포메이션이다.

일반적으로 포메이션을 짤 때 주된 목적이라고 할 수 있는 '필드에 균형 있게 선수를 배치한다'라는 발상에서 멀어져 있는 것도 특징이다. 얼핏 봐도 선수가 중앙에 밀집해 있고 사이드는 텅 비어 있음을 명확히 알 수 있다. 장기나 체스의 첫 배치라고 가정하면 누구도 말을 일부러 이렇게 배치하지 않을 것이다. 그러나 이 불균형이야말로 [4-3-2-1]의 핵심이다.

그러면 왜 이처럼 얼핏 보기에도 균형이 맞지 않게 선수를 배치하는 것일까? 이 포메이션은 형태가 아니라 선수를 기준으로 구성되어 있기 때문이다. [4-3-2-1]의 성공적인 사례는 카를로 안첼로티Carlo Ancelotti 감독의(2001년~) 밀란이 상징적이다.

당시 밀란에는 클럽의 명물 회장이었던 실비오 베를루스코니가 모아들인 쟁쟁한 판타지스타들이 즐비했다. 1999년 발롱도르를 수상한 브라질 대표팀의 히바우두Rivaldo, 당시 세리에A를 대표하는 사령탑 후이 코스타Rui Costa와 클라렌스 세도르프Clarence Seedorf, 그리고 나중에 이탈리아 대표팀에서 공격을 지휘하게 되는 안드레아 피를로Andrea Pirlo가 있었다.

이 네 선수의 공통점은 평상시 포지션이 공격형 미드필더라는 것이었다. 어떤 의미로는 베를루스코니 회장이 취미로 수집한 컬렉션이었기 때문에 이처럼 균형이 맞지 않는 선수 구성이 되고 만 것이다. 그리고 베를루스코니는 이 넷을 동시에 스타팅 멤버로 쓰라는 무리한 내용의 엄명을 당시 감독이었던 안첼로티에게 내렸다. 이 난

제에 대해 안첼로티는 훌륭하다고 할 수밖에 없는 해답을 이끌어냈다. 바로 얼핏 보기에는 불균형해 보이는 [4-3-2-1] 포메이션이다.

우선 히바우두와 후이 코스타가 자신 있는 포지션에서 뛸 수 있도록 공격형 미드필더 자리를 두 개 준비했다. 다음으로는 넷 중 가장 범용성이 높고 요령 있는 경기가 가능한 세도르프를 셋째 라인에 중앙 미드필더로 배치했다. 그리고 피를로는 앵커맨 포지션을 원한다는 바람을 받아들여 배치했다. 나아가 이 네 명의 판타지스타가 기분 좋게 경기할 수 있도록 굳은일인 수비는 우측 중앙 미드필더로 배치한 젠나로 가투소Gennaro Gattuso에게 일임했다.

결과적으로 이 판타지스타 4명 + 가투소라는 미들 라인의 5인 유닛은 각자의 강점이 잘 맞물려 멋진 화음을 연주해냈다. 이러한 도입 경위를 봐도 [4-3-2-1]이라는 포메이션은 명백히 '형태'가 아니라 '선수'를 우선시하는 발상에서 태어났다고 할 수 있다.

두 천재를 위해 시스템을 변경한 프랑스

[4-3-2-1]의 또 한 가지 성공 사례로는 에메 자케Aime Jacquet 감독이 이끌던 프랑스 대표팀(1993년~)이 있다. 자국에서 개최한 1998년 월드컵에서 첫 우승을 달성하게 되는 이 프랑스 대표팀에는 당시 천재 공격형 미드필더가 둘 있었다. 바로 지네딘 지단과 유리 조르카에프Youri Djorkaeff다. 과거에도 세계 각국의 대표팀에서 동시대에 하나보다 많은 천재 선수가 나오는 경우는 흔했다. 우수한 선수가 많이 등장하는 일은 대표팀의 입장에서 감사해야 할 일이지만 현실은 그렇게 단순하지 않다. 이런 천재 선수들은 대부분 소속 팀에서 유일무이한 존재로 대접받는다. 그 선수를 중심으로 팀이 꾸려지고, 포메이션과 다른 선수들의 기용까지 그 선수를 축으로 삼아 결정되는 일이 적지 않다.

그런 특별한 존재들을 하나의 팀에 공존시키는 일은 쉽지 않으며 조금이라도 실수하면 사공이 많아서 배가 산으로 가는 일이 일어날 수 있다. 감독에게 여러 명의 천재는 고민거리이기 때문에 보통은 그중 1명을 선발하는 경우가 많다. 1970년대 독일 대표팀의 두 천재 '귄터 네처Günter Netzer와 볼프강 오버라트Wolfgang Overath 문제'가 그 전형적인 사례다. 1990년대 이탈리아 대표팀도 로베르토 바조와 알레산드로 델피에로를 교대로 기용했으며 이 두 선수가 경기장에 함께 서는 일은 없었다.

그러나 자케는 월드컵 우승에 지단과 조르카에프의 공존이 필수라고 생각하고 이 두 선수를 위해 공격형 미드필더의 자리가 두 개인 [4-3-2-1] 시스템을 과감히 도입했다. 여기에는 당시 프랑스 대표팀의 상황이 긍정적으로 작용한 면도 있었다. 1994년 월드컵을 믿기지 않는 예선 탈락으로 마치고, 4년 후 맞이한 자국 월드컵에서 예선을 면제받은 상태의 자케는 팀을 재정비할 시간적 여유가 있었다. 지단과 조르카에프의 공존은 처음에는 그다지 유기적으로 기능하지 못했지만 경기를 거듭하면서 감각을 익히게 되었고, 최종적으로 1998년 브라질과의 결승전에서는 지단과 조르카에프를 모두 공격형 미드필더로 배치한 [4-3-2-1]로 멋지게 우승을 차지했다.

미들 라인의 5명이 '시간'을 버는 일이 전제

그러면 이 특수한 [4-3-2-1] 포메이션의 메커니즘을 해석해 보자. 우선 공격 시 미들 라인보다 앞쪽의 사이드에 선수가 없다는 문제를 어떻게 해결할 것인가? 결론부터 말하면 그것을 위해서 2명의 미드필더가 있다. 중앙의 밀집 지대에서도 쉽게 볼을 빼앗기지 않는 두 천재 선수가 풀백이 뒤에서 올라올 시간을 버는 것이다. 바꾸어 말하면 이렇게 특별한 재능을 가진 공격형 미드필더가 팀에 2명 이상 존재하지 않는다면 애초에 이 포메이션을 선택해서는 안 된다. 이 포메이션에서는 셋째 라인의 세 선수도 포함해 미들 라인의 5명이 좁은 지역에서 수적 우위와 기술적 우위를 활용해 '시간'을 버는 일이 전제돼야 한다. 따라서 이는 필연적으로 카운터보다는 점유율에 치우친 스타일이 된다.

초기 배치에서 빈 공간인 사이드는 시간이 흐르면서 풀백이 올라와 메워주므로 이 포메이션을 전술 보드의 모습만으로 판단하는 것은 적절하지 않을지 모른다. 물론 사이드를 실질적으로 풀백 1명이 계속 오르내리는 일은 부담이 크므로 거기에 걸맞은 선수를 배치할 필요가 있다. 밀란의 카푸Cafu나 프랑스 대표팀의 릴리앙 튀람Lilian Thuram, 비센테 리사라수Bixente Lizarazu를 연상하면 이해할 수 있을 것이다.

마찬가지로 수비에서도 시간의 흐름이 중요하다. 사이드의 높은 위치에 사람이 없으므로 상대 풀백에게 볼이 넘어가면 거기에 맞설 포지션이 없다. 그렇다고 해서 두 공격형 미드필더를 수비 시 사이드로 보내는 것은 좋은 방법이 아니다. 수비할 때는 힘을 아껴야 하는 선수들이기 때문이다. 따라서 상대 풀백이 볼을 가지고 있을 때는 어느 정도 아군 진영 깊숙이 들어오도록 내버려 둔다.

상대가 아군의 미드필드 깊은 곳까지 들어오면 셋째 라인의 메짤라가 볼 사이드로 이동하며 앞으로 나온다. [4-3-2-1]의 구조에서는 아군 진영으로 들어오면 들어올수록 사람이 많아지므로 이것이 자연스러운 수비 방법이다. 그러므로 전방에서부터 강하게 압박하는 스타일이 아니라 수비에서나 공격에서나 스스로 시간을 제어하는 데 주안점을 둔 포메이션이라고 할 수 있다.

중앙을 메우면서 때때로 사이드를 수비하러 가는 메짤라에게는 당연히 운동량과 스스로 볼을 빼앗는 강력한 돌진이 필요하다. 밀란의 젠나로 가투소, 프랑스 대표팀의 에마뉘엘 프티Emmanuel Petit와 크리스티앙 카랑뵈Christian Karembeu가 그야말로 적격이었다.

인적자원을 보유한 팀만이 도입 가능

이처럼 [4-3-2-1]의 두 공격형 미드필더, 셋째 라인의 3명, 그리고 풀백에게는 많은 것이 요구되며 그 역할에 적합한 선수가 팀에 있느냐가 성패를 가른다. 앞서 말했듯이 '선수'에 치중한 포메이션이기 때문에 축구 역사에서도 이 포메이션을 잘 소화한 팀은 희귀하다. 지난 30년을 돌아봐도 앞에서 설명한 안첼로티의 밀란과 자케의 프랑스 대표팀 외에는 사례를 찾을 수 없을 정도다.

앞으로 예상할 수 있는 사례로는 빅클럽이 있다. 클럽 간의 자금력 격차가 점점 벌어지고 있는 현대 축구에서는 빅클럽에 그 시대의 스타 선수가 집결하는 일이 점점 늘어날 가능성이 크다. 2021-22 시즌의 파리 생제르맹은 네이마르, 킬리안 음바페Kylian Mbappe, 리오넬 메시를 쓰리톱으로 세우는 [3-4-3(플랫)]을 기본으로 삼고 있다. 네이마르와 메시 모두 초기 배치는 윙이지만 경기의 흐름에 따라 가끔 중앙지향적 움직임을 취하는 것이 기본이다.

실질적으로는 메시와 네이마르가 공격형 미드필더의 역할을 하므로, 그렇다면 처음부터 이 두 사람을 중앙에 세우는 [4-3-2-1]이라는 선택지도 앞으로 등장할지 모른다. 어쨌든 이 [4-3-2-1] 포메이션이 고급 인적자원을 보유한 소수의 팀에서만 가능하다는 사실은 어느 시대에나 변함없을 것이다.

<관전 포인트>

경기에서 확인할 [4-3-2-1]의 포인트

두 공격형 미드필더의 선정

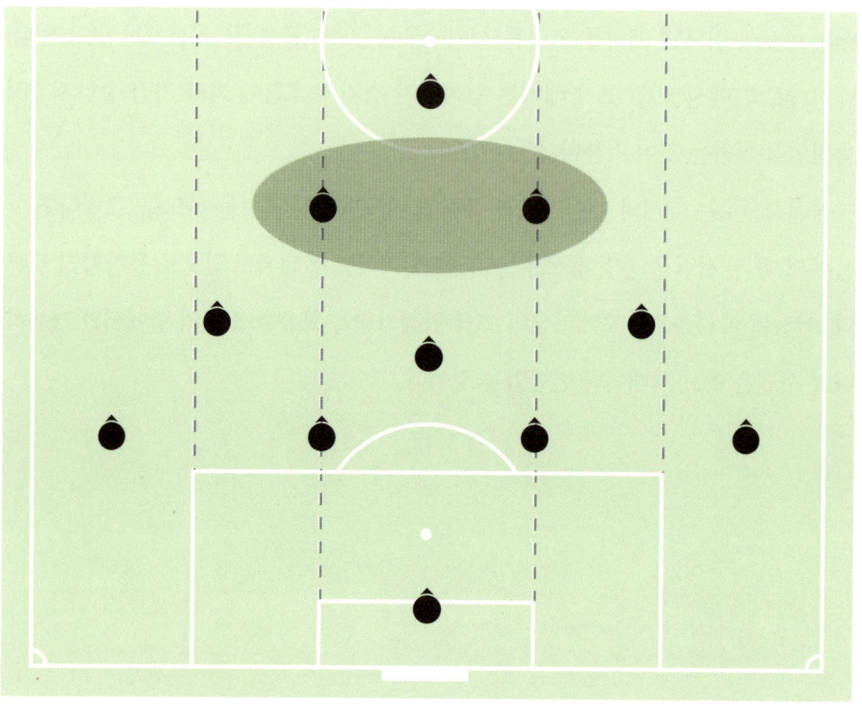

 두 공격형 미드필더는 그 팀의 특별한 선수일 가능성이 크다. 이 선수들을 주목하면 그 팀의 역량도 자연스레 드러날 것이다. 문제는 두 선수가 팀의 메커니즘 속에서 유기적으로 기능하느냐다. 그저 나란히 뛰기만 할 뿐 서로의 개성을 지워 버린다면 이 포메이션은 실패한다. 포워드가 1명이므로 두 공격형 미드필더 중 최소한 1명, 이상적으로는 2명 모두가 때때로 스트라이커의 역할을 하는 것이 중요하다. 공격형 미드필더와 스트라이커라는 1인 2역을 해내는 '9.5번' 선수가 2명 있는 것이 이상적이다.

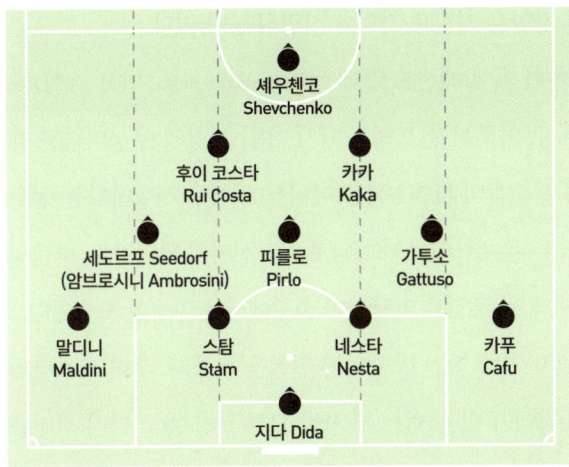

[4-3-2-1]
과거의 명팀
1

2005-06
밀란

감독/
카를로 안첼로티
Carlo Ancelotti

축구의 역사를 움직인 피를로의 앵커맨 발탁

이 시즌에 밀란은 세리에A에서 2위, 챔피언스 리그에서 준우승을 기록하며 한 발 차이로 타이틀을 놓치고 말았다. 그러나 개인적으로 이 시기 밀란은 8년에 걸친 카를로 안첼로티의 감독하에 최강의 팀이 되었다고 생각한다. 전년과 2년 후 챔피언스 리그에서 우승했을 때와 비교해도 구성원, 경기 내용, 시스템의 완성도 면에서는 오히려 더 뛰어났다.

특히 이 시즌의 챔피언스 리그 결승은 소위 '이스탄불의 기적'이라고 불리는 극적인 전개를 보이다가 마지막 승부차기에서 패배했지만, 결승전 전반 45분 동안 그만큼 일방적으로 상대를 몰아붙인 팀은 본 적이 없다. 밀란이 너무나도 압도적인 경기 내용으로 3대0을 만들었기 때문에 후반전은 '밀란이 앞으로 몇 골을 더 넣을까?'가 문제일 것으로 예상되었다. 당시 TV로 보고 있던 필자는 하프타임에 자러 갈지 진심으로 고민했을 정도다(결국 자러 가지 않고 후반전도 보기를 정말 잘했다).

어떤 의미로는 전반전이 너무 압도적이었기 때문에 역전의 용사들이 즐비한 밀란이라도 후반전에는 매우 느슨하게 접근했고 그것이 치명적이었다. 그러나 이 결승전에 다다르는 과정에서 보여준 강함은 지금도 기억에 선명히 남아 있다.

팀의 구성도 충실했다. 특히 카푸, 알레산드로 네스타Alessandro Nesta, 야프 스탐Jaap Stam, 파올로 말디니Paolo Maldini로 이루어진 포백은 당시 유럽 최강의 구성이라고 해도 과언이 아니다. 게다가 이 선수들이 [4-3-2-1] 포메이션에 매우 적합하다는 점도 놓쳐서는 안 된다. 우측의 카푸는 무제한의 스태미나로 최전선까지 달려가고, 좌측의 말디니가 균형을 잡는 '좌우 비대칭' 구조도 이탈리아 축구에서는 친숙한 모습이다.

공격에서는 2년째 카카가 활약하며 직진 방향의 추진력을 더했다. 후이 코스타와 히바우두라는 두 공격형 미드필더가 있을 때는 두 사람 모두 볼을 받고 나서 시간을 버는 유형이었기 때문에 직진 추진력은 부족했다. 그 후 유형이 다른 후이 코스타와 카카의 조합으로 바뀌면서 더 다채로워진 것이다.

[4-3-2-1] 포메이션 자체도 운용 3년째를 맞이한 안첼로티가 훌륭하게 활용하고 있었다. 리드를 잃지 않고 경기를 전개했으며 상대 팀에 따라 수비형 미드필더인 마시모 암브로시니Massimo Ambrosini를 내보냄으로써 포메이션은 그대로 두고 수비적인 요소를 더하기도 했다(암브로시니가 세도르프의 위치에 들어가서 피를로의 좌우를 가투소와 함께 지켰다. 이 경우엔 후이 코스타 대신 세도르프가 한 라인 올라가서 공격형 미드필더가 되었다).

그리고 안드리 셰우첸코Andriy Shevchenko와 에르난 크레스포Hernan Crespo가 투톱이고 카카가 공격형 미드필더인 [4-3-1-2], 사이드 공격이 강력한 프리미어 리그 팀을 위한 기본적인 [4-4-2]도 준비하는 등 팀은 완전히 원숙기에 접어든 상태였다.

또한 안첼로티 감독 시절 밀란의 성공을 이야기할 때 최대 성과로 역시 피를로의 앵커맨 발탁을 빼놓을 수 없다. 당시 세리에A에서는 미들 라인의 맨 아래라고 하면 상대의 공격을 분쇄하는 데 중점을 두었기 때문에 피를로를 이 자리에 두는 것은 그야말로 혁명적인 발상의 전환이었다. [4-4-2]가 주류인 리그에서 공격형 미드필더는 집중 마크를 당하는 대상이 되었지만, 앵커맨은 명확한 마크가 없는 공백지대였다. 마크를 등에 짊어지고 볼을 받는 공격형 미드필더와는 달리 항상 앞을 보고 볼을 받을 수 있는 앵커맨이라는 포지션은 피를로의 전개 능력을 살리는 천직이 되었다.

그 후 피를로는 이탈리아를 대표하는 플레이메이커가 되는데, 이러한 전환이 없었다면 2006년 월드컵에서 이탈리아의 우승도 없었을지 모른다. 생각해 보면 이 배치는 역사의 분기점이기도 했다. 그리고 피를로의 성공 이후 이탈리아 축구에서도 미들 라인에 플레이메이커를 두는 방식이 조금씩 퍼져나갔다. 이제는 중견 클럽들까지 당연한 듯 이렇게 하고 있다. 지금 되돌아봐도 역사를 움직인 팀이었다.

[4-3-2-1]
과거의 명팀

2

1998
프랑스 대표팀

감독/
에메 자케
Aime Jacquet

도박에 성공한, 자기중심적 선수들을 감안한 배치

　카를로 안첼로티의 밀란과 비교하면 에메 자케의 프랑스 대표팀은 수비에 더 중점을 둔 팀이었다고 할 수 있다.

　오른쪽부터 릴리앙 튀람, 로랑 블랑Laurent Blanc, 마르셀 데사이Marcel Desailly, 비센테 리사라수의 순서로 배치된 포백은 당시 A매치 연속 무실점 기록을 경신하는 등 철벽 수비를 과시했다. 앵커맨 디디에 데샹Didier Deschamps은 피를로와는 다르게 완전한 수비 장인으로, 역할은 볼을 빼앗아 지단이나 조르카에프에게 넘기는 것이었다. 1990년대 축구에서는 미들 라인의 가장 아래쪽 포지션이라면 이렇게 하는 것이 당연했다.

　이 포백 + 셋째 라인의 3명은 모두 수비에 뛰어난 선수들로 구성되어 있었으며 이것은 분명 견고한 수비로 이어졌다. 당시에는 아직 5레인이나 하프스페이스라는 말이 널리 알려지지 않았지만, 중앙 미드필더가 하프스페이스를 메우는 형태로 배치된 이 포메이션은 상대 팀의 카운터가 들어오는 상황에서도 매우 강력했다.

　프티와 카랑뵈의 위치는 어떤 의미로는 현대 축구에서 말하는 가짜 풀백의 위치였지만, 이들은 원래 풀백의 역할도 소화할 자질이 있었다. 그 점에서는 현대 축구와 비교해 봐도 어느 정도 합리적인 수비 베이스가 존재했던 것이다.

뒤쪽의 7명이 수비 역할을 하는 만큼 공격은 공격형 미드필더인 지단과 조르카에프가 책임졌다. 원톱 스테판 기바르쉬Stephane Guivarch의 역할도 이 선수들을 활용하기 위해 전방에서 몸을 던져 포스트 플레이에 전념하는 것이었으며 골을 넣을 필요는 없었다(실제로 이 대회에서 무득점).

여담이지만 1998년으로부터 20년 후인 러시아 월드컵에서 우승한 프랑스 대표팀에도 비슷한 역할을 한 올리비에 지루Olivier Giroud라는 포워드가 있었다. 이 선수도 대회에서는 무득점이었지만 팀에 없어서는 안 되는 선택지였다. 프랑스 대표팀에서는 하나의 정형화된 역할인지도 모른다.

1998년 팀에서 지단과 조르카에프가 최종적으로 공존할 수 있었던 큰 이유는 두 선수의 경기 스타일이 미묘하게 달랐던 것이라고 본다. 지단이 발로 볼을 받아 시간을 버는 유형의 미드필더였던 반면, 조르카에프는 빈 공간으로 온 볼을 받아 적극적으로 플레이하는 것이 특기인 공격수에 가까운 미드필더였다. 2명의 공격형 미드필더가 제 기능을 하기 위해서는 둘의 플레이 지역이 겹치지 않는 것이 중요하다.

포워드가 골을 넣지 않으므로 이 두 선수는 공격할 시간을 벌고, 상대 수비를 돌파하며, 직접 골까지 넣을 필요가 있었다. 이처럼 당시 프랑스 대표팀은 공격과 수비의 완전한 분업이 이루어진 팀이었다. 현대 축구에서는 공격에서 이 정도로 큰 부담을 단 2명에게 맡기는 일은 조금 위험할 수 있다.

애초에 지단과 조르카에프의 발탁 자체가 자케의 도박이었던 측면도 있다. 자케가 대표팀 감독으로 부임한 당시 프랑스에는 에릭 칸토나Eric Cantona와 다비드 지놀라David Ginola라는 실력과 실적을 겸비한 두 스타 선수가 군림하고 있었다. 그러나 이 선수들은 엄청난 재능과 맞먹는 자기중심적 성향도 가지고 있었다.

그리고 1994년 월드컵 유럽 지역 예선 최종전에서 사건이 일어난다. 불가리아전은 후반 추가시간까지 동점이었으며, 동점이어도 본선 진출을 확정지을 수 있었던 프랑스는 경기를 순조롭게 마칠 것으로 보였다. 그러나 경기 종료 직전 지놀라가 단독으로 공격하며 크로스를 올렸는데, 불가리아가 이 볼을 빼앗아 반격해서 극적으로 역전 골을 넣는 바람에 프랑스는 월드컵 본선에 나가지 못하게 됐다.

견원지간이었던 칸토나는 지놀라를 맹렬히 비난했다. 그러나 칸토나 본인도 약 1년 후 객석에 있던 상대 팀 서포터에게 쿵푸 킥을 날리는 전대미문의 사건으로 8개월 출장 정지를 당한다. 이를 보면 자케가 이 자기중심적인 두 선수를 배제하고 아직 젊어서 컨트롤이 가능한 지단과 조르카에프를 가지고 도박을 했던 심정도 이해가 될 것이다.

그러나 자케도 1998년 월드컵에서는 간담이 서늘한 경험을 했다. 조별리그 사우디아라비아전에서 지단이 상대 선수를 발로 밟아 즉시 퇴장당한 것이다. 프랑스 대표팀은 중요한 16강 1차전을 지단이 출장 정지된 상태로 치르게 되었다. 만약 팀에 칸토나가 있었다면 그대로 분열이 일어났을지도 모른다.

그러나 이 긴급사태를 맞아 프랑스 팀은 단결했다. 조르카에프의 분투와 지단 대신 출전한 젊은 선수들(티에리 앙리, 다비드 트레제게)의 거침없는 활약이 지단의 부재를 멋지게 메웠다.

팀 동료들의 도움을 받아 경기에 복귀한 지단은 결승전에서 두 골을 터뜨리는 것으로 보답하며 훌륭하게 팀을 우승으로 이끌었다. 두 천재 때문에 붕괴됐던 팀이 우승을 목표로 하나가 된 것을 보면 자케의 도박은 성공했다고 할 수 있다. '선수가 우선'인 [4-3-2-1]에서 선수의 능력뿐만이 아니라 자기중심적 성격도 고려한 배치로 성과를 올린 이 사례는 매우 많은 것을 시사한다.

[4-3-2-1] 대전 조합 일람

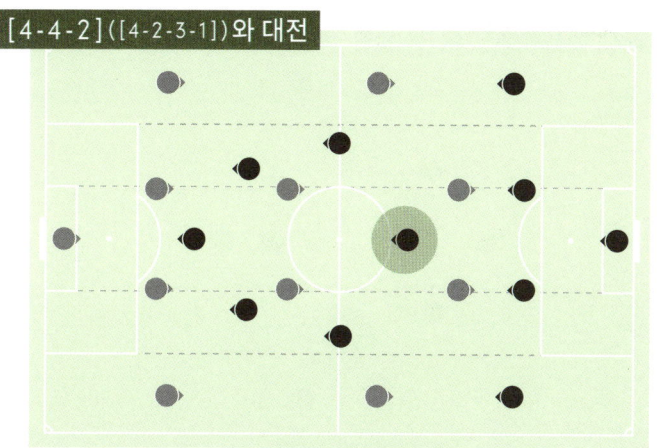

<우위 포지션> 앵커맨

[4-3-2-1]이 [4-4-2]([4-2-3-1])와 맞물릴 때 구조적으로 여유가 있는 '우위 포지션'은 앵커맨이다.

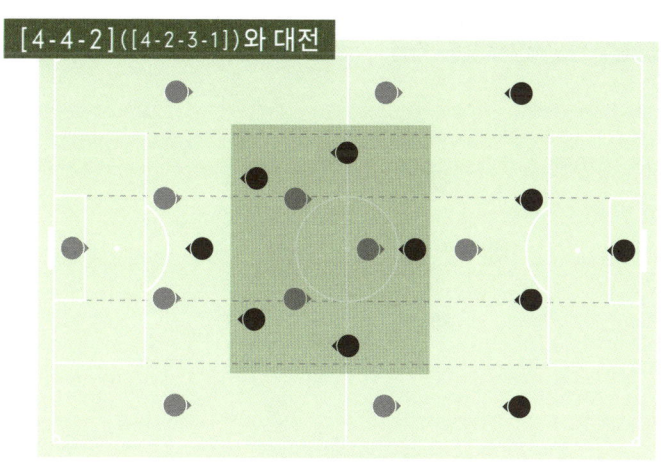

효과적인 공격 루트 ❶

상대가 [4-4-2] 투톱을 세로 방향으로 배치한 경우나 [4-2-3-1]인 경우에는 미드필드 중앙에 생겨나는 5대 3의 수적 우위를 잘 활용한다.

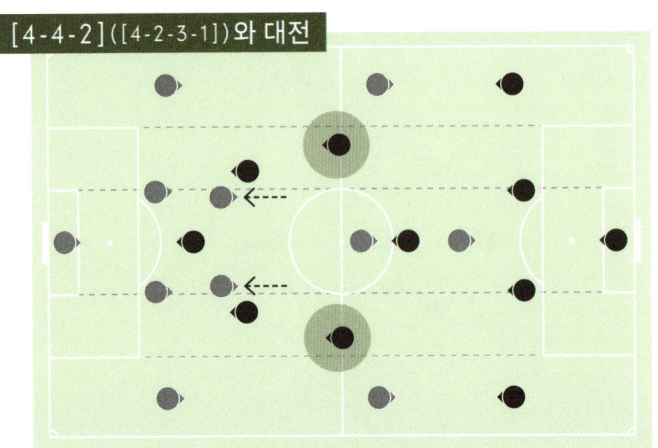

효과적인 공격 루트 ❷

상대의 수비형 미드필더가 아군의 두 공격형 미드필더를 상대하면 앵커맨 양쪽의 중앙 미드필더가 자유로워지므로 이곳의 우위성을 살린다.

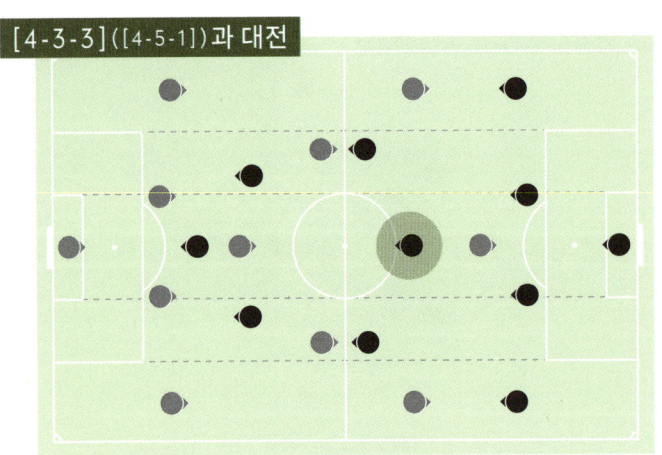

<우위 포지션> 앵커맨

[4-3-2-1]이 [4-3-3]([4-5-1])과 맞물릴 때 구조적으로 여유가 있는 '우위 포지션'은 앵커맨이다.

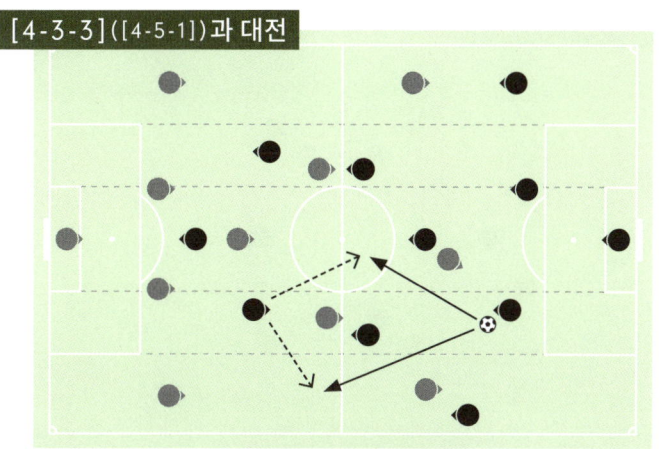

효과적인 공격 루트 ❶

[4-3-3]의 센터포워드가 앵커맨 앞에 서서 패스를 차단하려 하면 센터백에게 시간적 우위가 생긴다. 이 틈을 이용해 자유로운 공격형 미드필더가 움직여서 상황을 타개한다.

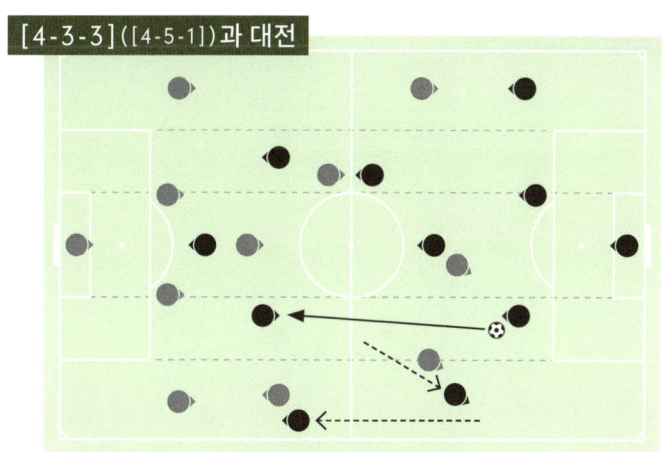

효과적인 공격 루트 ❷

센터백에서 공격형 미드필더로 가는 패스 경로를 확보하기 위한 로테이션 패턴이다. 풀백이 높은 위치를 잡고 중앙 미드필더가 사이드로 흘러들어 상대의 주의를 돌림으로써 중앙에 종패스 경로를 만든다.

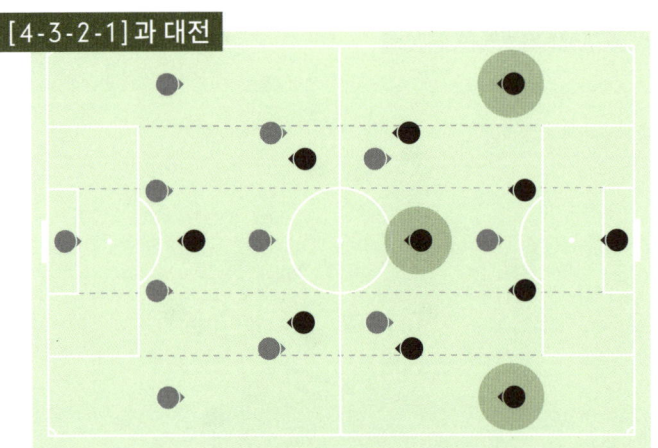

<우위 포지션> 앵커맨 + 풀백

[4-3-2-1]끼리 맞물리면 소위 말하는 미러 매치의 구조는 나오지 않고 오히려 서로 맞물리지 않는 포지션이 많이 생기는 드문 양상이 된다. 앵커맨끼리 서로 거리가 멀기 때문에 우선 기본적으로 앵커맨이 마크되지 않는 경우가 많다. 그리고 서로 사이드의 높은 위치에 넓게 퍼져 있는 포지션이 없으므로 당연히 풀백도 여유가 있는 구조가 된다.

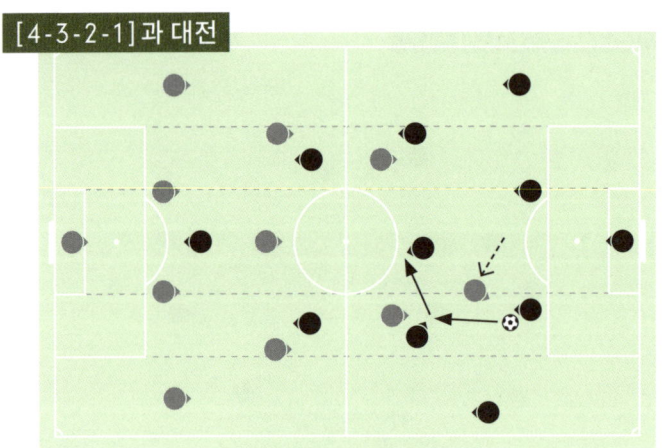

효과적인 공격 루트 ❶

빌드업 시점에서는 상대의 원톱이 앵커맨 쪽으로 가는 패스 경로를 차단하며 접근하는 것이 기본적인 수비다. 이 경우 앵커맨을 쓴다면 중앙 미드필더를 경유해 원터치로 패스하거나, 앵커맨이 센터백 쪽으로 오게 해서 사선 패스로 전개하는 것이 정석이다. 그러나 상대도 공격형 미드필더가 2명이므로 그 위치에서 볼을 빼앗기면 실점의 위험이 크다. 따라서 리스크가 있는 공격 루트임을 염두에 두어야 한다.

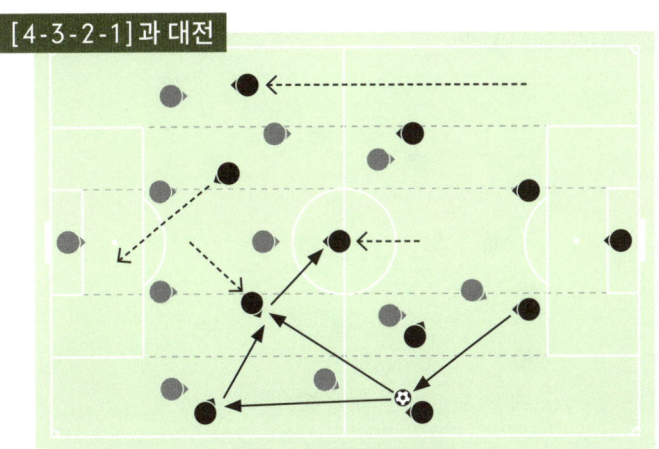

효과적인 공격 루트 ❷

그보다 리스크가 적은 공격 루트는 역시 사이드의 완전히 자유로운 풀백이 볼을 몰고 가는 것이다. 이 루트를 이용할 경우 상대 수비는 볼이 깊숙이 들어올 때까지 기다렸다가 중앙 미드필더가 느지막이 나오는 경우가 많다. 아군은 볼 사이드의 공격형 미드필더를 사이드로 보내 종패스 경로를 만들고, 동시에 원톱이 위험 지역으로 내려와 사선 패스 경로를 확보한다. 어느 루트를 택하든 최종 목적은 자유로운 앵커맨이 전방을 향한 채로 볼을 받는 것이다.

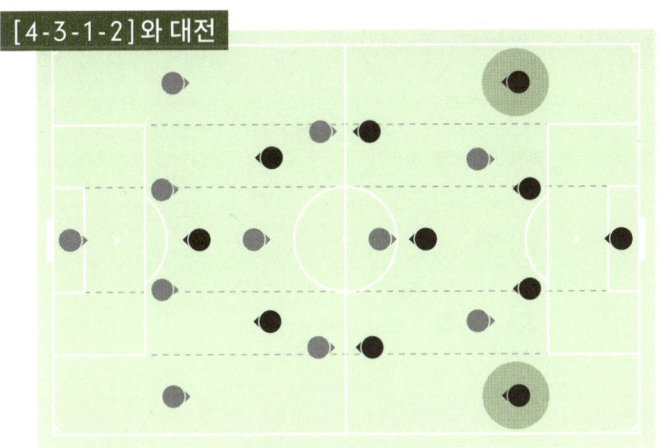

<우위 포지션> 풀백

[4-3-2-1]이 [4-3-1-2]와 맞물릴 때 구조적으로 여유가 있는 '우위 포지션'은 풀백이다.

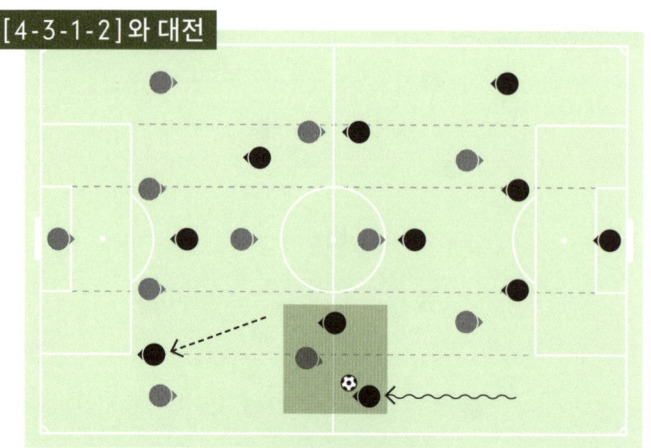

효과적인 공격 루트

자유로운 풀백이 볼을 몰고 가면 상대의 중앙 미드필더를 상대로 2대1의 수적 우위를 만들 수 있다. 이곳을 기점으로 삼아 적진으로 들어가는 것이 기본이다. 이때 동시에 볼 사이드의 공격형 미드필더가 하프스페이스로 움직여 상대 풀백이 앞으로 나오지 못하도록 억제한다.

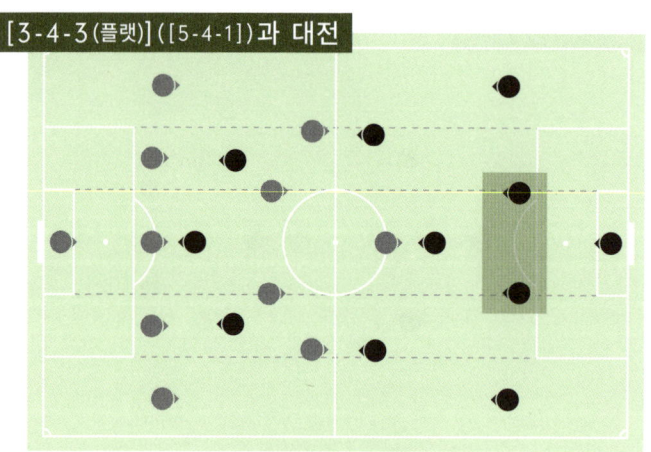

<우위 포지션> 센터백

[4-3-2-1]이 [3-4-3(플랫)] ([5-4-1])과 맞물릴 때 구조적으로 여유가 있는 '우위 포지션'은 센터백이다. 풀백도 여유가 있지만, 그렇다고 해서 센터백을 원래 위치에 그대로 두고 풀백이 볼을 옮기도록 하면 뒤쪽에 선수가 많이 배치되어 있는 [5-4-1] 블록을 전혀 움직이지 못하게 된다.

효과적인 공격 루트 ❶

자유로운 센터백이 용기 있게 볼을 몰고 나가면 [5-4-1] 포메이션을 쓰는 상대는 누가 앞으로 나갈지 고민하게 된다. 원톱이 대응하면 앵커맨이 자유로워지고, 윙이 대응하면 중앙 미드필더가 자유로워진다.

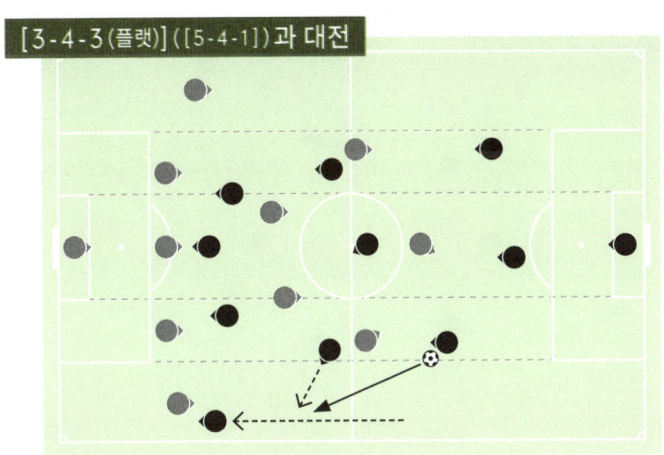

효과적인 공격 루트 ❷

두 풀백 중 하나를 높은 위치로 올려서 쓰리백으로 변형하는 것도 효과적이다. 볼 사이드의 [5-4-1] 상대 윙백은 풀백으로 묶어 둘 수 있으므로 중앙 미드필더를 사이드로 보내면 마크가 붙지 않게 된다. 상대의 전방에 있는 세 선수에게 의도적으로 쓰리백을 대응시켜 매치업을 명확히 하면 상대 원톱의 등 뒤에 있는 앵커맨도 오히려 자유로워진다.

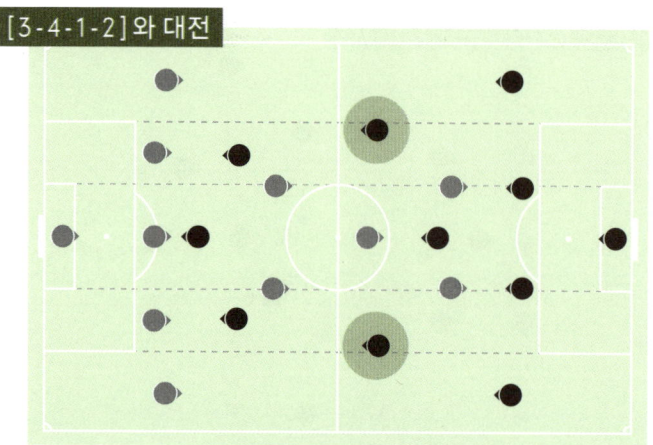

<우위 포지션> 중앙 미드필더

[4-3-2-1]이 [3-4-1-2]와 맞물릴 때 구조적으로 여유가 있는 '우위 포지션'은 중앙 미드필더다. 중앙 미드필더는 상대 수비형 미드필더와 항상 밀고 당기며 잘 붙잡히지 않는 위치에 있는 것이 중요하다.

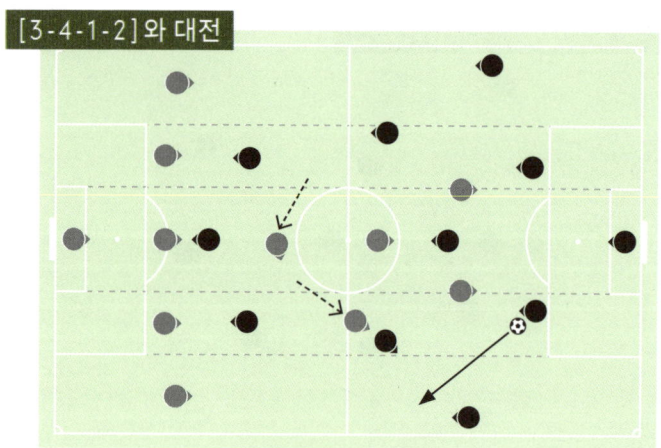

효과적인 공격 루트 ❶

상대가 수비형 미드필더를 앞세워 적극적으로 중앙 미드필더를 잡으러 오면 풀백을 잘 활용해서 볼을 몰고 간다.

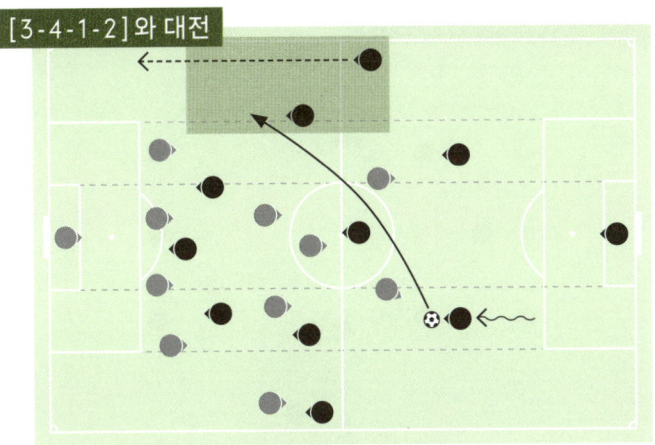

효과적인 공격 루트 ❷

포메이션의 형태로 보면 상대는 무리해서 앞으로 나와 봤자 정면으로 파고들기는 어려우므로 실제 경기에서도 뒤로 물러나서 대응하는 것이 일반적이다. 이때 아군은 센터백이 대각선 패스로 반대쪽 사이드의 중앙 미드필더와 풀백이 만드는 수적 우위를 활용함으로써 공격 루트를 확보한다.

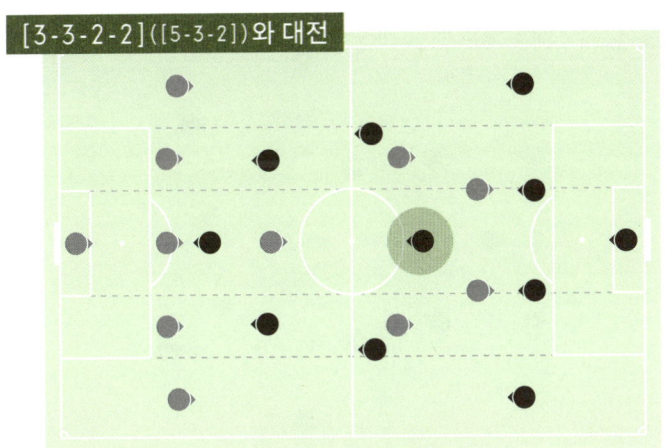

<우위 포지션> 앵커맨

[4-3-2-1]이 [3-3-2-2]([5-3-2])와 맞물릴 때 구조적으로 여유가 있는 '우위 포지션'은 앵커맨이다. 그러나 볼을 건네줄 2명의 센터백과 풀백이 상대의 투톱과 메짤라 2명에게 발이 묶여 강한 압박을 받게 되므로 이 상태에서는 앵커맨의 우위성을 활용하기 어렵다.

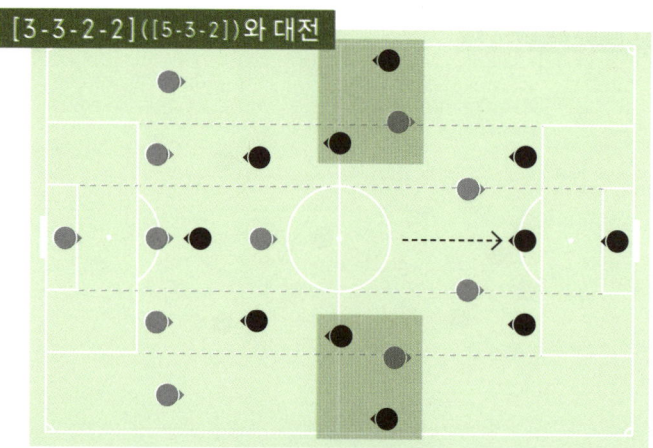

효과적인 공격 루트 ❶

이런 상황을 타개하는 방법은 앵커맨을 수비 라인으로 내려보내는 것이 효과적이다. 이렇게 하면 양쪽의 센터백이 여유 있게 패스나 드리블을 할 수 있게 되고, 상대 메짤라에 대해서는 풀백과 중앙 미드필더가 2대1의 수적 우위를 형성할 수 있다.

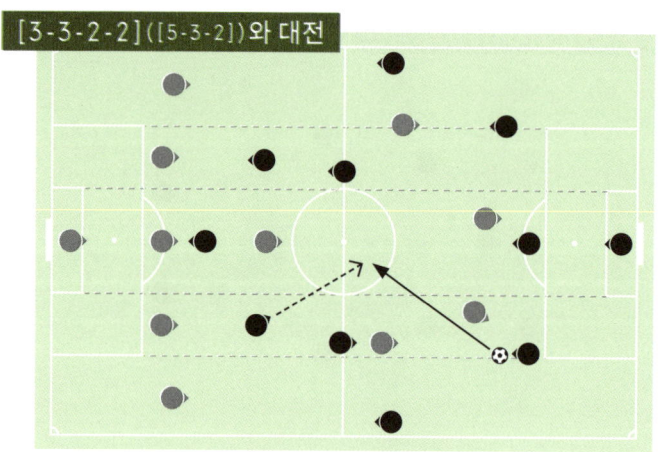

효과적인 공격 루트 ❷

상대 메짤라가 안쪽으로 좁혀 들어오며 아군의 중앙 미드필더를 붙잡아 두려 하면 공격형 미드필더를 미들 라인으로 내려보내 빌드업의 출구로 삼는 것도 효과적이다. 상대 센터백은 대개 여기까지 깊숙이 쫓아오지 못한다.

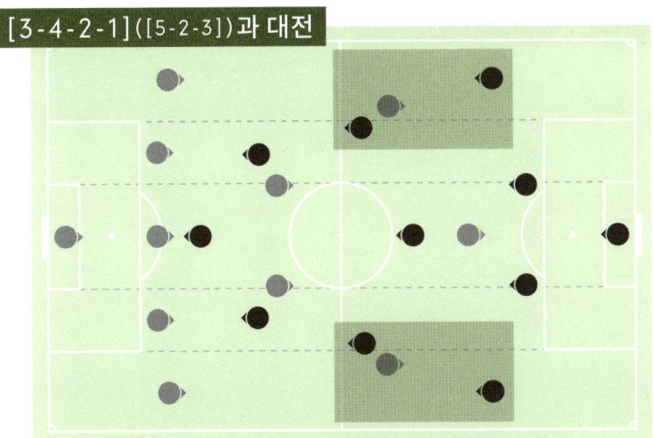

<우위 포지션> 상대 두 공격형 미드필더에 대한 2대1

[4-3-2-1]이 [3-4-2-1]([5-2-3])과 맞물릴 때 구조적으로 여유가 있는 '우위 포지션'은 상대의 두 공격형 미드필더에 대한 풀백과 중앙 미드필더의 2대1 수적 우위다.

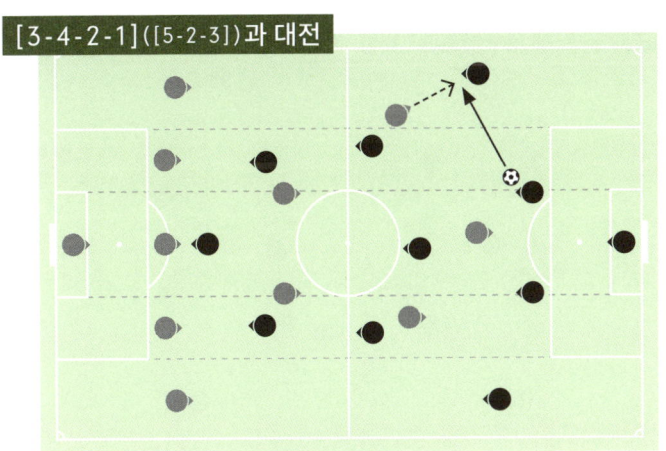

효과적인 공격 루트 ❶

대개 [5-2-3]인 상대는 아군의 풀백이 패스를 받으면 공격형 미드필더가 아군의 중앙 미드필더를 등지고, 풀백에게 접근하는 수비로 대응한다.

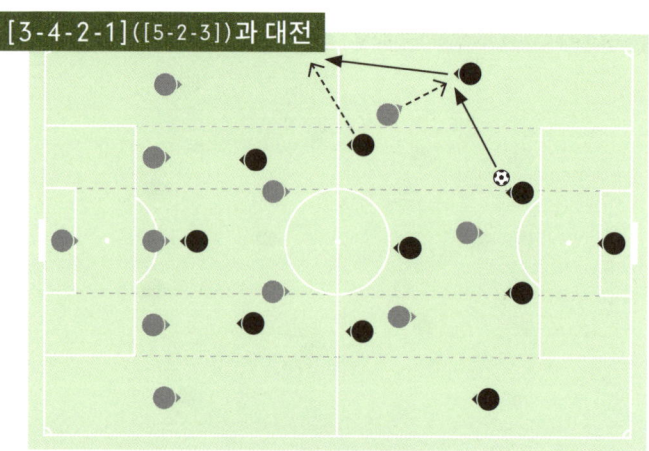

효과적인 공격 루트 ②

이에 대한 아군의 대응책은 중앙 미드필더가 사이드로 가서 상대의 공격형 미드필더에 대해 다시 2대1 상황을 만드는 것이다. 이때 주의할 점은 [5-2-3]의 윙백에게 붙잡힐 수 있으니 적진 깊숙이 들어가서는 안 된다. 어디까지나 미들 라인의 연결 지점으로 기능하는 포지션이어야 한다.

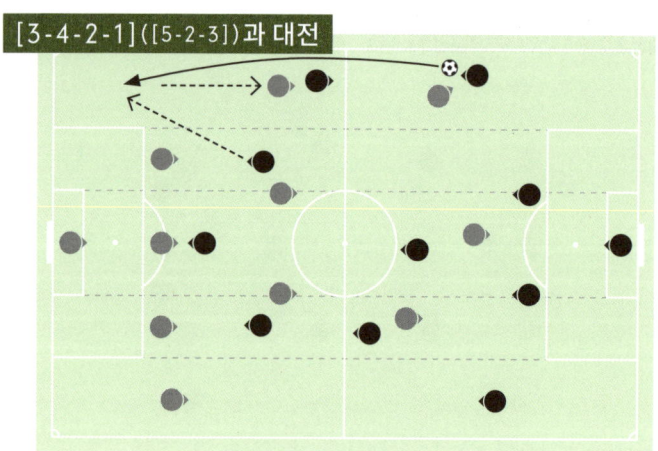

효과적인 공격 루트 ③

사이드로 이동한 중앙 미드필더를 향해 상대의 윙백이 멀리서부터 앞으로 나와 접근할 경우에는 아군의 공격형 미드필더가 대각선으로 들어가 뒷공간을 노린다.

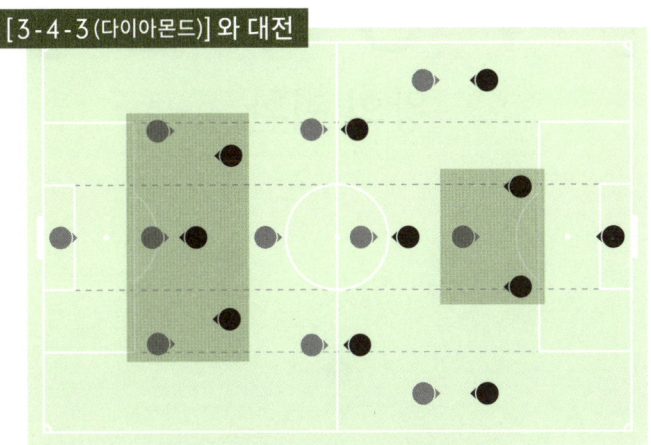

<우위 포지션> 원톱 + 두 공격형 미드필더

[4-3-2-1]이 [3-4-3(다이아몬드)]와 맞물릴 때 구조적으로 여유가 있는 '우위 포지션'은 수적 우위인 센터백과 수적으로 동등한 관계를 만드는 전방의 원톱 + 두 공격형 미드필더다. 기본적으로는 각 포지션이 서로 맞물려서 매치되기 때문에 모든 포지션이 압박을 받는 조합이다. 최전선이 수적으로 동등한 관계이므로 단순하게 골문 앞으로 볼을 보내 3대3 승부를 유도한다.

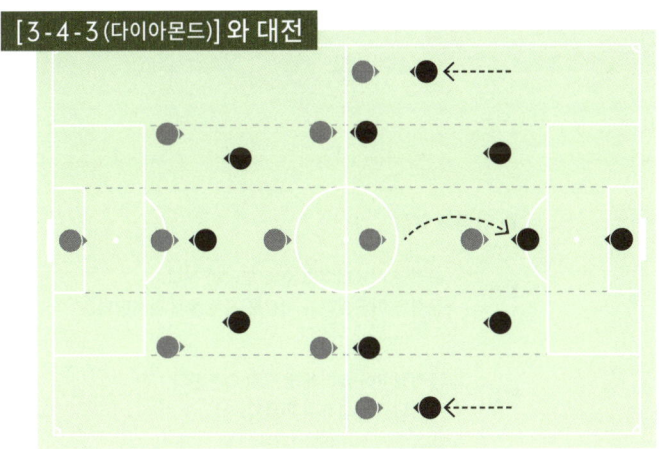

효과적인 공격 루트

변화를 주지 않으면 [4-3-2-1] 쪽이 압박을 받기 쉬워서 앵커맨을 내려보내고 양쪽 풀백을 올려 양쪽의 맞물림에 변화를 주는 것이 효과적이다. 공격을 시작하는 최후방 라인에서 수적 우위를 형성하고, 미들 라인을 건너뛴 패스로 전방에서 승부한다.

Formation / 4backs

[4-3-1-2]
왕의 귀환

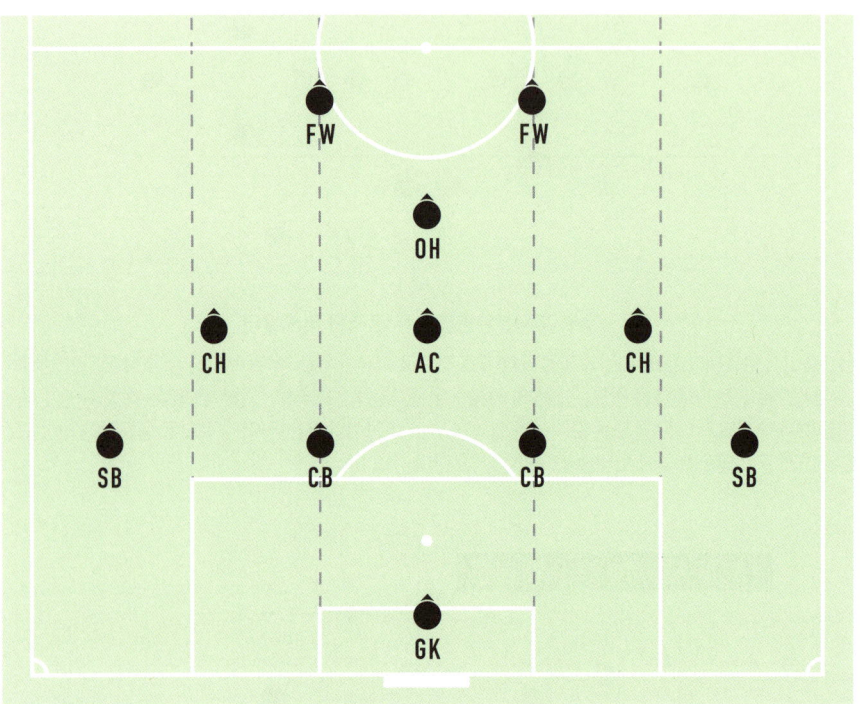

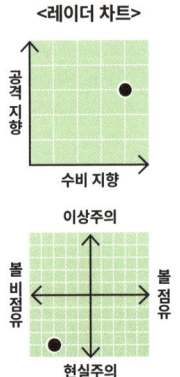

▶ 강점과 약점

강점
- ○ 공격형 미드필더의 수비 부담이 적다.
- ○ 공격형 미드필더가 시간을 자유롭게 활용한다.

약점
- × 공격형 미드필더에게 크게 의존한다.
- × 사이드를 활용하기 어렵다.

▶ 감독

- 호세 페케르만 Jose Pekerman
- 마누엘 펠레그리니 Manuel Pellegrini

[4-3-1-2]의 메커니즘

천재 1명에게 운명을 맡기기 위한 '1'

[4-3-1-2]만큼 목적과 도입 의도가 명확한 포메이션도 드물 것이다. 이 포메이션을 도입하는 감독의 의도는 매우 단순하다. '단 1명의 천재 선수에게 팀의 운명을 맡긴다.' 이것이 전부다. 포메이션의 구조 자체도 어떻게 하면 그 제왕의 자리에 있는 공격형 미드필더가 쾌적하게 경기할 수 있을지를 기준으로 짠 것이다. 포메이션의 표기를 봐도 [4-3-1-2]의 '1'은 유일하게 독립된 포지션으로, 결국 왕의 왕좌와도 같다.

미들 라인의 메커니즘도 공격형 미드필더가 공격에 전념할 수 있도록 두 중앙 미드필더와 앵커맨이 수비의 부담을 짊어지는 것이다. 미들 라인의 '3-1'이 이루는 마름모꼴은 왕과 그를 호위하는 기사들의 관계처럼 보인다. 세 기사가 저마다 1.5인분의 운동량을 발휘하기에 왕은 왕좌에 앉아 있을 수 있는 것이다. 그러면서도 일단 왕에게 볼이 가면 공격의 선택지는 다양해진다. 우선 공격형 미드필더의 앞에는 스트라이커 2명이 있고, 미들 라인에서는 중앙 미드필더도 공격형 미드필더를 따라 공격에 참여한다. 나아가 사이드에는 풀백이 충실한 하인과도 같이 오버래핑(후방에 있던 선수가 볼을 가진 같은 편 선수의 바깥쪽을 지나쳐 전방으로 이동해서 공격에 가담하는 것)을 하러 달려온다.

공격형 미드필더의 선택지는 투톱에 대한 스루패스도 있고, 잠시 뜸을 들이며 중앙 미드필더가 앞으로 오기를 기다리는 방법도 있고, 상대가 중앙으로 달려들면 풀백을 활용하는 방법도 있다. 또는 직접 드리블로 돌파할 수도 있으며 중거리 슛도 물론 노릴 수 있다. 공격형 미드필더라는 포지션이 축구에서 한 시대를 풍미한 데는 이 포메이션이 크게 작용했을 것이다.

그러나 이렇게 극진히 대접받는 공격형 미드필더라는 포지션에는 그만큼 큰 책임도 따른다. 이 포메이션을 도입한 이상 팀의 운명은 전부 공격형 미드필더에게 달려 있다고 해도 과언이 아니기 때문이다. 이 포지션에 배치된 선수는 우선 반드시 볼을 빼앗겨서는 안 되고 다른 선수들이 올라올 때까지 자신의 자리에서 시간을 벌어야 한다. 그렇게 하지 않으면 팀은 즉시 기능을 상실한다. 게다가 매 경기 상황을 크게 반전시키는 플레이도 요구된다.

볼을 가지고 있지 않을 때의 중노동을 다른 선수들에게 떠맡기는 만큼 일단 볼이 자신에게 넘어오면 모두가 인정할 만한 플레이를 보여줘야 한다. 팀의 중심이 너무나도 명확해서 눈에 뻔히 보이기 때문에 상대가 죽기 살기로 공격형 미드필더를 견제할 것은 어떤 의미로는 당연하다. 그렇다고 해서 왕이 볼을 쉽게 잃어버리면 동료 선수들의 신뢰는 순식간에 무너질 것이다. 이것은 팀의 근간을 뒤흔드는 붕괴로 이어진다. 왜냐하면 이 포메이션은 어떤 의미로는 주종관계에 가까운 신뢰를 기반으로 삼기 때문이다.

'그래도 ○○라면... 분명 잘해 줄 거야!' 그 점을 증명하듯 예전에 [4-3-1-2] 포메이션으로 성과를 남긴 팀의 공격형 미드필더들을 보면 하나같이 쟁쟁하다. 디에고 마라도나Diego Maradona, 미셸 플라티니Michel Platini, 카를로스 발데라마Carlos Valderrama, 지네딘 지단, 후안 로만 리켈메Juan Román Riquelme 등 감독과 동료들이 '이 사람이라면 팀의 운명을 맡길 만하다'라고 생각한 게 이해가 되는 선수들이다.

왕과의 연계 플레이의 중요성

[4-3-1-2]가 제 기능을 하는 데 중요한 요소 또 하나는 왕의 자리에 있는 공격형 미드필더와 그 외의 선수들이 특별한 신뢰 관계를 바탕으로 하는 연계 플레이다. 왕이 볼을 받을 것을 예측하고 누구보다도 빠르게 적절한 위치로 달려가는 충실한 신하가 필요하다. 유벤투스의 지네딘 지단과 필리포 인자기Filippo Inzaghi, 콜롬비아 대표팀의 카를로스 발데라마와 파우스티노 아스프리야Faustino Asprilla, 비야레알의 후안 로

만 리켈메와 디에고 포를란Diego Forlan은 공격형 미드필더와 스트라이커의 이상적인 연계 플레이를 보여준다. 이 직진 방향의 연계 플레이가 있기에 팀은 고생하지 않고 골문으로 쇄도할 수 있는 것이다.

그런데 득점으로 직결되는 이 직진 연계 플레이는 상대도 당연히 경계한다. 그래서 시간 차를 두고 나타나는 것이 '두 번째 화살'이다. 바로 왕이 시간을 버는 동안 미들 라인에서 절묘한 타이밍에 빈 공간으로 달려오는 부관과도 같은 존재다. 사실 두 번째 화살이야말로 전체 전략의 열쇠를 쥐고 있다. 유벤투스의 에드가 다비즈Edgar Davids, 콜롬비아 대표팀의 프레디 린콘Freddy Rincon, 비야레알의 후안 파블로 소린Juan Pablo Sorin은 격렬한 수비 후 공격에도 나설 수 있는 피지컬과 전략을 겸비한 부관이다.

[4-3-1-2] 포메이션은 팀의 형태가 아니라 중심 선수의 얼굴을 떠오르게 하는 포메이션이다. 즉, 시스템이 우선이 아니라 선수가 우선이다. 1980~90년대에는 그런 개성적인 팀이 많았다.

그러나 2000년대 중반을 경계로 축구에서는 공격형 미드필더라는 포지션이 사라지기 시작한다. 전술의 진화로 공격형 미드필더가 활약할 공간과 시간이 사라지고, 단 1명의 천재에게 팀의 운명을 맡길 때의 위험 대비 보상이 적어지게 된 것이다. 필연적으로 [4-3-1-2]를 도입하는 팀은 급감했다.

2000년대 이후 이 포메이션으로 성과를 낸 팀에는 지단이나 리켈메 등 세계적으로 보아도 특별한 선수가 있었다. 다시 말해 예외라고 해야 할 사례밖에 찾을 수 없는 것이다. 현대 축구에서 [4-3-1-2]는 옛날에 눈부시게 반짝이던 비싼 골동품으로 전락한 것일까?

5레인 봉쇄의 새로운 수단으로 부활

사실은 그렇지 않다. 2020년대에 들어 흥미로운 사례가 관찰되기 시작했다. 바로 [4-3-1-2] 포메이션을 수비에서 응용한다는 사고방식이다. 특히 최근 포지셔널 플레이를 중시하는 팀이 많이 사용하는 [4-3-3]을 상대할 때 아군 진영에 파이브백을 형성해서 맞이하는 것이 아니라 높은 위치에서부터 압박하는 대항 수단으로 [4-3-1-2]가 다시 각광을 받고 있다.

[4-3-3]의 이점은 볼 점유 시 상대가 어떤 포메이션이든 앵커맨이 마크를 받지 않는 경우가 많다는 것이다. 그런데 [4-3-1-2]는 이 이점을 없앨 수 있다. [4-3-3]의 빌드업 시점에서 중요한 센터백 둘 + 앵커맨 하나를 [4-3-1-2]는 투톱 + 공격형 미드필더 하나로 곧바로 들이받을 수 있다. 현재는 공격형 미드필더가 적성에 맞는 선수들도 뛰어난 기술과 운동량을 기본으로 겸비하고 있다. 이런 신세대 하이브리드 공격형 미드필더를 배치하면 수비도 분담시킬 수 있기에 새로운 형태의 [4-3-1-2]가 탄생한 것이다.

앵커맨이 배제되면 [4-3-3]의 패스 경로는 마크가 없는 풀백뿐이다. 이곳으로 볼을 유도한 후 중앙 미드필더가 재빨리 쫓아가면 사이드로 볼을 보내는 정석적인 수비가 가능해진다. 즉, [4-3-3] 측이 원래 노리던 중앙과 하프스페이스에서 볼을 멀어지게 만들면 공격 루트는 한쪽이 터치라인으로 막힌 매우 좁은 영역에 한정되는 것이다.

아직 주류는 아니지만, [4-3-1-2]가 5레인을 봉쇄하는 새로운 수단으로 돌아올 미래는 결코 부정할 수 없다.

<관전 포인트>

경기에서 확인할 [4-3-1-2]의 포인트

공격형 미드필더와의 연계 플레이

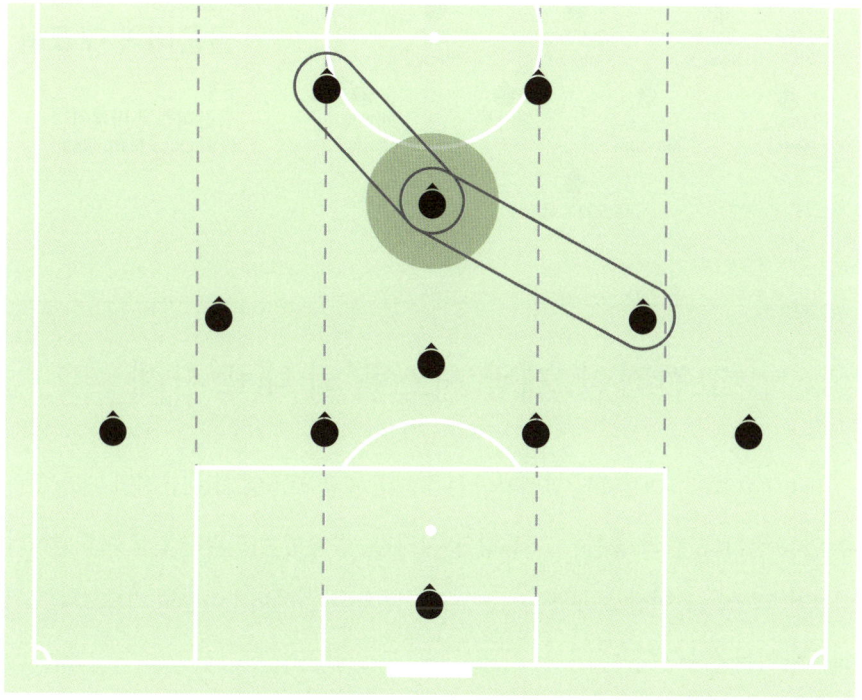

　공격형 미드필더가 어떤 선수이고, 누구와 연계 플레이를 하는지 살펴보자. 현대 축구에서도 공격형 미드필더에게 수비를 면제해 준다면 그 선수는 분명 아주 특별한 재능의 소유자일 것이다. 공격형 미드필더가 볼을 가지고 있을 때 주변의 움직임과 중요한 스루패스가 지나는 연계 플레이의 경로를 잘 보면 팀 내의 신뢰 관계도 파악할 수 있다. 한편 공격형 미드필더 자리에 수비도 가능한 선수를 배치했다면 높은 확률로 상대 팀에 뛰어난 앵커맨이 있을 것이다.

[4-3-1-2]
과거의 명팀
1

1993
콜롬비아 대표팀

감독/
프란시스코 마투라나
Francisco Maturana

고전적인 '제왕 시스템'의 대표 사례

　1980~90년대를 대표하는 고전적인 [4-3-1-2] '제왕 시스템'의 대표적인 예라고 할 수 있는 팀이다. 팀의 중심은 그 유명한 '사자왕', 공격형 미드필더 카를로스 발데라마. 발데라마는 그야말로 제왕이라는 말이 어울리는 플레이스타일로 기록보다는 기억을 남기는 선수였다.

　그는 수비에는 거의 참여하지 않고 경기장을 산책하듯 우아하게 돌아다닌다. 그러나 일단 볼이 오면 두세 명에게 둘러싸여도 볼을 빼앗기지 않는 압도적인 볼 키핑 능력으로 시간을 벌고, 일격필살의 스루패스로 몇 초 후의 상황을 조종했다. 플레이는 거의 모두 좌우 인사이드 킥으로만 이루어져 있었으며, 스루패스는 그 국면에서 가장 어려운 경로로 마치 바늘구멍을 뚫듯 정확하게 이루어졌다. 위에서 내려다보는 관중조차 생각지 못한 경로이므로 경기장에 선 수비수는 더욱 예측하지 못했을 것이다. 발데라마는 콜롬비아가 낳은 불세출의 판타지스타였다.

　공격 축구를 선호하는 프란시스코 마투라나Francisco Maturana 감독이 발데라마를 중심으로 팀을 꾸린 것은 당연하며 [4-3-1-2] 포메이션을 선택한 것도 이해가 된다.

발데라마와 연계 플레이를 펼치는 선수는 둘이었다. 하나는 당시 주목받던 쾌속 스트라이커 파우스티노 아스프리야로, 발데라마와 세로 방향의 위치에 있었다. 피지컬도 좋았던 아스프리야는 빈 공간으로 패스가 오기만 하면 모든 수비수를 제치고 받아내는 강력함과 스피드를 갖추고 있었다. 스루패스의 명수 발데라마와 이상적인 콤비였으며 두 선수의 연계 플레이에서 수많은 골이 탄생했다.

또 하나는 부관과도 같은 미드필더 프레디 린콘이었다. 린콘은 발데라마에게 상대 수비가 집중된 타이밍에 미들 라인에서 미끄러지듯 올라오는 절묘한 센스를 가지고 있었다. 발데라마가 버티다가 스루패스를 하면 아무도 없는 듯 보였던 공간에 화면 밖에서부터 린콘이 달려오는 스펙터클한 장면이 이 팀의 볼거리이기도 했다.

이 팀의 정점은 역시 1993년 월드컵 예선의 아르헨티나전일 것이다. 남미 예선 최종전, 월드컵 출전권이 걸린 이 중요한 경기에서 콜롬비아 대표팀은 5대0이라는 대승을 거두며 아르헨티나를 묻어버렸다. 경기는 발데라마가 미들 라인을 지배하고 아스프리야와 린콘이 각각 2득점을 올린, 당시 팀의 강점이 응축된 내용이었다. 이 경기에서 콜롬비아가 보여준 강렬한 퍼포먼스는 전 세계에 충격을 주었으며 이듬해 1994년 월드컵에서는 그 유명한 펠레가 우승 후보로 거론했을 정도였다.

그러나 결과는 1승 2패, 믿기지 않는 조별리그 탈락으로 끝났다. 그리고 미국전에서 팀의 패배를 결정한 자책골을 넣은 안드레스 에스코바르Andres Escobar가 대회 후 총에 맞아 숨지는 참혹한 사건까지 일어나고 말았다. 슬픈 결말을 맞이한 팀이지만 욕심 없이 도전하여 아르헨티나를 농락한 퍼포먼스는 왕년의 팬들 사이에서 아직까지도 회자되고 있다.

[4-3-1-2]
과거의 명팀
2

2003-04
포르투

감독/
조제 무리뉴
Jose Mourinho

안티 풋볼과는 거리가 먼, 수적 우세를 통한 지배

축구 역사에 한 획을 그은 명장 조제 무리뉴가 처음 세계에 이름을 알리게 된 계기는 2003-04 시즌의 포르투였다.

무리뉴는 2001-02 시즌 도중에 부진의 늪에 빠져 있던 포르투를 다시 일으키기 위해 감독으로 부임했다. 이후 2002-03 시즌에는 갑자기 팀을 UEFA컵(현재의 유로파 리그) 우승으로 이끌었다. 이 쾌거로 무리뉴는 일부 축구 마니아들이 점차 주목하는 존재가 된다. 그다음에 맞이한 2003-04 시즌에 팀은 완성형이 되어 비길 데 없는 강함을 보여주면서 누구도 예상치 못한 챔피언스 리그 우승으로 유럽 최고의 자리에 올랐다. 클럽으로서는 17년 만의 유럽 제패였다.

지금은 '안티 풋볼', '골문 앞에 버스 세우기' 등 부정적인 표현이 따라다니는 무리뉴지만, 이 시절의 포르투는 수비가 견고하기는 해도 안티 풋볼과는 거리가 먼 축구를 보여줬다. 수비 라인에서부터 볼을 확실하게 연결하고, 당시 주류였던 '4-4-2'에 대해 미드필드 중앙의 압도적인 수적 우세를 활용해서 경기를 지배했다.

특히 팀의 생명선인 미들 라인의 4명은 각자의 개성이 기능적으로 연결된 유닛으로 완성되어 있었다. 미들 라인의 바닥에는 수비 스페셜리스트이자 균형을 잡아 주는 코스티냐Costinha가 있었다. 우측 중앙 미드필더 드미트리 알레니체프Dmitri Alenichev는 사이드로 이동해 드리블로 찬스를 만들었고, 다재다능한 마니시Maniche는 공격과 수비에 모두 가담했다. 그리고 공격형 미드필더 데쿠Deco는 기존 제왕의 이미지에서 벗어나 '하드워커 제왕'이라는 새로운 공격형 미드필더의 모습을 제시했다.

지금 돌아보면 포르투의 [4-3-1-2]는 공격형 미드필더가 홀로 팀의 운명을 쥔 1990년대에서 미들 라인의 4명이 하나의 단위로 기능하는 업무 분산형의 흐름으로 돌아서는 전환점이었는지도 모른다.

이 팀과 무리뉴를 일약 주류로 만들어 준 경기로는 2003-04 챔피언스 리그 16강의 맨체스터 유나이티드전을 들 수 있다. 당시 알렉스 퍼거슨이 이끄는 유나이티드는 우승 후보 중 하나였고 포르투는 다크호스조차 되지 못했다.

그런데 막상 경기가 시작되자 상황이 완전히 달라졌다. 프리미어 리그의 고전적인 [4-4-2]는 무리뉴의 [4-3-1-2]를 상대로 앵커맨과 공격형 미드필더를 묶어두지 못한다는 치명적인 약점이 서서히 드러난 것이다. 미드필드에서 볼과 경기의 주도권을 쥔 포르투는 2경기 합계 3대2 스코어로 유나이티드를 눌렀고, 그 기세를 이어 단숨에 우승까지 달려갔다.

여담이지만 퍼거슨은 훗날 챔피언스 리그에서 비슷한 패배를 맞이한다. 상대는 과르디올라의 바르셀로나였다. 당시 바르셀로나는 [4-3-3]을 기본 포메이션으로 삼고 센터포워드 리오넬 메시가 미들 라인으로 내려가면 [4-3-1-2]가 되는, 기본적으로는 똑같은 배치를 가변적으로 운용한다는 특징이 있었다. 무리뉴와 과르디올라가 퍼거슨의 [4-4-2]에 대해 매우 비슷한 구조로 승리를 거뒀다는 점은 다시 보면 매우 흥미롭다.

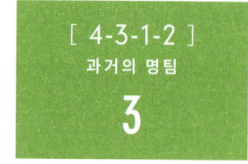

2005-06
비야레알

감독/
마누엘 펠레그리니
Manuel Pellegrini

주요 무대에서 마지막으로 본 고전적 [4-3-1-2]

　현대 축구 역사상 이것이 주요 무대에 마지막으로 나타난 고전적 [4-3-1-2] '제왕 시스템'일지도 모른다. 비야레알은 스페인의 인구 약 5만 명인 시골 마을의 클럽이다. 제왕의 자리에 있던 공격형 미드필더는 아르헨티나 대표팀 10번인 후안 로만 리켈메. 이런 거물 선수가 왜 시골 클럽에 있었을까? 리켈메의 플레이스타일이 너무나도 시대와 맞지 않았다는 사실이 그 배경에 있다.

　리켈메는 2002년 세간의 주목을 받으며 바르셀로나에 들어갔다. 그러나 운이 나쁘게도 당시 감독은 체계적인 [4-3-3]을 이용하며 사이드 공격을 중심으로 전략을 짜는 네덜란드인 루이 판할Louis van Gaal이었다. 재빠르게 사이드로 전개되는 패스를 원하는 지휘관과 중앙의 왕좌에서 시간을 벌 때 진가를 발휘하는 제왕. 두 사람의 방식이 서로 조화될 리 없었다.

　애당초 [4-3-3]에 공격형 미드필더의 자리는 물리적으로 존재하지 않는다. 당시 이미 멸종 위기였던 리켈메의 경기 방식은 '공룡'이라는 야유마저 받기도 했다.

　상심한 리켈메에게 다시 빛날 자리를 준 것이 비야레알이었다. 당시 감독이었던 마누엘 펠레그리니Manuel Pellegrini는 제한된 전력으로 강팀들을 이기기 위해 리켈메의 남다른 재능을 중심으로 팀을 꾸렸다. 리켈메가 편안하게 뛸 수 있도록 선수 구성을 정비하고, 만반의 준비가 된 상태에서 [4-3-1-2]의 '1'인 리켈메를 맞이한 것이다. 여기서 중요한 것은 미들 라인이다. 약소 클럽에서 흔한 '뒤쪽에서 수비하고, 빼앗은 볼은 대강 전방으로 차 낸다'라는 방식으로는 리켈메의 특색을 살릴 수 없다.

그래서 펠레그리니는 미들 라인에 기술자 유형이며 몸을 사리지 않는 알레시오 타키나르디Alessio Tacchinardi와 마르코스 세나Marcos Senna를 배치했다. 일단 빼앗은 볼은 이 두 선수를 경유해 리켈메의 발밑에 확실하게 도달하는 구조였다. 그리고 리켈메의 스루패스에 야생동물과도 같은 감각으로 반응할 수 있는 디에고 포를란을 전방에 두었다. 그전에도 여러 스트라이커를 리켈메의 앞에 배치했지만 역시 남미 스트라이커의 독특한 감성이 리켈메와 가장 잘 맞았던 것이다. 그리고 리켈메가 시간을 버는 동안 올라오는 선수는 아르헨티나 대표팀에서도 리켈메와 콤비로 활약한 미들 라인의 후안 파블로 소린이었다. 이 배치를 다른 시각에서 보면 흥미로운 사실을 깨닫게 된다. 당시 비야레알은 뒤쪽을 유럽 출신 선수들로 채우고, 미들 라인과 앞쪽(리켈메의 주위)은 남미 출신 선수들을 배치하는 구성이었던 것이다(마르코스 세나도 원래는 브라질 출신).

비야레알은 2005-06 시즌에 클럽 역사에 길이 남을 위업을 달성했다. 현대에 되살아난 공룡 리켈메가 현대 축구를 차례차례 쳐부수면서 무려 챔피언스 리그 준결승까지 진출한 것이다. 그리고 준결승에서는 잉글랜드의 강호 아스날을 상대로 결승 진출에 바짝 다가갔다.

준결승 2차전 종반, 1대2로 아스날이 리드하는 상황에서 비야레알은 후반 43분에 천금 같은 페널티킥을 얻어낸다. 키커는 물론 리켈메였다. 그러나 리켈메가 모든 선수와 서포터의 신뢰를 한 몸에 받으며 찬 볼은 골키퍼 옌스 레만Jens Lehmann에게 막히고 만다. 당시 경기가 아직 끝나지 않았음에도 그 자리에 우두커니 서 있던 제왕 리켈메의 모습은 지금 생각해도 인상적이다. 리켈메가 이끌던 팀은 리켈메의 킥 한 번에 끝을 맞이했고, 그 후 왕정은 서서히 주요 무대에서 모습을 감추게 된다.

[4-3-1-2] 대전 조합 일람

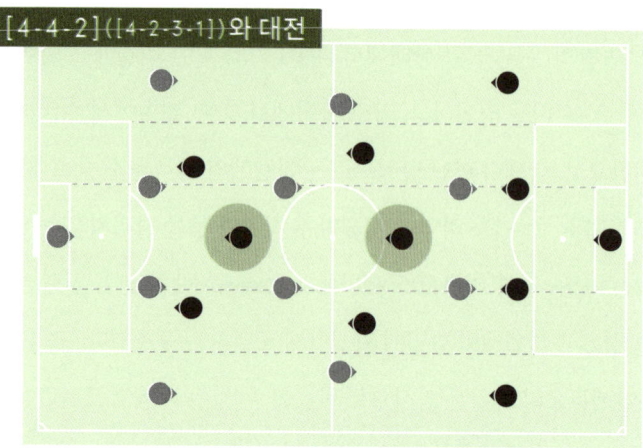

<우위 포지션> 앵커맨 + 공격형 미드필더

[4-3-1-2]가 [4-4-2] ([4-2-3-1])와 맞물릴 때 구조적으로 여유가 있는 '우위 포지션'은 앵커맨과 공격형 미드필더다.

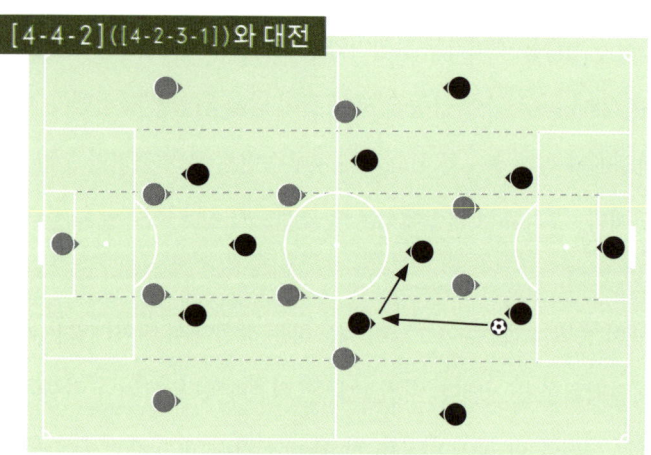

효과적인 공격 루트 ❶

상대 투톱이 안쪽으로 좁혀 앵커맨으로 가는 패스길을 차단하려 하면 아군은 중앙 미드필더를 경유하는 원터치 패스로 앵커맨을 활용한다.

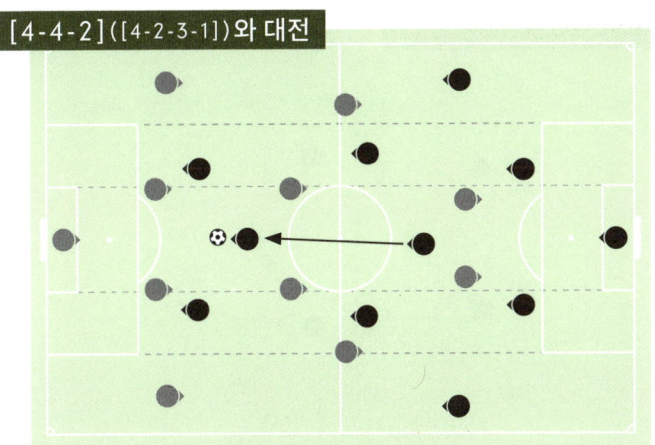

효과적인 공격 루트 ❷

위험 지역에서 아군의 공격형 미드필더가 전방을 향할 수 있다면 상대를 강력하게 압박할 수 있다. 팀의 제왕인 공격형 미드필더가 스루패스, 드리블, 중거리 슛 중 무엇이든 할 수 있으므로 득점률이 매우 높은 상황이 된다.

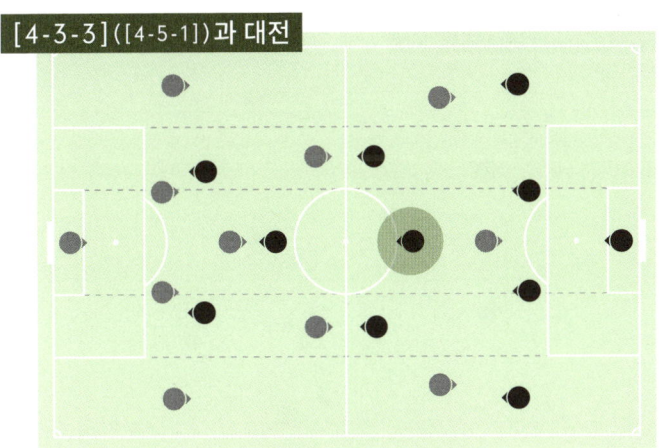

<우위 포지션> 앵커맨

[4-3-1-2]가 [4-3-3]([4-5-1])과 맞물릴 때 구조적으로 여유가 있는 '우위 포지션'은 앵커맨이다.

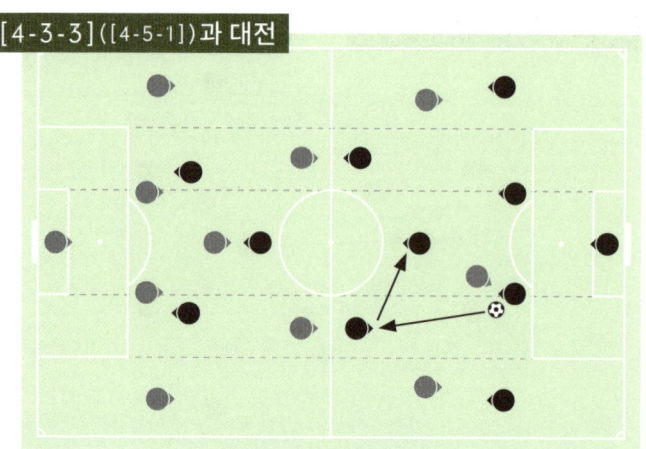

효과적인 공격 루트 ❶

상대 센터포워드가 앵커맨으로 가는 패스길을 차단하며 접근할 경우에는 중앙 미드필더를 경유하는 원터치 패스가 효과적이다.

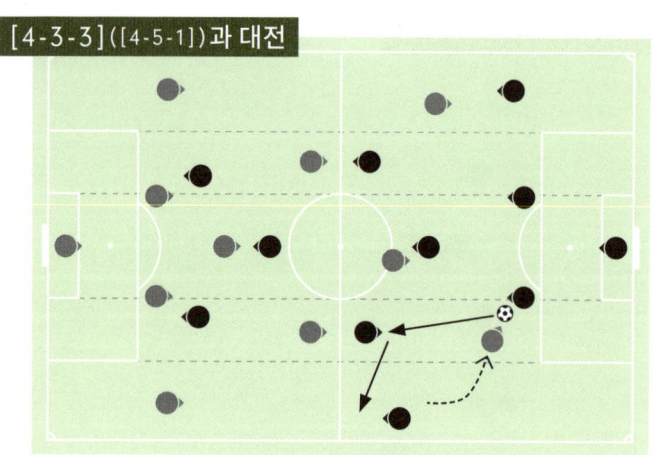

효과적인 공격 루트 ❷

상대 센터포워드가 아군의 앵커맨을 견제하고, 윙이 바깥쪽에서 들어오며 아군의 센터백을 압박할 수도 있다. 이 경우에는 중앙 미드필더가 풀백에게 원터치 패스를 해서 사이드로 볼을 보낸 후 공격하면 효과적이다.

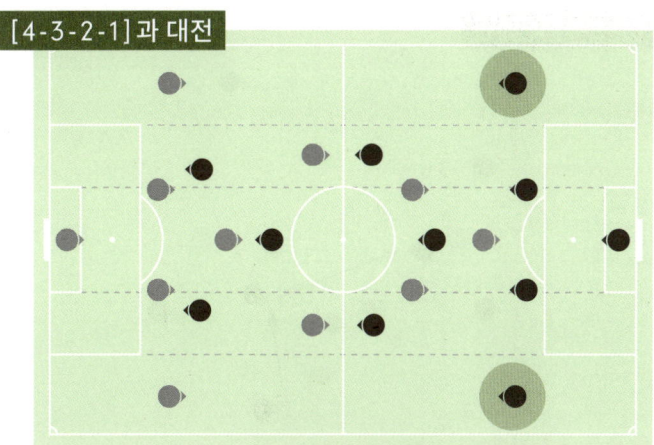

<우위 포지션> 풀백

[4-3-1-2]가 [4-3-2-1]과 맞물릴 때 구조적으로 여유가 있는 '우위 포지션'은 풀백이다.

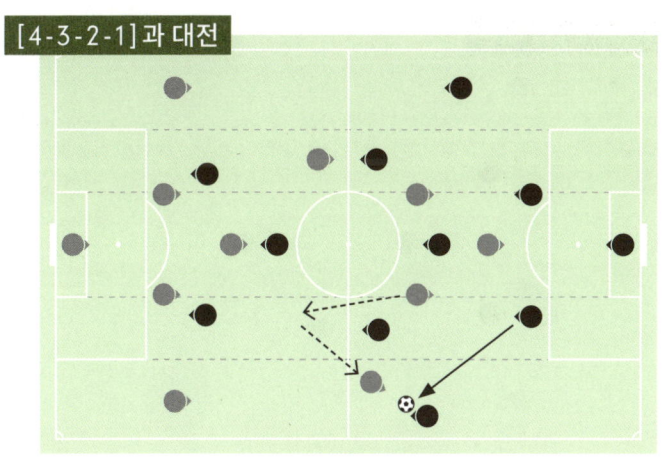

효과적인 공격 루트 ❶

그러나 단순히 풀백을 활용할 뿐이라면 상대의 중앙 미드필더가 접근할 때 사이드에 선수가 없어 아군의 공격이 막힐 수 있으므로 주의한다.

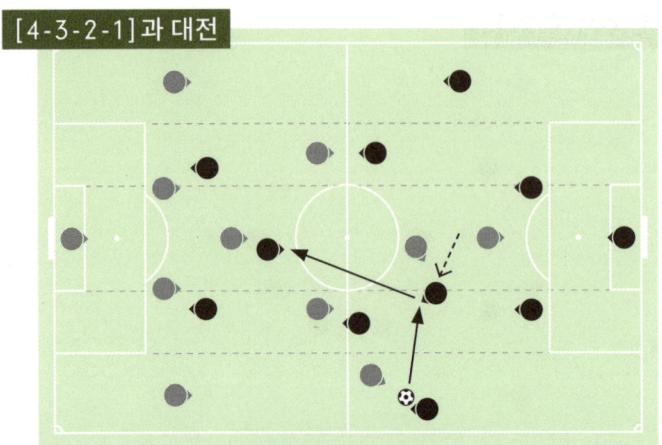

효과적인 공격 루트 ❷

아군이 빌드업할 때 목적은 팀에서 특별한 존재인 공격형 미드필더에게 볼을 주는 것이다. 어디까지나 사이드가 아니라 중앙이 메인인 포메이션이므로 사이드를 경유하더라도 최종적으로는 중앙 루트를 노린다. 이 예시에서도 풀백에서 앵커맨을 경유해 공격형 미드필더에게 볼을 보낸다. 공격형 미드필더는 1대1 상황에서 상대 마크를 벗겨내고 기회를 만들 수 있는 선수여야 한다. 그렇지 않으면 애초에 이 포메이션을 선택하는 의미가 없다.

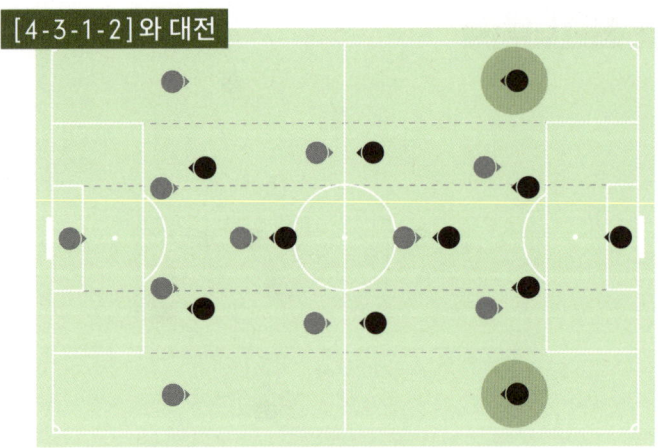

<우위 포지션> 풀백

[4-3-1-2]끼리의 미러 매치에서 구조적으로 여유가 있는 '우위 포지션'은 풀백이다.

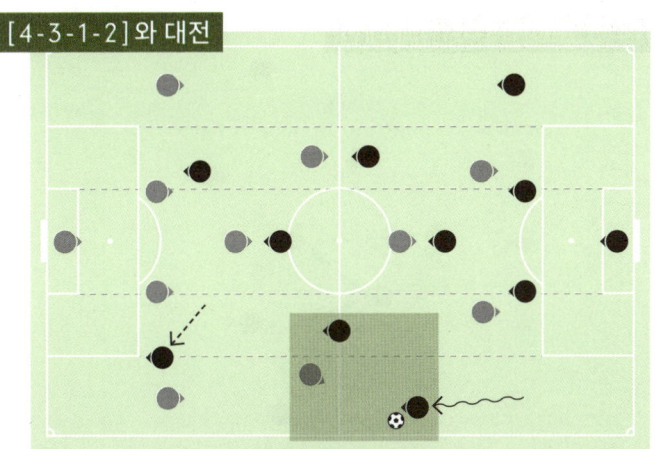

효과적인 공격 루트

자유로운 풀백이 드리블을 하면 사이드에서 상대 중앙 미드필더에 대해 2대1 상황을 만들 수 있다. 사이드의 이 수적 우위를 기점으로 적진을 파고드는 것이 기본이다. 이때 볼 사이드의 포워드를 하프스페이스로 보내서 상대 풀백이 쉽게 앞으로 나오지 못하도록 한다.

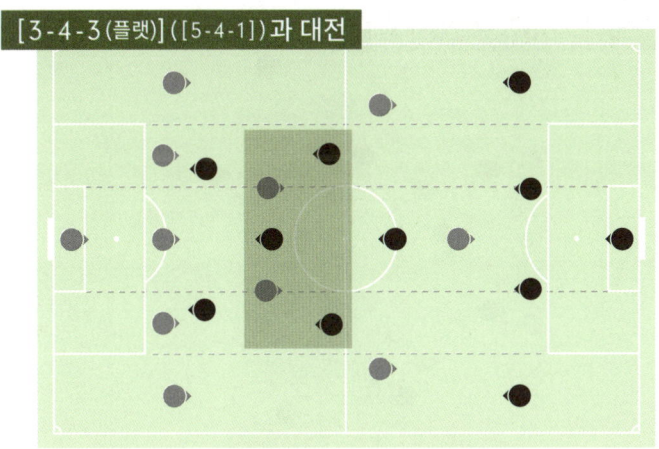

<우위 포지션> 미들 라인의 3대2

[4-3-1-2]가 [3-4-3(플랫)] ([5-4-1])과 맞물릴 때 구조적으로 여유가 있는 '우위 포지션'은 미들 라인에서 상대의 두 수비형 미드필더에 대해 생겨나는 3대2 수적 우위다.

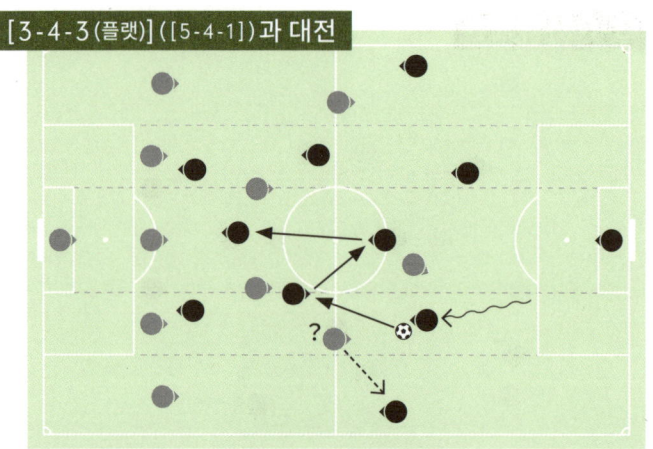

효과적인 공격 루트 ❶

미들 라인의 우위 포지션을 활용하기 위해서도 항상 풀백을 활용하려는 듯한 자세를 보여줌으로써 상대의 측면 미드필더가 넓게 벌어지도록 하는 밀고 당기기가 중요하다. 벌어진 상대의 공간 안쪽을 통해 중앙으로 볼을 보내면 수적 우위를 확실하게 살릴 수 있다.

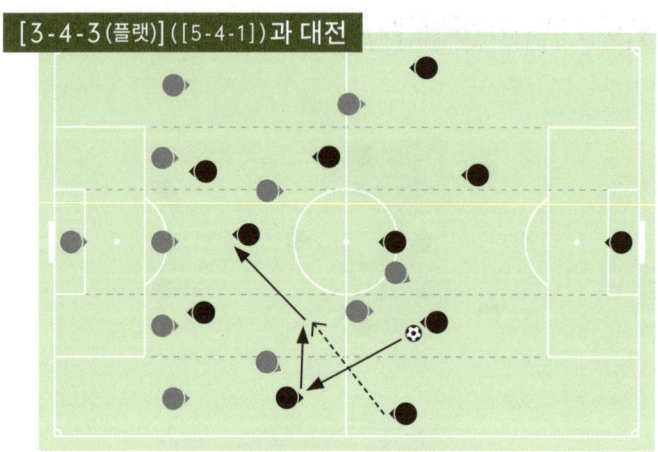

효과적인 공격 루트 ❷

만약 상대 윙이 중앙을 완전히 닫는다면 안쪽에 있던 중앙 미드필더를 사이드로 보내는 선택지가 있다. 센터백은 중앙 미드필더에게 패스를 보내고, 여기에 맞춰 풀백이 움직여 중앙으로 투입되는 패스를 서포트한다. 이처럼 삼각형으로 사이드에서 중앙으로 파고드는 루트를 선수들이 직접 만들어 공격하면 [5-4-1] 포메이션을 상대하는데 효과적이다.

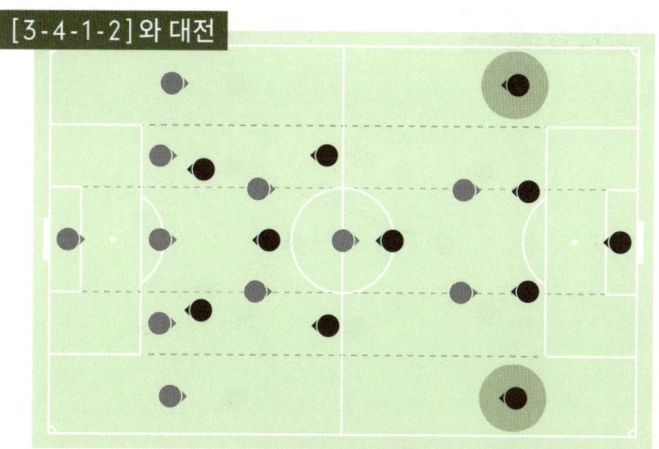

<우위 포지션> 풀백

[4-3-1-2]가 [3-4-1-2]와 맞물릴 때 구조적으로 여유가 있는 '우위 포지션'은 풀백이다.

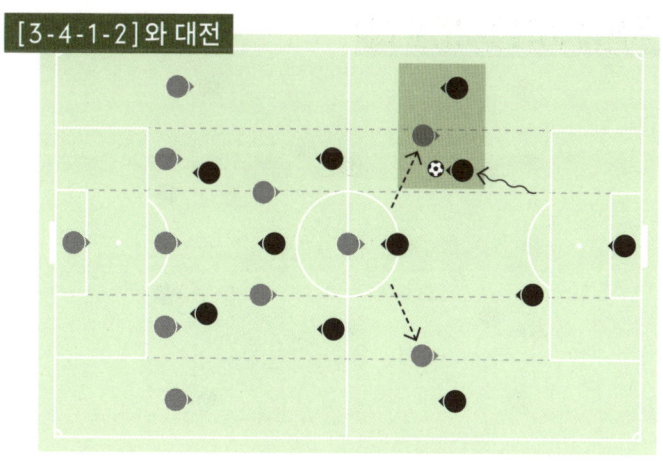

효과적인 공격 루트 ❶

다만 상대가 투톱을 넓게 벌리며 풀백을 견제하기 시작했다면 센터백이 풀백에게 안이하게 볼을 주는 것은 위험하다. 이 경우에는 센터백이 드리블을 해서 풀백과 함께 2대1 상황을 만들어 상대 수비를 교란시키는 것이 효과적이다.

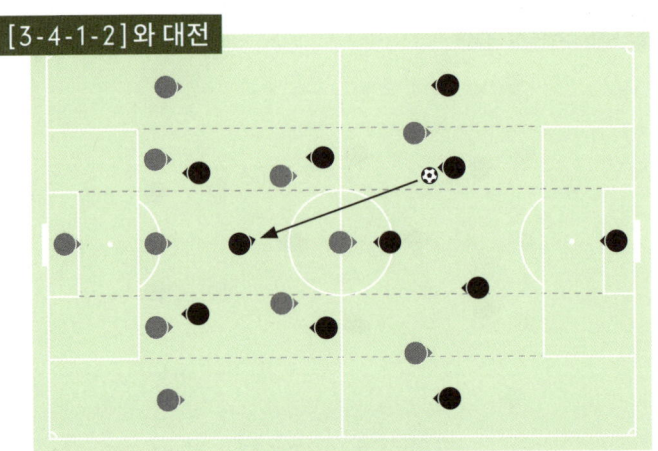

효과적인 공격 루트 ❷

[3-4-1-2]와 맞물릴 때는 미들 라인이 4대3의 수적 우위라는 것을 항상 염두에 둔다. 센터백에서 한 단계를 건너뛴 직진 패스가 위험 지역의 공격형 미드필더에게 가면 단번에 기회를 만들 수도 있다.

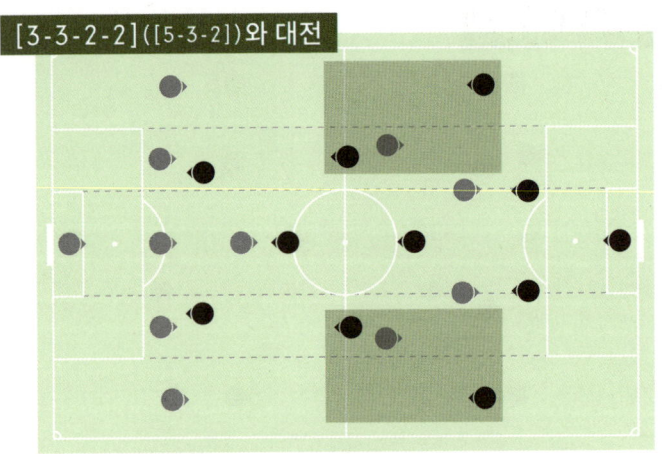

<우위 포지션> 상대 공격형 미드필더에 대한 2대1

[4-3-1-2]가 [3-3-2-2]([5-3-2])와 맞물릴 때 구조적으로 여유가 있는 '우위 포지션'은 상대의 공격형 미드필더에 대해 아군의 풀백과 중앙 미드필더가 만드는 2대1 수적 우위다.

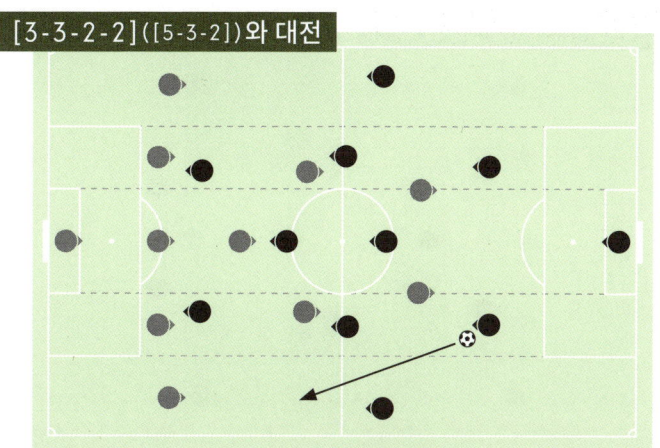

효과적인 공격 루트 ❶

상대 [5-3-2]의 수비는 두 공격형 미드필더가 안쪽으로 좁혀 들어오는 것이 기본이다. 이 경우에는 자유로운 풀백을 이용해 적진까지 볼을 가져간다. 다만 상대 공격형 미드필더가 재빠르게 풀백에게 접근할 경우에는 사이드에 사람이 부족한 아군의 공격이 막힐 수 있다. 이때는 당황하지 말고 일단 센터백에게 볼을 보낸 후 다시 공격하는 것이 현명하다.

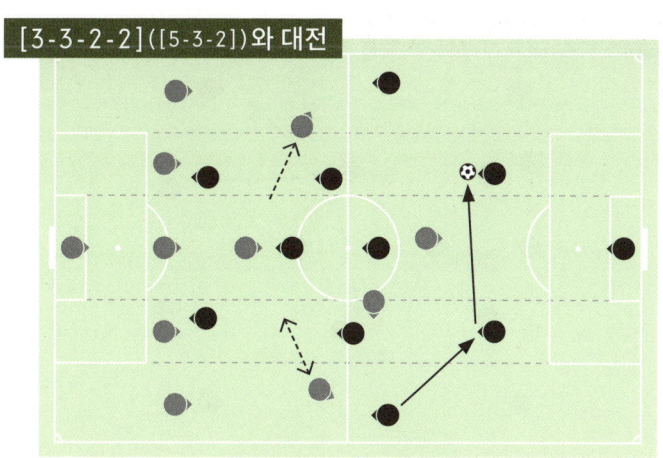

효과적인 공격 루트 ❷

볼을 돌려 다시 공격하는 것은 매우 효과적이다. [5-3-2]의 약점은 미들 라인의 3명이 가로 68m의 경기장을 이리저리 이동해야 한다는 것이기 때문이다. 따라서 반대쪽으로 돌리는 볼을 상대가 계속 쫓아가는 데는 한계가 있다. [4-3-1-2]가 느긋하게 몇 번이고 사이드를 이용해 상대를 뒤흔들면 필연적으로 상대 선수들이 볼을 제때 쫓아가지 못하게 되고 중앙의 패스 경로가 나타나게 된다.

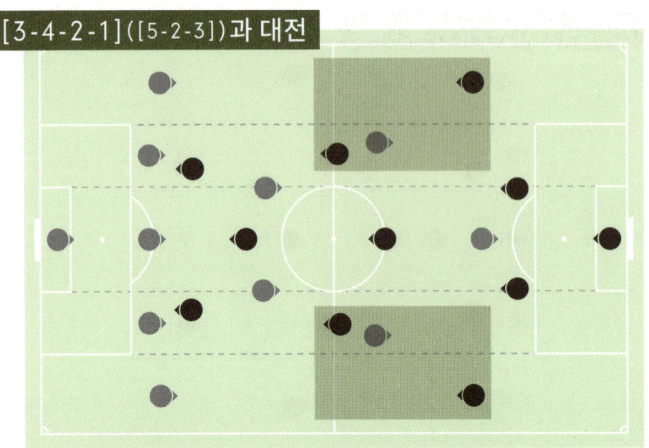

<우위 포지션> 상대 두 공격형 미드필더에 대한 2대1

[4-3-1-2]가 [3-4-2-1]([5-2-3])과 맞물릴 때 구조적으로 여유가 있는 '우위 포지션'은, 상대의 공격형 미드필더에 대해 아군의 풀백과 중앙 미드필더가 만드는 2대 1 수적 우위다.

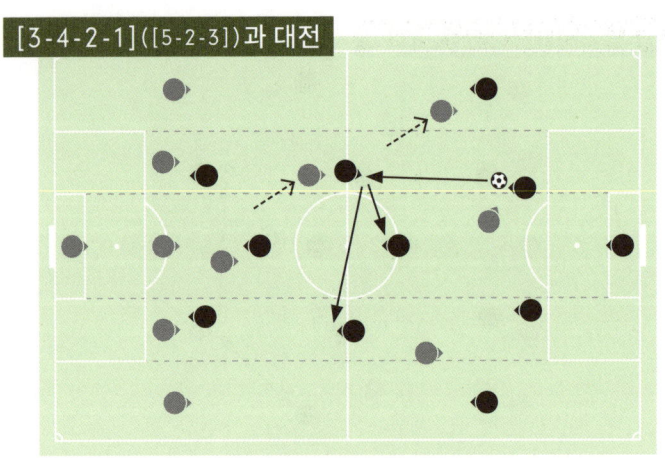

효과적인 공격 루트 ❶

상대가 넓게 퍼져서 풀백을 적극적으로 압박할 때는 중앙 미드필더를 경유하는 원터치 패스로 중앙을 활용한다. 이때 특히 앵커맨과 반대쪽 중앙 미드필더의 공간이 열리기 쉽다.

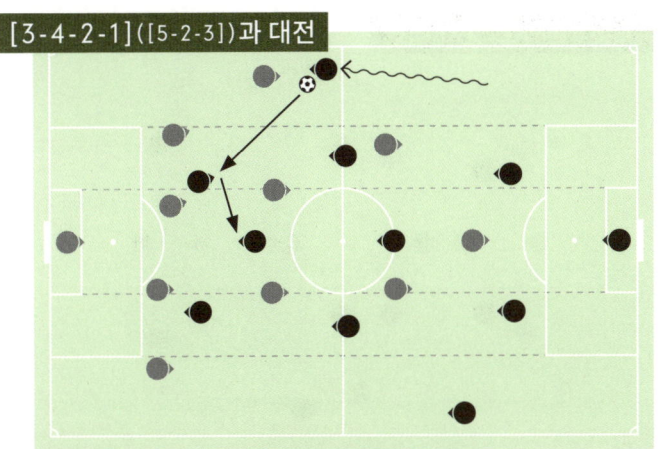

효과적인 공격 루트 ❷

실제로는 상대가 [5-2-3]의 형태로 수비하는 경우가 많다. 이 경우에는 자유로운 풀백이 볼을 몰고 적진에 들어간 후, 전방을 향한 공격형 미드필더에게 볼을 주는 것이 목적이다. 가장 단순한 방법은 투톱의 포스트 플레이를 거쳐 공격형 미드필더에게 전달하는 것이다.

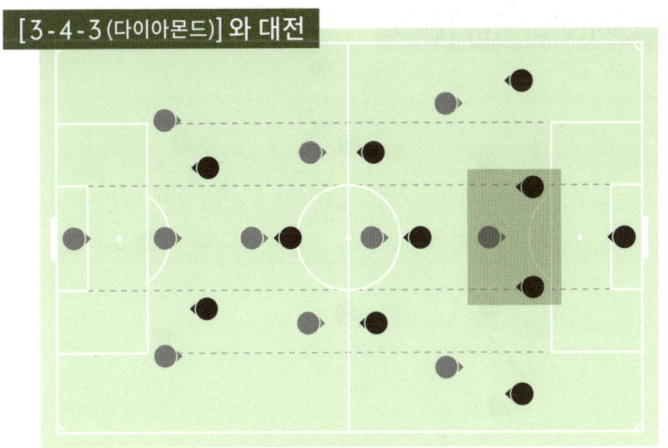

<우위 포지션> 센터백

[4-3-1-2]가 [3-4-3(다이아몬드)]와 맞물릴 때 구조적으로 여유가 있는 '우위 포지션'은 센터백이다. 하지만 그 앞의 포지션은 전부 상대 선수와 맞물리는 데다 전방의 투톱은 상대 수비보다 1명이 부족해서 압박당할 수 있는 상태. 변형하지 않은 조합 중에서는 이 [3-4-3(다이아몬드)]와 만날 때가 가장 불리하다.

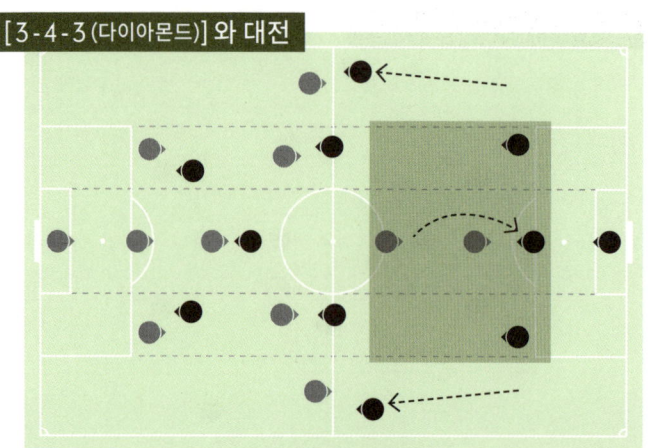

효과적인 공격 루트 ❶

변화를 주지 않은 상태라면 아군이 압박을 받기 쉬우므로 앵커맨을 내려보내고 양쪽 풀백을 올려서 맞물림을 비트는 것이 효과적이다. 공격을 시작하는 최후방 라인에서 수적 우위를 형성하고 상대의 압박이 잘 듣지 않도록 포메이션에 변화를 주는 것이 출발점이다.

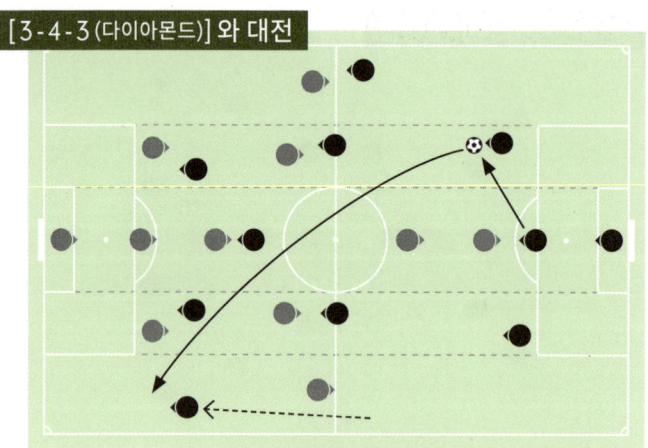

효과적인 공격 루트 ❷

[3-4-3(다이아몬드)]의 양쪽 윙은 기본적으로 공격수이기 때문에 풀백을 따라가는 수비에는 원래 적합하지 않다. 특히 볼 사이드의 윙은 수비를 의식하더라도 반대쪽 사이드의 윙은 빈틈이 생기는 타이밍이 적지 않다. 그 타이밍을 노려 센터백에서부터 단숨에 실시하는 사이드 체인지를 항상 염두에 둔다. 팀에 따라서는 애초에 윙을 전방에 남겨 두고, 올라오는 풀백을 뒤쫓지 않는 전술을 쓰기도 한다. 이 경우에는 상당히 자유로운 반격이 일어날 것이다.

번외 포메이션 ③
[필자가 어릴 때 생각한 최강의 포메이션]
골키퍼를 포함해서 모두가 자유 포지션

필자가 어린 시절 독단과 편견, 편애만으로 선출한 '최강 포메이션'이다. 시스템은 [3-4-3(다이아몬드)]. 필자의 이론상 이 멤버와 배치라면 선수가 움직이지 않아도 볼이 저절로 돌아다닌다는 계산이었다. 목표는 볼 점유율 100%. 골키퍼를 포함해 모두가 자유 포지션이며 상황에 따라 누군가 공격하면서 올라가도 좋다. 볼을 빼앗길 일이 없으므로 이론상으로는 문제가 없다. 볼을 가진 선수가 그때그때 상황에 맞춰 플레이메이커가 되고 나머지 10명이 똑같은 생각을 공유할 수 있는 감성의 소유자들을 모았다. 이 '성격 있는' 팀을 이끄는 사람은 그 이상으로 성격 있는 감독이어야 한다. 세상이 아무리 넓다 해도 마르셀로 비엘사 Marcelo Bielsa 말고 누가 있을까?

Column

포메이션 명승부 돌아보기 ①
일본 대표팀의 역사를 바꾼 '실패한 경기'

1997년 월드컵 아시아 최종예선

일본 1 × 2 한국

감독
가모 슈 Kamo Shu
[4-4-2]

감독
차범근 Cha Bum-Kun
[3-4-2-1]

일본 [4-4-2]
- 소마 Soma
- 나나미 Nanami
- 오무라 Omura
- 혼다 Honda
- 미우라 Miura
- 가와구치 Kawaguchi
- 이하라 Ihara
- 야마구치 Yamaguchi
- 로페스 Lopes
- 나카타 Nakata
- 나카니시 Nakanishi

한국 [3-4-2-1]
- 이기형 Lee Ki-Hyung
- 최영일 Choi Young-Il
- 이상윤 Lee Sang-Yoon
- 장형석 Jang Hyung-Seok
- 최용수 Choi Yong-Soo
- 홍명보 Hong Myung-Bo
- 김병지 Kim Byung-Ji
- 고정운 Ko Jeong-Woon
- 유상철 Yoo Sang-Chul
- 이민성 Lee Min-Sung
- 하석주 Ha Seok-Ju

우선 고른 경기는 일본 축구 팬이라면 절대 잊지 못할 전설의 경기다. 한 번의 포메이션 변경이 경기의 향방과 그 후 일본 대표팀의 운명까지 크게 좌우했다고 해도 과언이 아니다. 월드컵 출전권을 건 두 라이벌 간의 격돌은 이후 오래도록 회자되는 명승부가 되었다.

이 경기에서 일본의 포메이션은 [4-4-2], 한국은 [3-4-2-1]이었다. 한국의 차범근Cha Bum-Kun 감독은 '일본의 특징은 미드필더다. 미드필더를 견제해서 포워드로 가는 패스를 차단한다.'라는 의도로 골 기회를 잘 만드는 나카타 히데토시Nakata Hidetoshi, 나나미 히로시Nanami Hiroshi, 그리고 나아가 투톱에까지 맨마킹을 붙였다. 그리고 최후 방에는 리베로 홍명보Hong Myung-Bo를 포함한 쓰리백을 세웠다. 맨마킹에 강한, 참으로 한국다운 계획이다.

그러나 그곳에는 커다란 함정이 도사리고 있었다. 한국의 두 수비형 미드필더가 나카타와 나나미를 맨마킹하며 따라다니느라 미드필드의 위험 지역이 텅 비는 일이 자주 있었다. 한국 측은 그래도 이 4명을 맨마킹으로 붙잡아 두면 일본의 공격을 막아내는 데는 문제가 없다고 생각했을 것이다. 그러나 이때 일본 대표팀에서 경기 상황을 차분히 관찰한 선수가 있었다. 바로 수비형 미드필더 야마구치 모토히로Yamaguchi Motohiro다.

"상대가 나카타와 나나미를 경계하고 있다는 사실을 알았기 때문에 제 쪽은 빌 거라고 생각했습니다. 혼다가 수비를 맡아 줬기 때문에 과감히 앞으로 나갈 수 있었습니다. 소속 팀(당시 소속인 요코하마 플루겔스)에서도 앞쪽으로 나가기도 했고, 골도 넣었습니다. 그 생각을 하면서 경기했습니다." (야마구치)

야마구치의 예상대로 일본은 나카타와 나나미가 양쪽 사이드로 가면서 중앙의 위험 지역을 비게 만들었고, 마크가 없는 야마구치가 가담하는 공격이 늘어났다. 그리고 맞이한 67분, 야마구치는 예술적인 로빙슛으로 선제골을 넣었다. 그전에 주로 보이지 않는 곳에서 활약하던 야마구치가 이 큰 일을 해냈을 때 일본의 축구 팬들은 매우 놀랐다. 경기를 보던 필자도 야마구치가 슛을 하기 직전까지 "뭐 해! 찬스니까 빨리 패스해!"라고 무심결에 외쳤을 정도다. 그 상황에서 야마구치가 로빙슛을 선택할 것이라고는 누구도 상상조차 하지 못했을 것이다.

여기서 한국은 당황했다. 나카타, 나나미, 거기에 셋째 라인의 야마구치까지 견제하기는 매우 어렵다. 게다가 야마구치를 상대하던 베테랑 공격형 미드필더 고정운 Ko Jeong-Woon은 지친 기색이 역력히 드러나기 시작했다. 필연적으로 경기는 순식간에 일본 쪽으로 기울었다. 일본은 선제골 후 불과 5분 동안 네 번의 슛을 하며 맹공에 나섰다. 과거를 돌아봐도 일본 대표팀이 한국을 상대로 이만큼 강하게 밀어붙인 경기는 필자의 기억에 없었을 정도였다. '이겼다.' 필자를 포함해 일본 전국의 축구 팬이 그렇게 확신했다. 그런데 바로 그 순간 사건이 일어났다.

73분에 일본은 포워드 로페스 와그너 Lopes Wagner를 빼고 센터백 아키타 유타카 Akita Yutaka를 투입하며 포메이션을 [4-4-2]에서 [5-4-1]로 바꿨다. 일본 대표팀의 가모 슈 Kamo Shu 감독이 수비를 굳히기 위해 손을 쓴 것이다. 당시 월드컵 본선에 출전한 적이 없었던 일본은 과거 아시아 예선에서 한국에 몇 번이고 참패를 당한 역사가 있다. 감독은 그 나쁜 기억 때문에 수비적인 태도가 되었는지도 모른다. 그러나 수비를 굳히기에는 너무나도 일렀다. 게다가 하필이면 일본에 좋은 흐름을 만들어내는 기점이 된 로페스를 교체하다니... 불안한 예감이 든 사람은 필자뿐만이 아니었을 것이다.

그리고 비정하게도 이 교체로 인해 경기의 흐름은 단번에 한국 쪽으로 기울었다. 원톱 미우라 카즈요시 Miura Kazuyoshi만으로는 볼을 전방에 잡아둘 수 없었고, 전방 수비도 미우라 혼자서는 한국의 쓰리백을 전혀 압박할 수 없었다. 결과적으로 한국은 견제받지 않고 롱볼을 찰 수 있었고 공격적인 흐름을 가속했다. 한국이 흐름을 쥐는 가운데 벤치의 차범근 감독은 차분히 다음 수를 쓸 타이밍을 살피고 있었다. "수비력을 생각해서 고정운을 선발로 기용했지만 후반 일본의 체력이 저하되는 타이밍에 발이 빠른 서정원Seo Jung-Won을 쓸 생각이었습니다." 차범근 감독은 일본이 아키타를 투입하는(수비를 굳히는) 것을 보면서 지치기 시작한 고정운을 내려보내고 스피드가 있는 젊은 공격수를 투입해 단숨에 공세로 전환했다.

포메이션의 조합을 봐도 한국의 [3-4-2-1]에 일본의 [5-4-1]은 전혀 적합하지 않았다. 한국의 원톱에 대해 일본의 센터백 3명 중 2명이 남았고, 그만큼 미들 지역에는 사람이 부족해서 둘째 라인에서 뛰어나오는 한국의 공격수를 묶어두지 못했다. 후반에 고정운을 마크하기 위해 투입된 아키타는 마크할 상대가 없어져서 혼란에 빠졌다. 그 모습은 애처롭기까지 했다.

밀리기 시작한 일본은 롱볼을 계속 차는 한국의 쓰리백을 서둘러 압박하려 했으나 이미 때는 늦었다. 뒤쪽은 파이브백으로 중심이 무거워졌고, 전방과 수비 라인은 서로 뜻이 맞지 않았다. 결과적으로 가운데가 붕 뜬 [5-2-3]으로 경기하게 됐다. 미들 라인에 6명이 있는 한국이 수비형 미드필더 2명뿐인 일본의 세컨드 볼을 계속 가져갈 것은 불 보듯 뻔했다. 역시라고 해야 할까, 미들 라인의 세컨드 볼을 계속 차지하던 한국은 몇 번이고 공격한 끝에 경기 84분에 골을 넣어 동점을 만들었다. 그리고 87분에 마찬가지로 크로스 세컨드 볼을 한국이 가져갔을 때 일본의 수비형 미드필더는 수비 라인에 흡수되고 위험 지역은 텅 비어 있었다.

이때 센터백 이민성Lee Min-Sung이 뒤에서부터 이 공간에 미끄러지듯 들어왔다. 견제 없이 볼을 받은 이민성은 망설임 없이 중거리 슛을 했고 한국은 역전에 성공했다. 참고로 이민성은 전반에 로페스를 마크하느라 고생하던 선수였다. 후반에 로페스가 벤치로 내려가면서 공격에 가담할 여유가 생긴 것이라면 이 얼마나 얄궂은 결승골인가.

충격적인 패전으로 일본 대표팀은 완전히 흐름을 잃고 그다음의 카자흐스탄전도

종료 직전의 추가시간에 실점하며 경기는 동점으로 끝났다. 그리고 경기 후 호텔에서 가모 슈 감독의 경질이 발표되었다. 그 한 수만 없었다면, 어쩌면 일본은 가모 슈 감독의 지휘하에 월드컵에 출전했을지 모른다. 그렇게 되었다면 이후의 명장 오카다 다케시Okada Takeshi는 없었을 것이다. 그리고 오카다가 결정한, 미우라의 충격적인 월드컵 본선 배제라는 역사도 바뀌었을 가능성이 있다. 여러 사람의 인생을 바꿔 놓은 경기이자 결정이라고 할 수 있을 것이다.

Column

포메이션 명승부 돌아보기 ②
[3-4-2-1]의 [4-4-2] 죽이기

EURO 2020 조별리그

독일 4 × 2 포르투갈

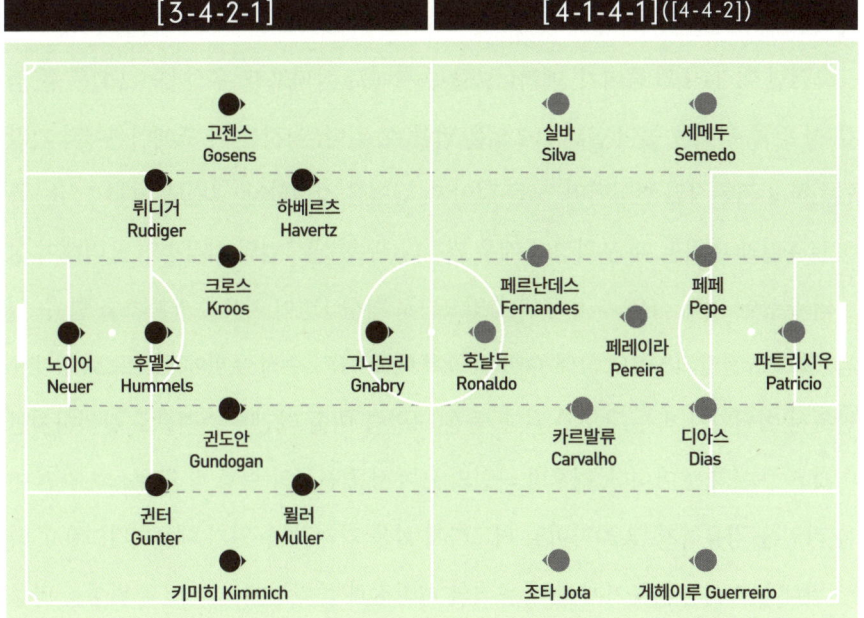

감독
요아힘 뢰프 Joachim Low
[3-4-2-1]

감독
페르난도 산투스 Fernando Santos
[4-1-4-1]([4-4-2])

유로 2020을 돌아봤을 때 대회에서 가장 뚜렷했던 트렌드는 '쓰리백의 융성'이었다. 8강에 진출한 8개국 중 무려 5개국이 쓰리백을 도입했다(잉글랜드, 덴마크, 벨기에, 스위스, 우크라이나).

그전 대회(유로 2016)의 8강 진출국 중 2개국, 3년 전 러시아 월드컵에서는 1개국(잉글랜드)만이 쓰리백을 도입한 것과 비교하면 확연한 조류의 변화다. 이 트렌드를 결정지은 것이 바로 지금 살펴볼 독일 대 포르투갈의 경기다. 소위 '죽음의 조'에서 벌어진 이 흥미진진한 만남에서 지난 대회 우승국이자 이 대회에서도 우승 후보 중 하나였던 포르투갈은 예상치 못한 4실점을 기록하며 독일에 완파당했다(최종 스코어 4대2).

이 경기는 [3-4-2-1]이 [4-4-2]를 죽이는 포메이션임을 똑똑히 보여줬다고 해도 좋다. 경기를 보고 있던 필자도 이제 [4-4-2]로는 국제대회에서 이기기 어려운 것이 아닌가라고 생각했을 정도다.

그러면 이 '[4-4-2] 죽이기' 메커니즘을 순서대로 살펴보자. 우선 [3-4-2-1]은 볼 점유 시 양쪽 윙백을 높이 올려 [3-2-5]를 만들 수 있다. 이것은 이 포메이션에서 가장 단순하고 기본적인 변형이며, 모든 팀이 이 변형을 시행한다. 그런데 이 [3-2-5]는 특히 [4-4-2]와 대치할 때 우위성이 매우 커진다. 우선 빌드업의 시작점인 쓰리백이 상대의 투톱에 대해 +1의 수적 우위에 있으므로 항상 1명이 자유롭게 패스를 할 수 있다. 그리고 전방의 5명도 상대 수비 라인에 대해 +1의 수적 우위에 있으므로 상대는 반드시 어딘가가 비는 구조가 된다. 물론 그만큼 미들 라인은 수적으로 불리하지만 이것은 큰 문제는 아니다. 최후방 라인의 +1에서 최전선의 +1로 직진 패스가 가면 미들 라인을 경유하지 않고 파이널 써드까지 볼을 가져갈 수 있기 때문이다(그림 1). 다시 말해 [3-2-5]는 [4-4-2]에 대해 공격의 시작점과 종착점에서 +1의 우위성을 만들 수 있는 관계다.

그리고 [3-2-5]는 미들 라인의 2명도 효율적으로 활용할 수 있다. 이 2명이 패스를 받을 때 수비 라인에서 오는 패스는 일반적으로는 공격 방향에 등을 돌린 채 받게 된다. 이 상태는 상대의 시각에서 보면 매우 좋은 압박 표적이다. 미들 라인의 2명은 볼과 등 뒤에서 달려오는 적을 동시에 볼 수 없는 위험한 상태이기 때문이다.

그러나 [3-2-5] 포메이션의 최후방 라인에서 미들 라인을 건너뛰고 전방으로 안전하게 종패스를 준 다음, 이 종패스를 포스트 플레이로 미들 라인에 떨어뜨려 준다면 어떻게 될까? 공격 방향을 보고 볼을 받을 수 있으므로 더 공격적인 플레이로 연결하기 쉽게 된다.

단기간에 이루어지는 유로와 같은 대회에서 독일을 필두로 한 각국이 쓰리백을 도입한 이유 중에는 리스크 관리도 있었을 것이다. 실제로 모든 팀에서 미들 라인을 경유하지 않고 리스크 없이 전방으로 볼을 보내고자 하는 공격 시도가 눈에 띄었다. 미들 라인을 경유하지 않는 경기 방식에는 전방과 후방에 사람이 많은 [3-2-5] 포메이

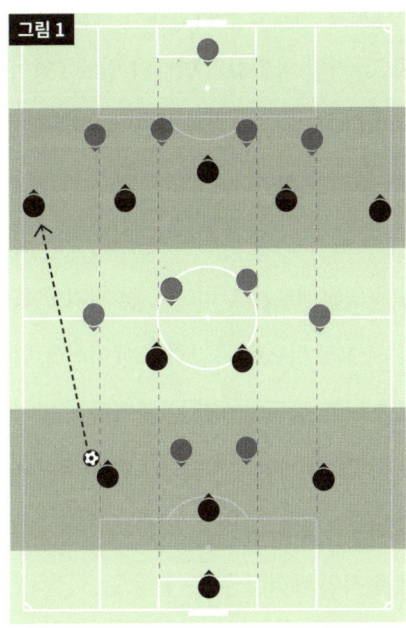

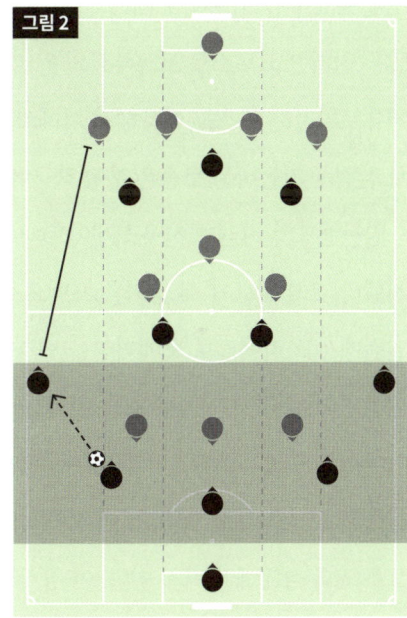

션이 제격이다.

  이 경기에서 [4-4-2]였던 포르투갈은 어떻게 해도 수비가 딱 맞아떨어지지 않아 고전했다. 투톱이 쓰리백보다 1명 적으므로 측면 미드필더를 올려보내 전방을 일시적으로 3명으로 만드는 시도도 했지만 독일은 여기에도 잘 대처했다.

  포르투갈이 3명으로 압박에 나서려는 낌새를 보이면 독일은 높은 위치에 있던 양쪽 윙백을 미들 라인으로 내려보내서 5레인을 형성했다(그림 2). 이렇게 하면 아군 진영에서 5대3의 수적 우위가 형성되기 때문이다. 포르투갈이 이 윙백에 대처하기 위해서는 풀백이 먼 거리를 이동해야 하므로, 독일의 윙백은 앞으로 나아가며 효과적인 플레이를 펼칠 시간이 충분했다. 포백인 포르투갈은 여기서도 선수를 빼앗긴 것이다.

  가장 주목할 부분은 독일이 이 경기에서 넣은 네 골의 내용이다. 독일의 4득점은 모두 포르투갈의 포백에 대해 전방의 5명이 5레인을 제압한 우위성에서 나왔다. 독일은 철저한 크로스로 포르투갈의 진영을 노렸고, 가장 바깥쪽의 반대쪽 윙백 1명이 자유로워지는 구조를 이용해서 차례차례 득점했다. 포백인 포르투갈이 속수무책으로 실점을 거듭하는 모습은 분명 각국에 충격을 주었을 것이다.

  잉글랜드의 가레스 사우스게이트Gareth Southgate 감독은 이 트렌드를 한발 먼저 감지했다. 조별리그의 세 경기를 포백으로 치렀던 잉글랜드는 토너먼트 첫 경기인 독일전에서 쓰리백으로 포메이션을 변경했다. [3-4-3(플랫)]으로 독일의 포메이션을 맞이하며 소위 미러 매치를 펼친 것이다. 사우스게이트 감독의 의도는 완벽하게 맞아떨어졌고 포르투갈전에서 종횡무진 활약하던 독일의 5레인은 잉글랜드의 파이브백 앞에서 교착 상태에 빠졌다. 이 책에서도 언급했지만 [3-4-2-1]끼리 맞붙으면 구조적으로 교착 상태에 빠지기 쉽다. 이 경기도 그 전형적인 예라고 할 수 있다.

  경기는 최종적으로 잉글랜드가 불과 다섯 번의 슛으로 2득점을 올리며 효율적으로 승리했다. 독일이 포르투갈전에서 너무 눈에 잘 띄는 방법으로 이겼기 때문에 상대가 빠르게 대응책을 강구했다고도 할 수 있다. 그러나 대회 전체의 트렌드에 영향을 미쳤다는 의미로, 필자가 유로 2020을 되돌아봤을 때 가장 먼저 떠올리는 경기는 독일 대 포르투갈 경기다.

Formation / 3backs

[3-4-3]
(플랫)
사이드를 제패하는 자

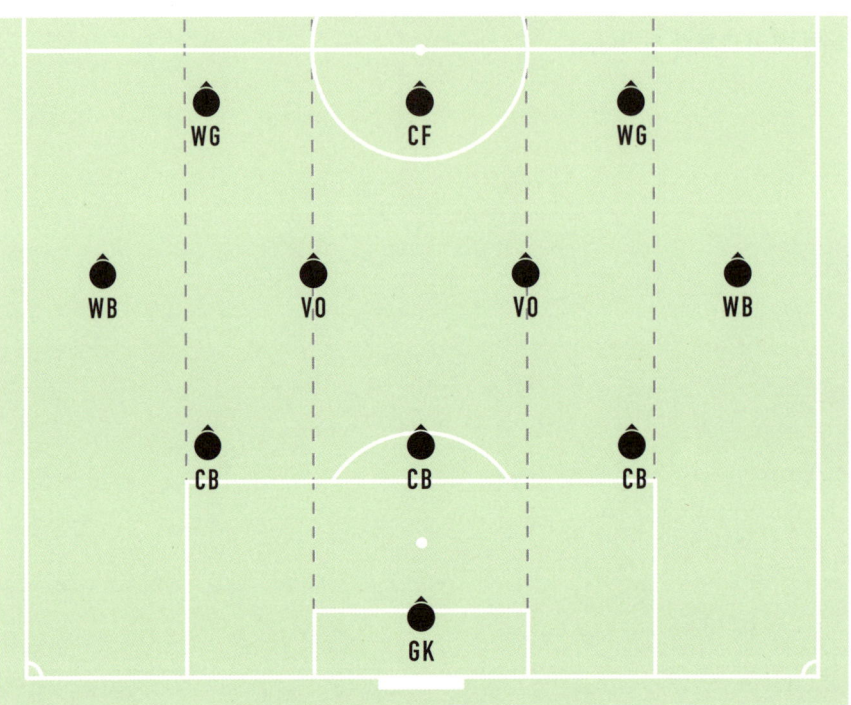

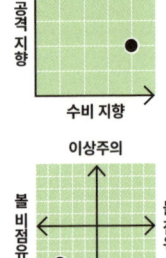

▶ 강점과 약점

강점
- ○ 사이드에 사람이 많다.
- ○ 상대의 투톱을 잘 막아낼 수 있다.
- ○ 물러났을 때 수비가 견고하다.

약점
- × 센터백에게 뛰어난 능력이 요구된다.
- × 쓰리백일 때 양쪽 사이드에 큰 공간이 생긴다.
- × 테크니션이나 판타지스타를 배치하기 어렵다.

▶ 감독

- 알베르토 자케로니 Alberto Zaccheroni
- 지안 피에로 가스페리니 Gian Piero Gasperini
- 토마스 투헬 Thomas Tuchel
- 발테르 마차리 Walter Mazzarri

[3-4-3(플랫)]의 메커니즘

우디네세 대 유벤투스에서 일어난 기적

현대 축구에서 [3-4-3(플랫)] 포메이션이 주목받게 된 계기가 두 번 정도 있다. 첫 번째는 일본 축구와도 인연이 깊은 이탈리아인 알베르토 자케로니의 발명이다. 이 발명은 1996년 당시 세리에A 중견 클럽 우디네세를 이끌던 자케로니가 제왕 유벤투스와의 중요한 경기에 임할 때 우연히 일어난 사건에서 비롯되었다.

경기의 시작부터 파란이 예고되었다. 전반 2분 우디네세의 풀백 레지스 제노Regis Genaux가 레드 카드를 받고 퇴장당한 것이다. 1990년대 당시 세리에A에서는 [4-4-2]가 주류였으며 이 경기도 양쪽 모두 [4-4-2]였다. 이 경우 10명이 된 팀의 감독은 일단 실점하지 않기 위해 수비를 굳히며 투톱 중 하나를 내려보내고 [4-4-1]로 경기하는 경우가 많았다. 1994년 월드컵에서 이탈리아 대표팀을 이끌던 아리고 사키는 선수 한 명이 퇴장당한 경기에서 팀의 에이스인 로베르토 바조를 벤치로 보내 비판을 받은 일이 있었다. 그러나 사키의 입장에서 보면 상식적인 대응을 한 것에 지나지 않으며 실제 경기에서도 의도대로 세트플레이로 빼앗은 금쪽같은 1골을 지켜내면서 1대 0으로 승리했다.

당연히 자케로니도 마찬가지로 포워드를 내려보내고 수비를 강화하는 수단을 취할 것이라고 다들 생각했다. 하물며 상대는 제왕 유벤투스다. 그러나 자케로니의 처지에서는 어려운 선택지이기도 했다. 당시 우디네세에는 투톱인 올리버 비어호프 Oliver Bierhoff와 마르시우 아모로주Marcio Amoroso가 팀의 간판으로 군림하고 있었기 때문이다. 실제로 이 시즌에서도 두 선수가 합계 25득점을 올리는 파괴력을 보여줬으니 퇴장이 나왔다고는 해도 전반 3분 단계에서 둘 중 하나를 벤치로 보내면 팀의 사기에 영향을 미칠 수 있었다. 그래서 자케로니는 풀백이 퇴장한 상태에서 그대로 경기를 진행하기로 결단을 내린다. 이탈리아인치고는 공격 성향이 강했던 자케로니다운 판단이었으며 그 결과로 포메이션은 [3-4-2]가 되었다. 하지만 얼핏 무모해 보였던 자케로니의 결단이 기적을 일으켰다. 우디네세가 나머지 88분 동안 10명으로 경기해서 3대0의 쾌승을 거둔 것이다.

경기에서 대체 무슨 일이 일어난 것일까? 우선 수비에서는 무모해 보였던 쓰리백이 의외로 견고했다. 우디네세는 수비 국면이 되면 양쪽 측면 미드필더를 수비 라인으로 보내서 파이브백을 형성해 사이드의 공간을 메웠다. 중앙은 센터백이 유벤투스의 투톱을 맨마킹해도 1명이 남는 반석 같은 체제다. 한편 공격 국면에서도 쓰리백에는 장점이 있었다. 우디네세의 쓰리백은 수적 우위를 활용해 [4-4-2] 포메이션인 유벤투스의 전방 압박을 벗겨내고, 팀의 자랑인 투톱에게 패스를 연결했다. 투톱인 비어호프와 아모로주는 둘이서도 공격을 완결할 수 있는 데다가 우디네세는 미들 라인과 공격 라인의 선수를 줄이지 않기 때문에 강점인 공격력은 건재했다.

이 경기를 계기로 쓰리백에서 가능성을 발견한 자케로니는 이후 쓰리백을 팀의 기본으로 삼게 된다. 포백에서 1명을 뺀 만큼 전방을 채워서 [3-4-3(플랫)] 포메이션이 정식으로 완성되었다. 자케로니와 우디네세의 승승장구는 여기서부터 시작이었는데, 이 우디네세와 유벤투스의 경기에서 일어난 기적이야말로 [3-4-3(플랫)]의 메커니즘을 단적으로 보여준다고 해도 좋다.

센터백에 요구되는 과중한 책임

[3-4-3(플랫)]의 이점은 일단 무엇보다도 공격 시 양쪽 사이드에 생겨나는 수적 우위다. 공격 라인, 미들 라인, 수비 라인에 모두 사이드를 담당하는 선수가 배치되어 있는 것이 특징이다. 특히 볼을 가진 센터백이 스스로 사이드로 가서 윙백 및 윙과 협력해 총 3명이 사이드 공격을 실시할 수 있다. 일반적으로 [4-4-2]를 비롯한 수많은 포메이션에서는 사이드에 선수가 2명이므로 이러한 우위성은 절대적이다. 그러므로

[3-4-3(플랫)]을 도입한 감독 중 다수가 사이드 공격을 중심에 두는 것은 당연한 귀결이라고 할 수 있다. 그러면서도 수비 시 아군 진영으로 물러날 때는 양쪽 윙백을 수비 라인까지 내려 파이브백을 만들어서 견고한 수비도 확보할 수 있다는 점에서 균형이 잡혀 있다.

이렇게 말하면 활용하기 편한 포메이션이라고 생각할 수 있다. 그러나 축구 역사에서 [3-4-3(플랫)]이 주류 포메이션이 되지 못한 데는 이유가 있다. 바로 센터백에 요구되는 과중한 책임이다. 공격 시 쓰리백으로 볼을 지킨다는 것은 뒤집어 생각하면 볼을 잃었을 때 최후방에 3명밖에 없다는 뜻이다. 경기장의 가로 68m를 3명이 지키는 일은 쉽지 않다. 다시 말해 이 포메이션은 카운터에 약하다. 축구는 유동적인 스포츠이기 때문에 경기 중 빈 공간이 불규칙하게 나타났다가 사라진다. 하지만 쓰리백 시스템에서는 볼을 잃은 순간 거의 반드시 사이드 공간이 빈다. 그러므로 상대는 볼을 빼앗은 순간 '보지 않고도' 그 공간으로 볼을 차면 어느 정도 카운터가 성립된다. 따라서 가능한 한 사고를 치지 않고 착실히 승리를 축적하고자 하는 강팀이라면 약점이 미리부터 드러나 있는 이런 포메이션은 위험하다고 할 수 있다.

또 [3-4-3(플랫)]은 테크니션이나 판타지스타 유형의 선수를 배치하기 어렵다는 측면도 있다. [3-4-3(플랫)]의 공격은 사이드의 수적 우위를 활용해서 볼을 옮기고 마지막에 크로스로 골을 노린다는 정해진 형식을 따르기 쉽기 때문이다. 수비형 미드필더에게는 수비력과 상대에게서 빼앗은 볼을 신속히 사이드로 전개하는 간결한 패스가 필요하다. 윙과 윙백은 크로스를 잘 올려야 한다. 센터포워드는 공중전에서 이겨 크로스를 골로 연결해야 한다. 이처럼 각 포지션의 임무가 명확하다. 어떤 의미로는 선수 개인이 시간을 끌거나 독창성을 발휘할 필요가 없으므로 일반적인 선수들만으로도 체계적으로 공격을 구성할 수 있다는 장점이 있다. 반면 공격이 다소 단조로워지기 쉽다는 단점도 있다. 그렇기 때문인지 자케로니의 우디네세가 약진한 뒤 다른 중견 클럽들이 상위 팀에 도전하기 위한 전략으로 [3-4-3(플랫)]을 기용하는 경우는 있었지만, 이 포메이션이 시대의 주류가 되는 일은 일어나지 않았다.

'5레인'의 대항책이라는 새로운 기능

그러나 요즘 [3-4-3(플랫)] 포메이션이 주목받고 있다. 처음에 말한 두 번의 계기 중 두 번째에 해당하는 '5레인'의 등장 때문이다. 공격하는 측이 5레인을 주축으로 삼으면 수비하는 측도 5레인에 1명씩 배치하는 파이브백으로 대항하고자 하는 것은 지극히 자연스러운 흐름이라고 할 수 있다. 그렇게 되면 수비 시 양쪽 윙백을 내려서 신속히 [5-2-3]으로 변형할 수 있는 [3-4-3(플랫)] 포메이션이 여유가 있다.

나아가 극단적으로 수비를 강화하고자 할 때나, 실력이 명백히 우위인 팀과 경기할 때는 쓰리톱의 양쪽 윙도 내려가 [5-4-1]을 만들 수도 있다. 다만 [5-4-1]이 되면 막상 볼을 빼앗아도 공격이 거의 불가능하므로 수비 일변도가 된다는 사실은 받아들여야 한다. 그래서 [5-4-1]은 전략적으로 도입하는 포메이션이라기보다 상대에 의해 강제로 만들어진 상태라고 하는 것이 현실에 더 가깝다.

이처럼 상황에 따라 조정할 수 있는 [3-4-3(플랫)]이 5레인의 대항책으로 앞으로 유행하게 될지 관심이 간다.

<관전 포인트>

경기에서 확인할 [3-4-3(플랫)]의 포인트

수비 시의 포진

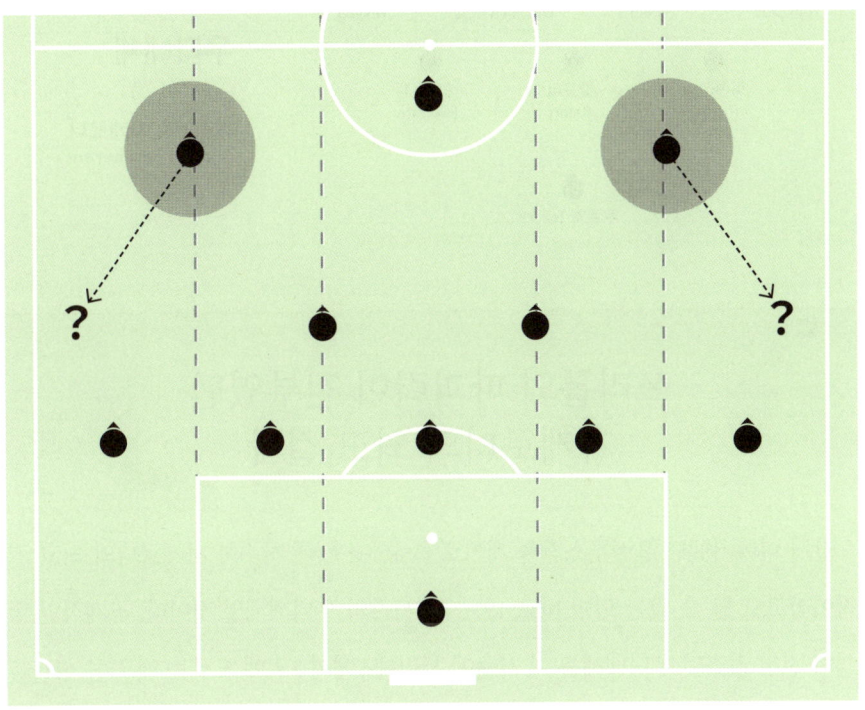

 아군 진영을 수비할 때 [5-2-3]의 형태인지 또는 [5-4-1]까지 선수들을 내려보냈는지를 보면 경기의 우열을 어느 정도 헤아릴 수 있다. [5-4-1]이라면 상당히 막다른 곳에 몰렸다고 생각해도 좋다. 공격할 때는 센터백이 어떻게 움직이는지 본다. 센터백이 볼을 잘 몰고 가지 못하고 공격에 참여하지 않으면 사이드 공격은 윙백과 윙만이 실시하게 되므로 [3-4-3(플랫)]의 이점을 전혀 활용하지 못하는 전개가 될 것이다.

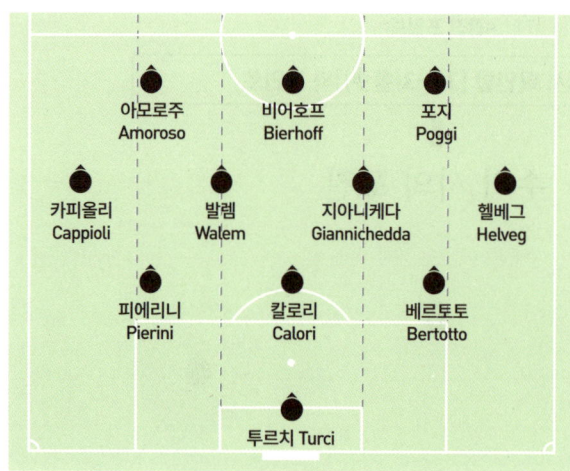

1997-98
우디네세

감독/
알베르토 자케로니
Alberto Zaccheroni

쓰리톱의 파괴력이 전부였던 자케로니의 최고 걸작

앞서 이야기했던 유벤투스전을 계기로 [3-4-3(플랫)]에 착수한 자케로니의 최고 걸작이라고도 할 수 있는 팀이 바로 1997-98 시즌의 우디네세일 것이다. 국제적인 명성이 전혀 없었던 우디네세는 이 시즌에 세리에A에서 3위에 오르는 매우 큰 성과를 보여주었다.

이 팀은 당시 세리에A에서는 드문 전륜구동 팀으로, 좌우지간 전방에 있는 쓰리톱의 파괴력이 전부였고 공격의 형태도 명확하게 확립되어 있었다. 볼을 소유한 쓰리백이 센터포워드인 올리버 비어호프의 머리를 향해 길게 패스하면, 191cm인 비어호프는 공중전 경합에서 거의 항상 이겨 볼을 받는다. 그리고 그렇게 받아낸 볼을 파올로 포지Paolo Poggi와 아모로주라는 두 윙이 주워서 그대로 개인플레이로 마무리까지 하는 패턴을 사용했다. 나아가 이 패턴이 발전된 형태로, 윙이 세컨드 볼을 주운 타이밍에 바깥쪽에서 윙백이 달려오는 경우도 있었다. 이때는 사이드로 전개해서 윙백이 다시 비어호프에게 크로스를 올려주는 패턴이었다.

우디네세와 대전하는 팀은 이 단순한 공격 방식을 알고 있어도 막기가 어려웠다. 당시 세리에A에서는 포백이 주류였기 때문에 수비 라인은 우디네세의 쓰리톱을 견제하는 데 주력할 수밖에 없었고, 사이드에서 가세하는 윙백까지는 도저히 신경 쓸 겨를이 없었다. 이 구조적 우위를 활용해 특히 우측 윙백인 토마스 헬베그Thomas Helveg가 뛰어난 운동량으로 공격해 들어가고, 헬베그의 크로스가 비어호프의 헤딩으로 이어지는 연계 플레이가 형성되었다. 이듬해 감독 자케로니가 밀란으로 이적할 때 헬베그와 비어호프를 함께 밀란으로 데려간 데에서도 이 연계 플레이가 얼마나 강력했는지 알 수 있다.

수비형 미드필더 요한 발렘Johan Walem과 줄리아노 지아니케다Giuliano Giannichedda는 완전히 궂은일 전문인 하드워커였으며 공격에는 거의 가담하지 않았다. 수비 국면에서는 양쪽 윙백이 내려가 [5-2-3]이 되었고, 쓰리톱은 앞에 남아 카운터에 대비했다. 이는 쓰리톱의 득점을 위한 팀 구성이라고 해도 될 정도였다.

그리고 이 시즌에 센터포워드 비어호프는 팀의 활약에 힘입어 득점력마저 폭발하며 세리에A의 득점왕에 등극한다(27득점). 비어호프와 자케로니가 떠난 다음 시즌에 센터포워드가 된 아모로주도 마찬가지로 득점왕에 오르는 폭발력을 보여주었다(33득점). 이는 당시 세리에A에서 [3-4-3(플랫)]의 파괴력이 얼마나 컸는지 엿볼 수 있는 에피소드다.

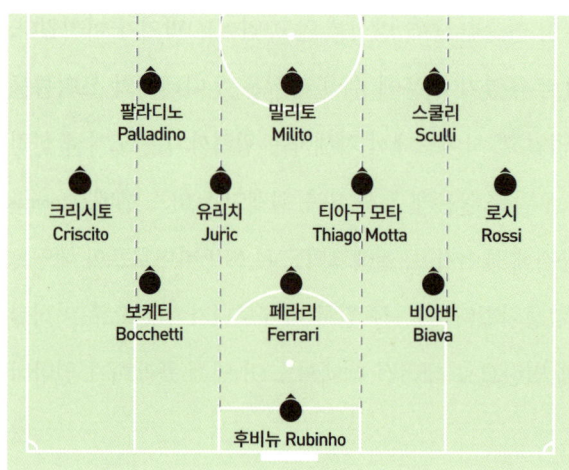
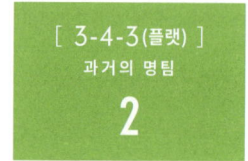

2008-09
제노아

감독/
지안 피에로 가스페리니
Gian Piero Gasperini

중견 클럽의 지혜가 응축된, 사이드의 꽉 찬 공격

　지안 피에로 가스페리니Gian Piero Gasperini 감독이 이끌던 제노아도 중견 클럽의 지혜가 응축된 작품이라고 할 수 있는 팀이었다.

　이 시기 제노아의 가장 큰 특징은 사이드에서 공격하는 선수가 많았다는 것이다. 윙, 윙백, 센터백, 이렇게 3명이 사이드에서 공격한다. 포백이어서 사이드에 2명밖에 없는 상대 팀에 대해 세로로 3대2의 수적 우위를 형성한다는 의도였다. 제노아는 사이드의 3명이 세로로 삼각형을 만들며 로테이션으로 포지션을 이동하는 등의 다채로운 공격으로 자신보다 강한 팀의 사이드를 제압하는 경기를 자주 보여줬다. 그 결과 이 시즌에는 유벤투스, 로마, 밀란이라는 강호를 차례로 격파하는 모습을 보여주며 5위라는 예상 밖의 순위까지 약진했다.

　특히 공격 시 쓰리백의 센터백도 적극적으로 볼을 몰고 가는 전술은 당시로서는 참신했다. 투톱이 지키는 상대 팀은 센터백의 공격을 마크할 인원이 실질적으로 준비되어 있지 않다. 그렇다고 해서 미들 라인이 황급히 앞으로 나오면 빈 공간을 공격

당하고 만다.

가스페리니가 공격 드리블을 연마시킨 센터백 주세페 비아바Giuseppe Biava와 살바토레 보케티Salvatore Bocchetti는 몸값도 올랐다. 나중에 비아바는 라치오로 이적하고, 보케티는 이 해에 이탈리아 대표팀에 데뷔했다. 가스페리니는 수비할 때 파이브백을 만드는 것이 아니라, 쓰리백을 이동시키고 볼과 반대쪽 사이드의 윙백만 수비 라인으로 내려보내 포백을 만드는 메커니즘도 구축했다. 이렇게 해서 수비 시 좌우 이동이 어려운 쓰리백의 약점을 보완한 것이다.

미들 라인에서는 사령탑 티아구 모타Thiago Motta의 가치가 급상승했다. 바르셀로나 유스에서 성장한 테크니션 티아구 모타는 같은 세대에 차비와 이니에스타가 있었던 탓에 바르셀로나에서는 출전 기회를 그다지 얻지 못했다. 그러나 가스페리니의 공격 축구와는 궁합이 아주 좋았다. 티아구 모타의 전개 능력은 제노아의 사이드 공격에 없어서는 안 되는 퍼즐 조각이었다.

그리고 팀의 사이드 공격을 득점으로 연결한 사람은 센터포워드 디에고 밀리토Diego Milito다. 수비 라인과 미들 라인이 볼을 운반하고 사이드를 윙백과 윙이 돌파해 주는 팀이었기 때문에 밀리토가 가장 자신 있는 부분인 골문 앞 플레이에만 집중할 수 있었다는 점도 크게 작용했을 것이다. 이 시즌에 밀리토는 세리에A에서 24득점을 기록해 이브라히모비치의 뒤를 이어 득점 순위 2위가 되었다. 다만 눈에 띄는 성장 때문에 시즌 종료 후 팀의 척추였던 에이스 밀리토와 사령탑 티아구 모타가 이적하고 말았고, 이후 제노아는 침체기를 맞이한다. 한순간 빛났을 뿐이지만 야심 넘치는 지장과 재능 넘치는 선수들이 만난 가스페리니의 제노아는 기억에 남는 팀이다.

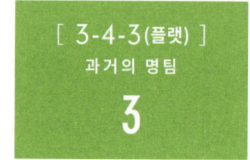

2011-12
나폴리

감독/
발테르 마차리
Walter Mazzarri

상대를 유인한 후 노리는 '3대 테너'의 카운터

발테르 마차리Walter Mazzarri가 이끄는 나폴리는 [3-4-3(플랫)]으로 상대를 몰아붙이는 것이 아니라 상대를 아군 진영으로 유인한 후 카운터를 노리는 희귀한 접근법으로 성공을 거두었다.

이 시즌의 나폴리는 에딘손 카바니Edinson Cavani, 마렉 함식Marek Hamsik, 에세키엘 라베시Ezequiel Lavezzi라는 세계적인 실력자들을 쓰리톱으로 보유하고 있었다. 그러나 수비 라인의 전개력과 미들 라인의 구성은 평범했다. 그렇다고 해서 공격 라인에 장신 포워드가 있는 것도 아니었기 때문에 뒤에서 오는 롱볼을 골로 연결할 수도 없었다. 그래서 다다른 것이 카운터를 통한 기습이다.

나폴리의 쓰리톱은 공간이 있을 때 슛까지 완결할 수 있는 충분한 능력을 갖추고 있었다. 라베시는 전차 같은 드리블로 볼을 50m씩 몰고 가는 추진력이 있었고, 함식은 전방을 향한 상태라면 드리블, 스루패스, 중거리 슛을 모두 훌륭히 해내는 재능을 가졌다. 그리고 센터포워드 카바니는 종횡무진 뛰어다니며 상대 수비 라인 뒷공간으로 침투해 득점을 양산했다. 이 쓰리톱은 당시 '3대 테너'(세계 최고의 성악 트리오였던 루치

아노 파바로티, 플라시도 도밍고, 호세 카레라스를 일컫는 표현. 그만큼 나폴리의 쓰리톱이 위력적인 조화를 이루었음을 의미하는 별명이었다)라고 불릴 정도로 절묘한 화음을 이루었으며 카운터야말로 이 세 선수의 능력을 최대한으로 이끌어내는 전술이었다.

따라서 수비할 때는 상대를 아군 진영으로 바짝 끌어당긴 후 파이브백으로 벽을 쌓고, 7명이 지켜내고 3명이 공격하는 방식으로 공격과 수비의 분업이 이루어졌다. 공격 국면을 카운터로 제한함으로써 최후방 라인과 미들 라인의 전개력 부족을 보완했다고 할 수 있다.

상대가 연구를 통해 쓰리톱에 대한 경계를 강화한 후에는 양쪽 윙백이 공격에 가담해 카운터의 위력을 높이는 전술도 탄생했다. 상대가 쓰리톱을 견제하는 동안, 좌측 윙백 안드레아 도세나Andrea Dossena의 크로스를 우측 윙백 크리스티안 마조Christian Maggio가 바깥쪽에서 골로 연결하는 패턴은 알고도 막을 수 없는 파괴력이 있었다.

실질적으로 사이드 공격은 양쪽 모두 윙백이 담당했는데 하드워커인 마조와 도세나는 90분 동안 쉬지 않고 필드를 오르내리는 운동량을 자랑했다. 쓰리톱과 양쪽 윙백이 공격을 맡는 만큼 쓰리백과 두 수비형 미드필더는 완전히 수비에 치중하며 균형을 잡았기에 팀의 공격과 수비가 모두 탄탄했다. 이런 팀 스타일은 특히 도전자의 입장에서 임하는 챔피언스 리그와 잘 맞았는지도 모른다. 이 시즌에 나폴리는 바이에른 뮌헨과 맨체스터 시티가 있던 '죽음의 조'를 돌파하고 당당히 16강에 진출했다. [3-4-3(플랫)]을 이용한 '3대 테너'의 카운터는 유럽 최고봉의 무대에서도 훌륭한 전력을 보여준 것이다.

참고로 이 팀에서도 이듬해에는 라베시가, 그다음 해에는 카바니가 이적하여 나폴리는 새로운 스타일로 옮겨갔다.

[3-4-3(플랫)] 대전 조합 일람

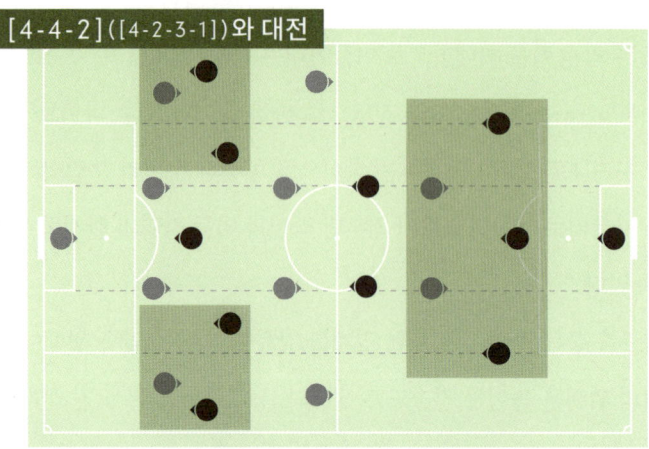

<우위 포지션> 쓰리백 + 윙 + 윙백

[3-4-3(플랫)] (공격 시에는 양쪽 윙백을 올려 [3-2-5]로 변형)이 [4-4-2] ([4-2-3-1])와 맞물릴 때 구조적으로 여유가 있는 '우위 포지션'은 쓰리백, 윙, 윙백이다. 빌드업의 시작점과 종착점에서 수적 우위가 형성되므로 대전할 때 가장 유리한 포메이션이 [4-4-2]라고 해도 과언이 아니다. 필자가 [3-2-5] ([3-4-3(플랫)])이야말로 '포백 죽이기'라는 별명이 어울리는 포메이션이라고 생각하는 가장 큰 이유다.

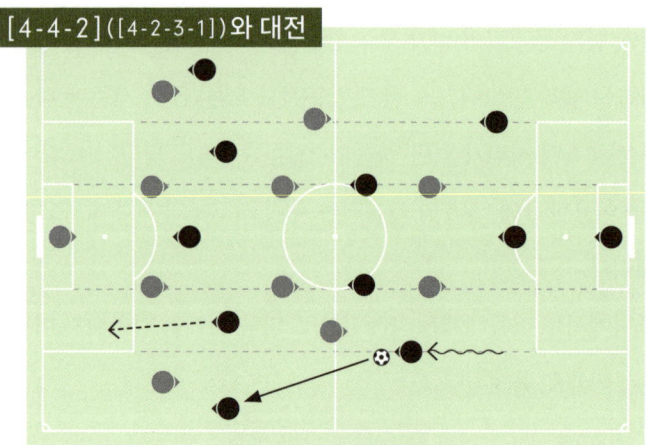

효과적인 공격 루트 ❶

[3-4-3(플랫)]은 쓰리백이 상대 투톱에 대한 수적 우위를 살려 볼을 몰고 가면 미들 라인을 건너뛰고 직접 전방의 윙백에게 패스할 수 있다. 상대의 측면 미드필더는 안쪽으로 좁혀 들어오지 않으면 윙백에게 가는 패스 경로를 차단할 수 없고, 상대의 풀백은 하프스페이스 뒷공간을 노리는 윙을 신경 쓰느라 바깥쪽의 윙백을 견제할 수 없는 구조다. 5레인을 완전히 점유당했을 때 포백이 갖는 취약성을 가장 잘 드러낸다.

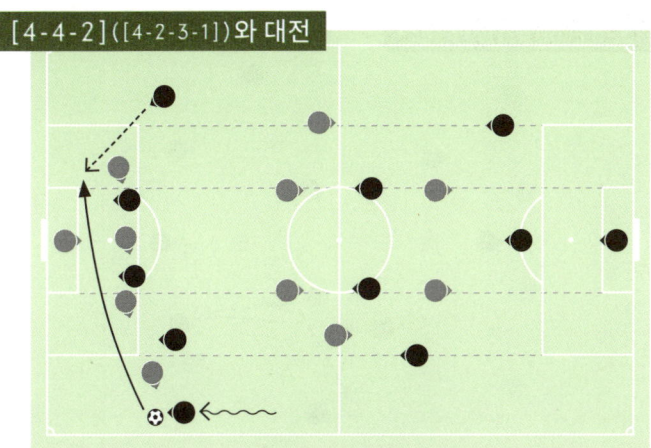

효과적인 공격 루트 ❷

[3-4-3(플랫)]은 윙백의 단순한 얼리 크로스로도 결정적인 기회를 만들 수 있다. 포백인 상대는 가장 바깥쪽에서 침입하는 반대쪽 윙백을 마크하지 못하기 때문이다. 따라서 하프라인 너머를 노리고 윙백이 반대쪽 윙백에게 크로스를 주면 포백을 상대로 큰 위력을 발휘한다.

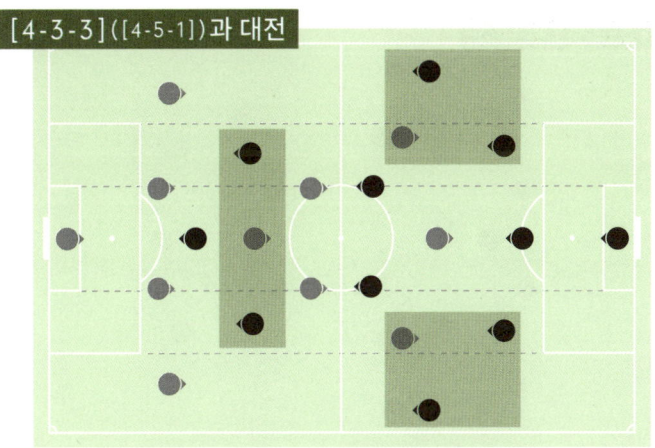

<우위 포지션> 상대 메짤라와 윙에 대한 2대1

[3-4-3(플랫)]이 [4-3-3]([4-5-1])과 맞물릴 때 구조적으로 여유가 있는 '우위 포지션'은 상대 앵커맨 옆에 있는 두 윙과 상대 윙에 대해 2대1 구도를 만들 수 있는 센터백과 윙백이다. [4-3-3]을 상대로 윙백이 이른 단계에 높은 위치를 점유하면 쓰리백이 상대 쓰리톱과 3대3으로 대등해져 압박을 당할 수 있다. 그러므로 윙백이 낮은 위치에 머물며 파이브백과 비슷한 구조를 만드는 것이 기본이다.

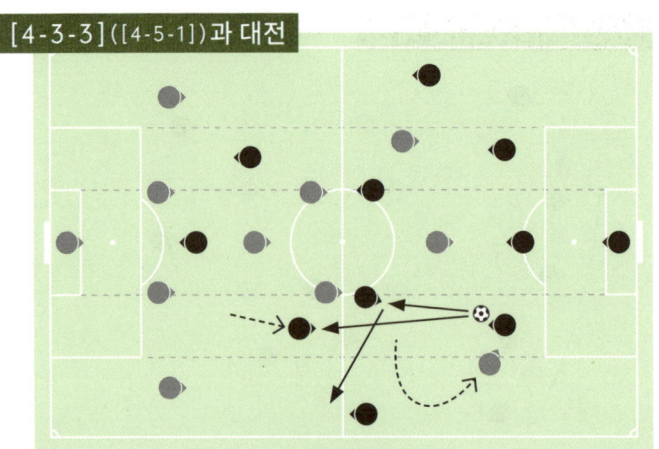

효과적인 공격 루트

상대 윙이 바깥쪽에서 들어오며 쓰리백을 압박할 경우에는 수비형 미드필더를 경유해 바깥쪽 윙백으로 볼을 보내거나, 한 라인을 건너뛰는 종패스로 윙에게 볼을 보내는 루트가 효과적이다. 윙은 상대 센터백 및 앵커맨을 밀고 당기며 붙잡히지 않는 위치를 잡고, 빈틈이 보이면 몸을 돌려 앞을 향하는 것이 이상적이다.

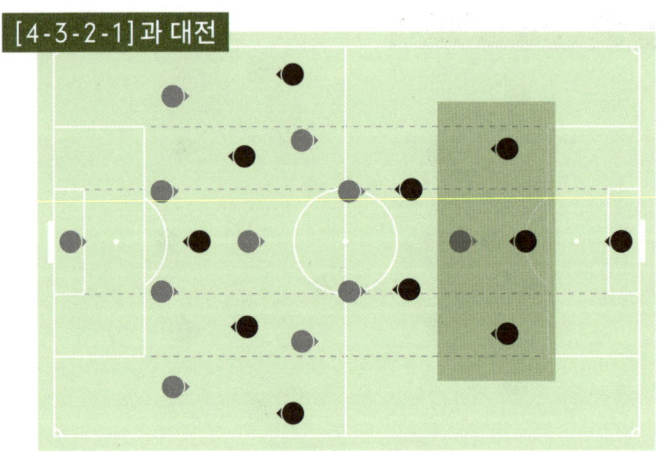

<우위 포지션> 쓰리백

[3-4-3(플랫)]이 [4-3-2-1]과 맞물릴 때 구조적으로 여유가 있는 '우위 포지션'은 쓰리백이다.

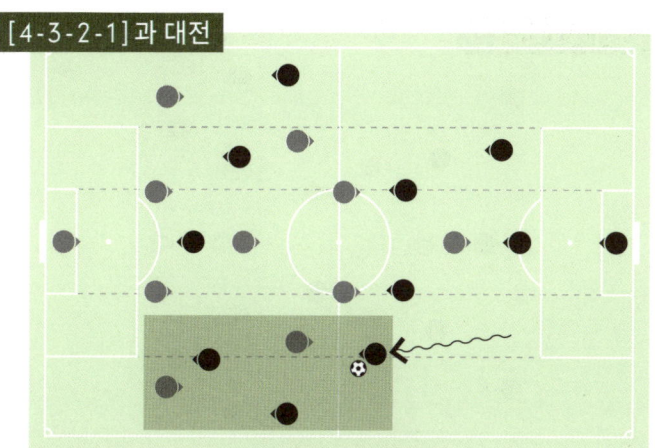

효과적인 공격 루트

센터백이 볼을 옮김으로써 사이드에서 3대2의 수적 우위를 활용하는 구조는 기본적으로 포백을 상대할 때 보편적인 공격 방식이다.

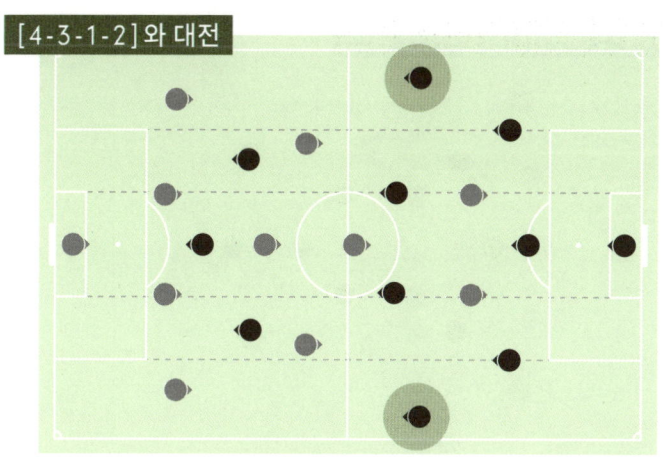

<우위 포지션> 윙백

[3-4-3(플랫)]이 [4-3-1-2]와 맞물릴 때 구조적으로 여유가 있는 '우위 포지션'은 윙백이다.

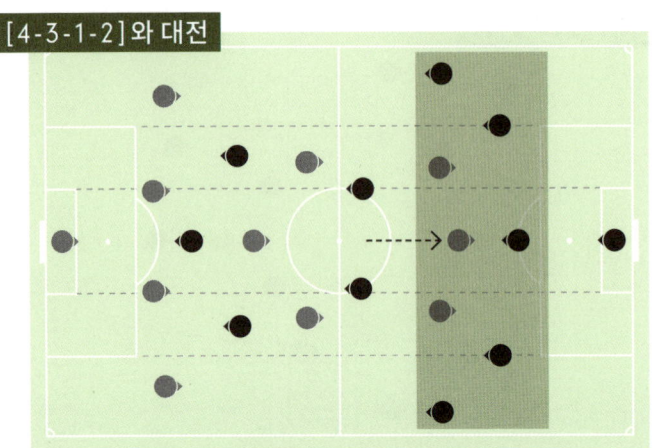

효과적인 공격 루트

[4-3-1-2]는 공격형 미드필더를 올려보내 전방에 3명이 있는 것과 비슷한 형태를 만들어 압박할 것으로 예상된다. 따라서 여기서도 윙백이 불필요하게 이른 단계에 높이 올라가면 위험하다. 아군 진영에서 파이브백을 형성해 5대3의 수적 우위를 만들어 쓰리백에서 바깥쪽으로 나갈 수 있는 패스 경로를 확보한다.

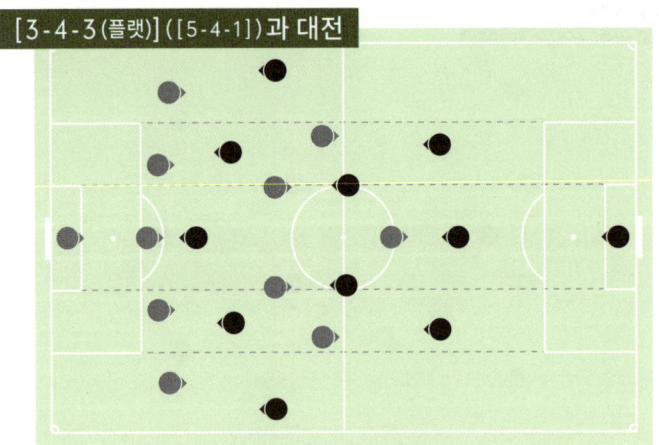

<우위 포지션> 없음

[3-4-3(플랫)]([5-4-1])끼리 맞물릴 때 구조적으로 여유가 있는 '우위 포지션'은 존재하지 않는다. 상대가 물러나서 [5-4-1]을 만들면 1골을 먼저 넣는 쪽이 승리하는 교착된 경기를 각오해야 할 수 있다.

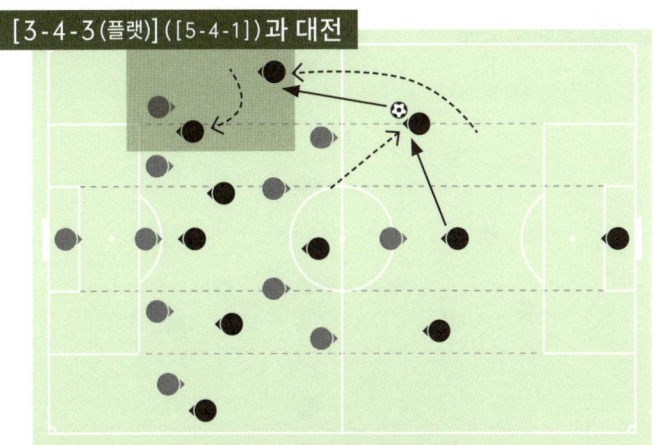

효과적인 공격 루트 ❶

[3-4-3(플랫)]끼리 교착된 상태를 타파하는 데는 과감한 변형도 효과적이다. 예를 들어 센터백을 높이 올려 보내고 수비형 미드필더를 내려보내면 마크에 혼란을 유도할 수 있고, 사이드에서 2대1의 수적 우위를 형성할 수도 있다. 무엇이 됐든 변칙적인 운용이 효과적이라고 할 수 있다.

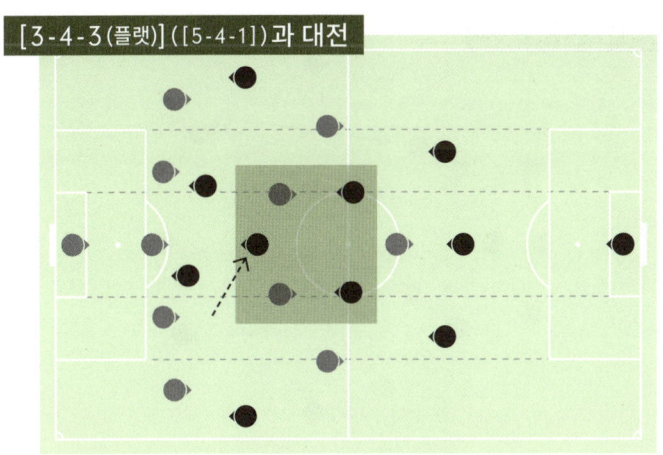

효과적인 공격 루트 ❷

쓰리톱의 삼각형을 역삼각형으로 바꿔 공격형 미드필더를 만드는 것도 재미있는 변형 중 하나이다. 이렇게 하면 미드필드에서 3대2의 수적 우위를 차지할 수 있다.

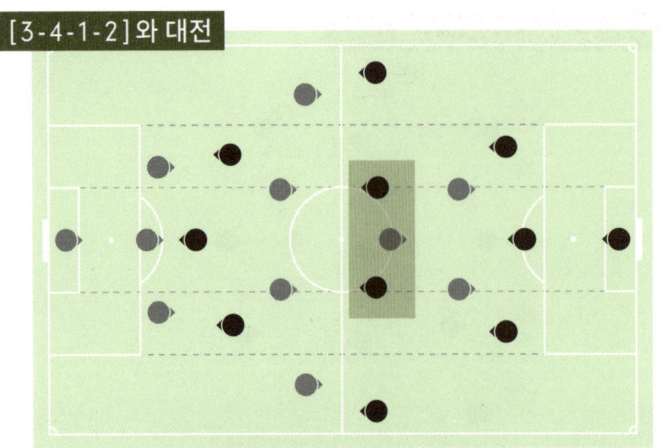

<우위 포지션> 수비형 미드필더

[3-4-3(플랫)]이 [3-4-1-2]와 맞물릴 때 구조적으로 여유가 있는 '우위 포지션'은 수비형 미드필더다.

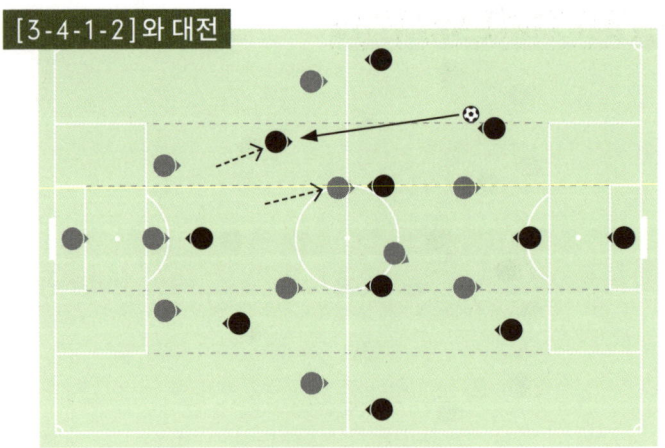

효과적인 공격 루트 ❶

상대의 수비형 미드필더가 아군의 수비형 미드필더를 견제하러 나올 경우에는 위험 지역의 윙에게 여유가 생긴다.

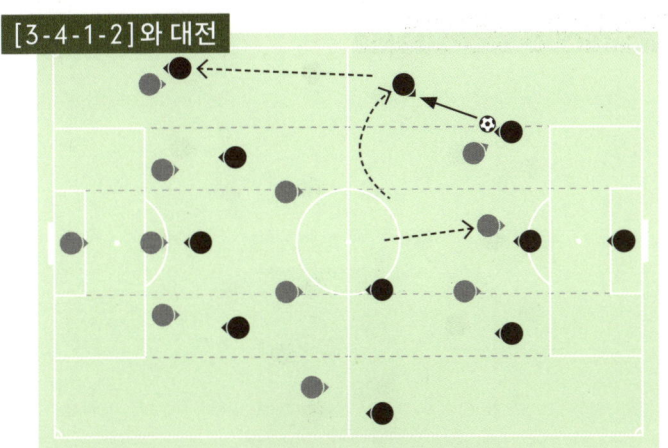

효과적인 공격 루트 ❷

상대가 공격형 미드필더를 올려보내서 3명으로 쓰리백을 견제할 경우에는 수비형 미드필더의 경로가 차단된 상태로 쓰리백이 압박을 받을 수 있다. 그렇게 되면 윙백을 올려보내고 사이드 쪽 빈 공간으로 수비형 미드필더를 보내 볼을 빼돌릴 패스 경로를 확보하는 것이 효과적이다. 사이드로 빠져나간 아군의 수비형 미드필더가 멀리 있기 때문에 상대의 수비형 미드필더는 따라붙기가 어렵다.

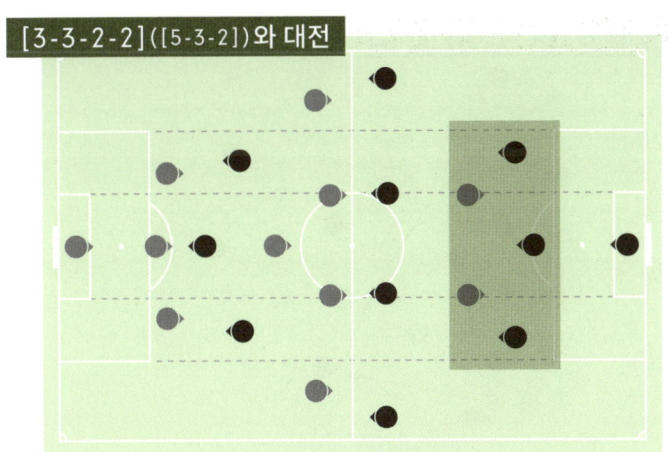

<우위 포지션> 센터백

[3-4-3(플랫)]이 [3-3-2-2]([5-3-2])와 맞물릴 때 구조적으로 여유가 있는 '우위 포지션'은 센터백이다.

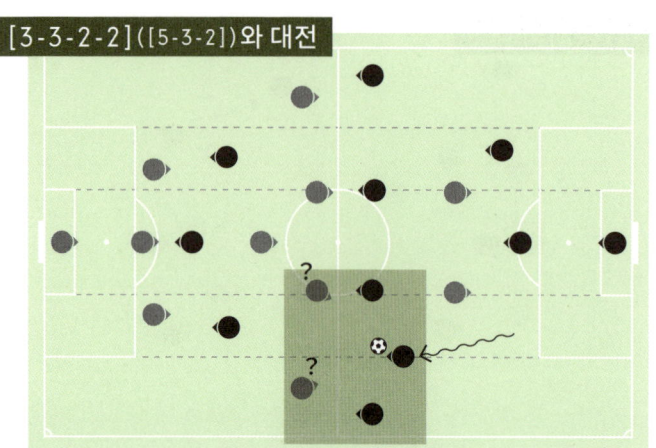

효과적인 공격 루트 ❶

아군의 센터백이 볼을 몰고 나가면 상대는 윙백과 메짤라 중 누가 대응할지 망설이게 된다. 상대 윙백이 나오면 아군의 윙백이 비고, 상대 메짤라가 나오면 아군의 수비형 미드필더가 빈다. 그러므로 센터백은 상대의 대응을 보고 나서 비어 있는 쪽을 활용하면 공격을 쉽게 전개할 수 있다. 물론 센터백이 직접 쓰리톱에게 패스해 3대3의 승부를 만들어도 재미있는 상황이 된다.

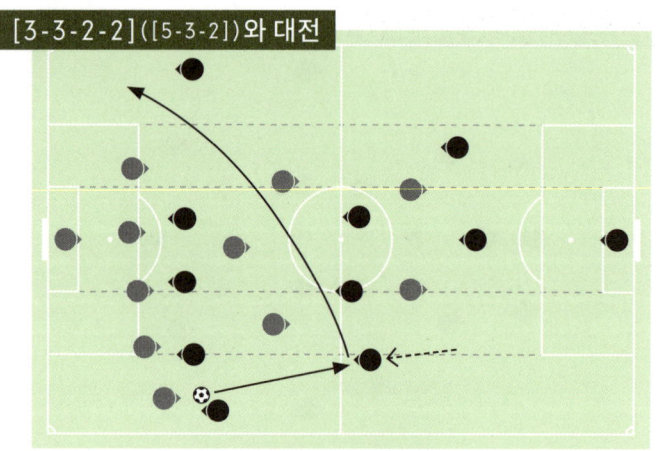

효과적인 공격 루트 ❷

상대의 윙백이 낮은 위치에서 기다리며 [5-3-2]의 구조를 유지하면 적진에서 공격이 막히는 경우가 많다. 이 경우에는 윙백이 올라온 센터백에게 백패스한 후 센터백이 대각선 패스로 사이드 체인지를 통해 옆쪽을 흔들면 상대가 파이브백이라도 아주 효과적이다.

<우위 포지션> 없음

[3-4-3(플랫)]이 [3-4-2-1]([5-2-3])과 맞물릴 때 구조적으로 여유가 있는 '우위 포지션'은 존재하지 않는다. 이 조합은 거의 미러 매치의 양상이 된다. 이 상태에서 [3-4-2-1]의 윙백은 마음껏 앞으로 나오기 때문에 윙백과 윙백이 만날 가능성이 크다.

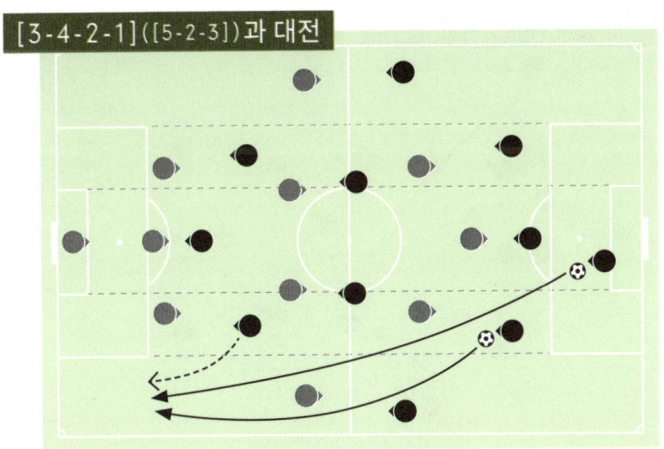

효과적인 공격 루트 ❶

[3-4-3(플랫)]은 3대3이 되어 수적으로 동등해지는 최전선을 노리는 것이 유리하다. 상대 윙백이 높이 올라와서 아군의 윙백을 상대할 경우에는 골키퍼나 센터백이 직접 상대의 윙백 뒤쪽 사이드 공간으로 볼을 보내고, 아군의 윙이 달려들어가 볼을 받는다. 이것이 가장 단순하게 적진으로 침입할 수 있는 루트다.

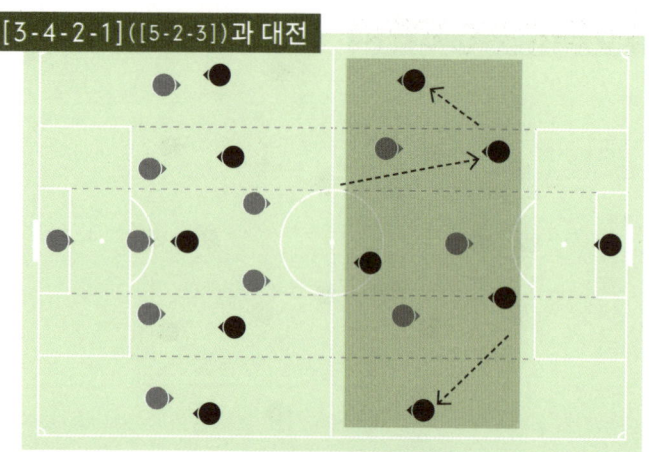

효과적인 공격 루트 ❷

상대의 전방 압박을 완화하기 위해 포백으로 변형하는 것도 효과적인 방법이다. 수비형 미드필더 하나를 뒤로 보내 [4-1-5]와 비슷하게 만들면 아군 진영에서 5대3의 수적 우위를 형성할 수 있다.

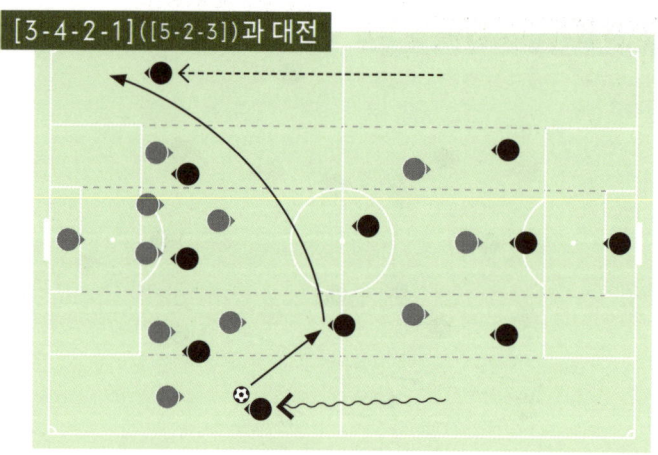

효과적인 공격 루트 ❸

만약 상대 윙백이 낮은 위치에서 기다리며 파이브백을 유지할 경우에는 아군의 윙백이 비교적 자유로우므로 드리블을 해서 나아갈 수 있지만, 적진에 들어간 단계에서는 결국 막히는 경우가 많다. 그때는 수비형 미드필더를 경유해 곧바로 반대쪽 사이드로 볼을 넘기면 효과적이다. 아무리 파이브백이라도 반대쪽 사이드의 윙백에게 달려갈 시간은 부족하다.

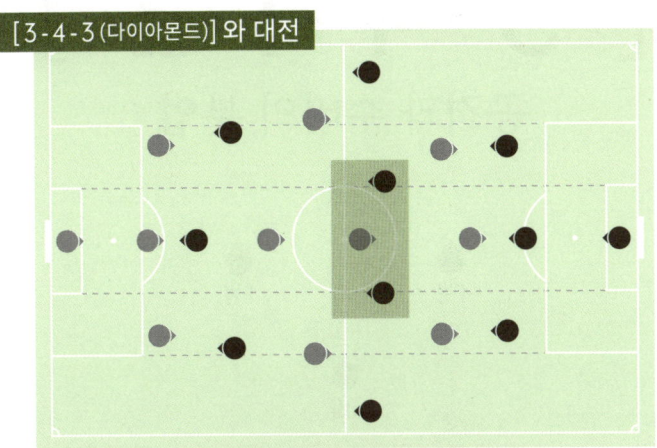

<우위 포지션> 수비형 미드필더

[3-4-3(플랫)]이 [3-4-3(다이아몬드)]와 맞물릴 때 구조적으로 여유가 있는 '우위 포지션'은 수비형 미드필더다. 그러나 쓰리백이 쓰리톱에게 압박을 당하므로 매우 어려운 조합이다.

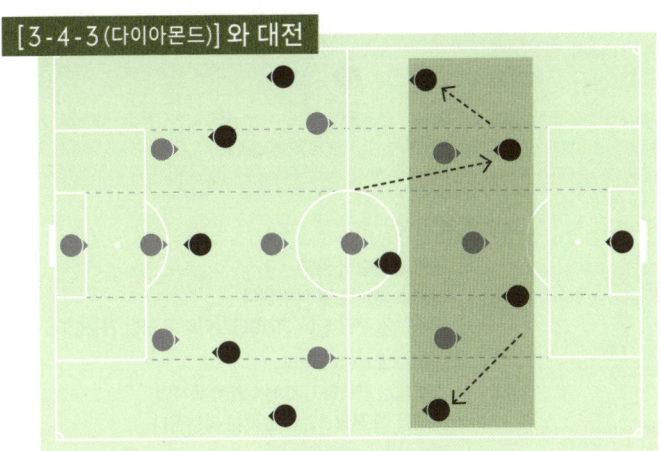

효과적인 공격 루트

따라서 [3-4-3(다이아몬드)]를 상대할 경우에는 수비형 미드필더 하나를 내려보내 포백으로 변형하는 것이 가장 무난하게 뒤쪽의 리스크를 해소하는 방법이다.

Formation / 3backs

[3-4-1-2]

공격과 수비의 분업

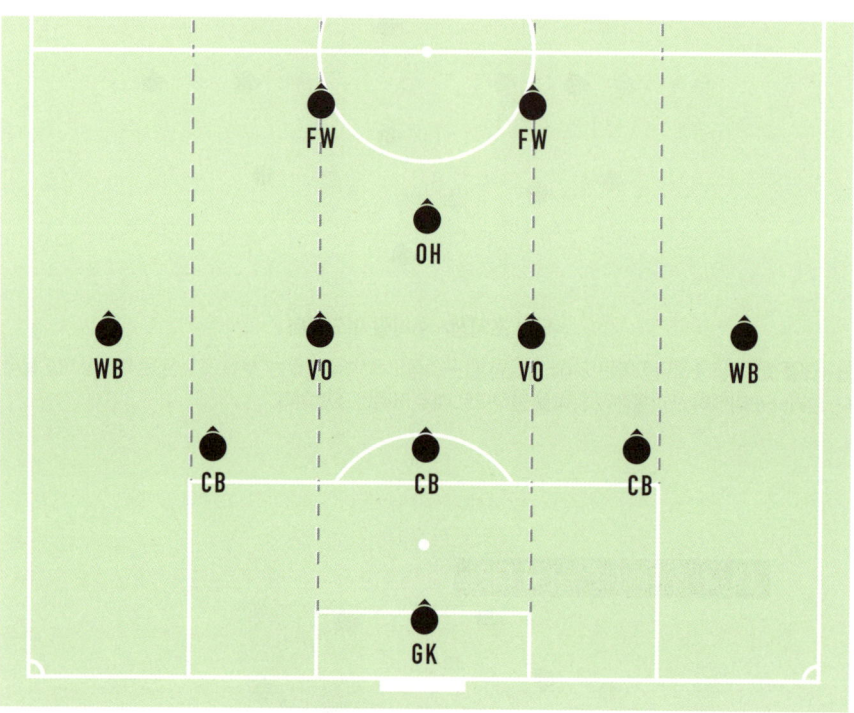

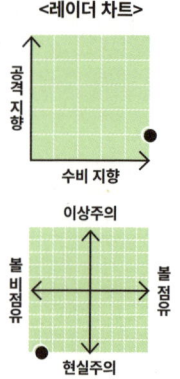

▶ 강점과 약점

강점
- ○ 중앙에 사람이 많다.
- ○ 크로스 공격을 잘 막아낸다.
- ○ 단시간에 꾸린 팀(국가대표팀)이라도 금방 기능한다.

약점
- × 사이드에 사람이 적다.
- × 반복해서 공격하기에 선수가 부족하다.
- × 공격할 때 전방 3명의 능력에 의존한다.

▶ 감독

- 루이스 펠리페 스콜라리 Luiz Felipe Scolari
- 디노 조프 Dino Zoff
- 필립 트루시에 Philippe Troussier

[3-4-1-2]의 메커니즘

7명이 수비하고 3명이 공격하는 축구

[3-4-1-2] 포메이션은 극단적으로 말하면 '7명이 수비하고 3명이 공격하는 축구'를 위한 시스템이라고 해도 될 정도다. 필자가 그렇게 확신할 만큼 이 포메이션으로 성공한 팀은 예외 없이 전부 공격과 수비의 분업을 실시했다.

2002년 월드컵에서 우승한 브라질 대표팀의 '3R'은 그 상징적인 예다. 브라질의 공격은 호나우두Ronaldo, 히바우두, 호나우지뉴Ronaldinho가 거의 완결했다. 수비할 때는 양쪽 윙백을 내려보내 파이브백을 만들고, 두 수비형 미드필더를 더해 7명이 뒤쪽을 확실하게 지켰다. 팀의 균형은 어디까지나 수비에 치우쳐 있다. 공격은 카운터가 중심이므로 투톱에 공격형 미드필더를 더한 3명의 재능과 양쪽 윙백의 운동량이 좌우한다.

최후방 라인의 3명은 수비 스페셜리스트, 셋째 라인의 4명은 하드워커, 공격형 미드필더 1명은 혼자서도 경기에 변화를 줄 수 있는 판타지스타, 전방의 2명은 골 결정력을 갖춘 스페셜리스트로 구성하는 것이 정석이다. 개개인의 역할이 매우 명확해서 재능이 있는 선수만 갖춰지면 단기간에 팀을 구축하는 일이 가능하다. 국가대표팀에 적합한 포메이션이라고도 할 수 있겠다.

일본 대표팀과도 인연이 깊은 포메이션이다. 오카다 다케시 감독이 이끌던 1998년 월드컵 대표팀, 필립 트루시에Philippe Troussier 감독이 이끌던 2002년 월드컵 대표팀도 이 [3-4-1-2]였다. '1'에 해당하는 공격형 미드필더는 모두 나카타 히데토시라는 불세출의 선수였다. 나카타의 존재가 두 팀의 포메이션을 최종적으로 결정했다고 해도 과언이 아닐 것이다. 특히 1998년 월드컵 출전권을 위한 일본 대표팀의 경기 방식은 이 포메이션의 특징을 단적으로 보여준다.

강국 및 빅클럽과 잘 맞는 포메이션

처음에 일본 대표팀은 [4-4-2]로 전원 공격, 전원 수비의 조직적인 축구를 추구하며 팀을 짰다. 그러나 최종예선 1년 전에 아시안컵에서 중동 국가들의 카운터에 당해 참패를 맛봤다. 포백 구조에서는 개인 기량이 뛰어난 중동의 투톱을 2명의 센터백으로 견제해야 했다. 이것을 리스크라고 판단한 가모 슈 감독은 쓰리백 전환을 도모했다. [4-4-2]의 미들 라인에서 1명을 최후방 라인으로 보내 [3-4-1-2]를 만든 것이다. 확실히 쓰리백은 상대 투톱을 맨마킹하는 동시에 중앙의 센터백이 커버링 인력으로 남아 중앙 수비가 견고했다. 그러나 [4-4-2]로 세 라인을 치밀하게 유지하는 조직 축구에서 7명이 수비하고 3명이 공격하는 분업 축구로 전환할 때, 특히 선수 개인의 능력이 낮은 일본 대표팀의 공격력이 저하될 것은 불 보듯 뻔했다. 아시아 예선은 어렵게 돌파했지만, 중요한 월드컵 본선에서 3경기 1득점을 기록했고 이것은 예상된 결과라고 할 수 있다.

다만 일본에서는 '공격과 수비의 분업'이라고 하면 나쁜 이미지가 생기기 쉬운데 세계로 눈을 돌려 보면 그렇게 단언할 수는 없다. 공격과 수비에서 각자 능력이 뛰어난 스페셜리스트를 보유한 강국의 대표팀, 그리고 당장 결과가 필요한 빅클럽과는 오히려 궁합이 잘 맞는 면도 있다. 각 포지션이 자신 있는 방식으로 경기하면 그 결과로 팀 전체가 높은 성적을 낼 수 있기 때문이다.

'우승 청부사'라는 별명이 있는 파비오 카펠로가 부임한 지 불과 2년째에 로마를 18시즌만의 세리에A 우승으로 이끈 것이 하나의 예다. 당시 로마에는 프란체스코 토티, 가브리엘 바티스투타Gabriel Batistuta, 나카타 히데토시, 카푸 등 뛰어난 선수들이 모여 있었기 때문에 공격은 소수 선수의 카운터로도 충분히 기능했다. 카펠로 부임하기 전의 로마는 공격은 박진감 있지만 실점도 많은 스타일로, 매력 있는 팀이기는 했지만 우승과는 인연이 없었다. 카펠로는 우선 팀의 아킬레스건이었던 후방 수비를 굳힐 필요가 있고, 공격력은 카운터로도 충분하다고 생각했다. 무턱대고 모든 선수가 공격하러 나가는 축구에서 스페셜리스트들이 각자 맡은 일을 하는 분업 축구로 전환한 것이다. [3-4-1-2]는 로마의 아킬레스건을 보강하고 공격 라인의 뛰어난 선수들을 활용하는 시스템으로 훌륭히 기능했다.

공격과 수비의 확장성이 낮은 데서 나오는 한계

[3-4-1-2]의 메커니즘은 전방의 3명이 공격에 주력하고, 상대를 끌어들여서 카운터를 노리기 위해 수비는 자연스럽게 후퇴에 치중한다. 투톱과 공격형 미드필더는 상대의 경로를 최대한 제한해서 수비수가 할 일을 줄여 주고, 뒤쪽의 7명은 골문 앞에 견고한 블록을 형성한다. 상대가 포백일 경우에는 풀백이 마음대로 드리블을 해서 아군 진영으로 들어오게 되는데, 이것을 오히려 유인해서 볼을 빼앗은 순간 상대 풀백 뒤쪽 공간을 전방의 3명이 활용하는 구조다.

전방의 3명이 수비에 가담하지 않는 만큼 수비형 미드필더 자리에는 혼자서 볼을 빼앗을 수 있는 수비력 높은 선수가 필요하다. 또한 양쪽 윙백이 물러나 파이브백을 만들면 미들 라인의 사이드는 사람이 부족해지므로 얕은 위치에서의 얼리 크로스를 허용하는 과감한 수비가 된다. 따라서 중앙에는 강력한 쓰리백을 두는 것이 바람직하다. 상대가 크로스를 차도록 해서 볼을 중앙으로 유도한 후 공격형 미드필더에게 넘겨 카운터를 노리는 것은 [3-4-1-2]의 황금 패턴 중 하나다.

다만 필자의 개인적인 견해로는 이 [3-4-1-2] 포메이션으로 계속 승리하는 팀을 만드는 일은 매우 어렵다. 공격과 수비의 확장성이 낮고, 카운터에 의존하는 공격은 언젠가 한계에 다다른다고 보기 때문이다. 현대 축구에서는 3명으로 공격하기 어려운 팀과 7명으로 수비해낼 수 없는 팀을 언젠가 만날 수밖에 없다. 그러므로 월드컵과 같은 단기 대회 또는 앞에서 언급한 로마와 같은 한 시즌의 우승은 가능해도 이 포메이션으로 황금기를 구가한 팀은 그다지 떠오르지 않는다.

나아가 현대 축구는 공격형 미드필더라는 포지션 자체가 쇠퇴하고 점점 전원 공격

전원 수비라는 조직적 전술을 향해 진화하고 있다. [3-4-1-2]는 분업 축구와 궁합이 너무 잘 맞기 때문인지 이 포메이션을 도입하는 팀 자체를 거의 찾아볼 수 없게 되었다. 앞으로 [3-4-1-2]가 다시 주목을 받는 것은 [3-4-1-2]를 이용한 전원 축구와 같은 새로운 발상이 등장할 때가 아닐까.

<관전 포인트>

경기에서 확인할 [3-4-1-2]의 포인트

전방 3명의 카운터

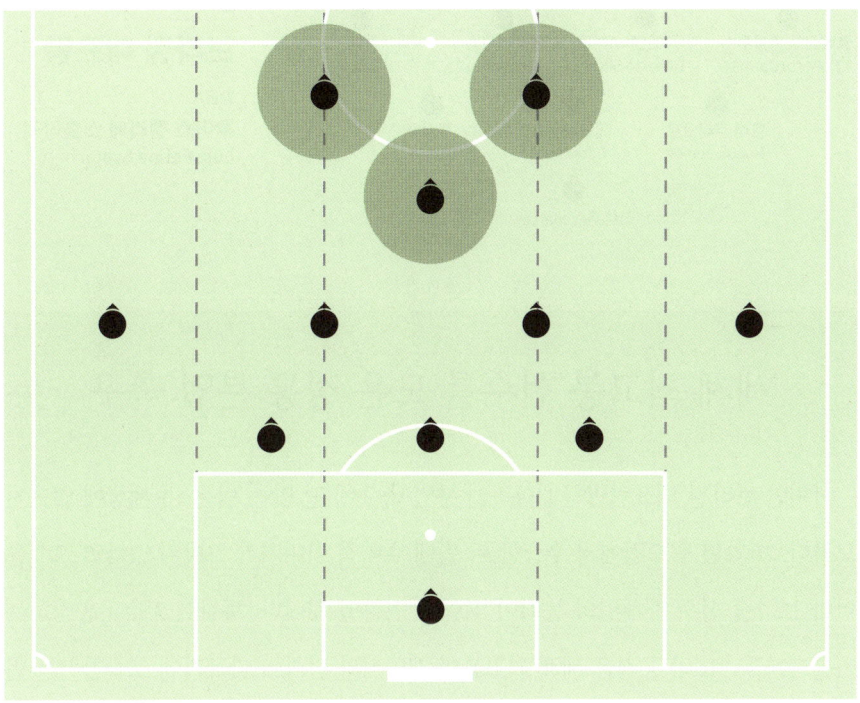

　각 포지션에 있는 스페셜리스트 개개인의 능력이 우선 중요하다. 특히 전방의 3명이 상대 골문을 위협하는 카운터를 반복할 수 있는지 반드시 확인해야 한다. 그렇지 못하다면 공격과 수비의 분업이라기보다 뒤쪽의 7명이 열심히 수비할 뿐인 경기가 되고 만다. 윙백이 공격에 어느 정도 참여할 수 있는지도 중요하다. 윙백이 모두 뒤에 남아있다면 공격이 퍼져나갈 수 없다. 많은 운동량이 요구되는 포지션이기는 하지만, 적시에 공격에 가담할 수 있는 윙백의 존재는 팀의 퍼포먼스에 큰 영향을 미칠 것이다.

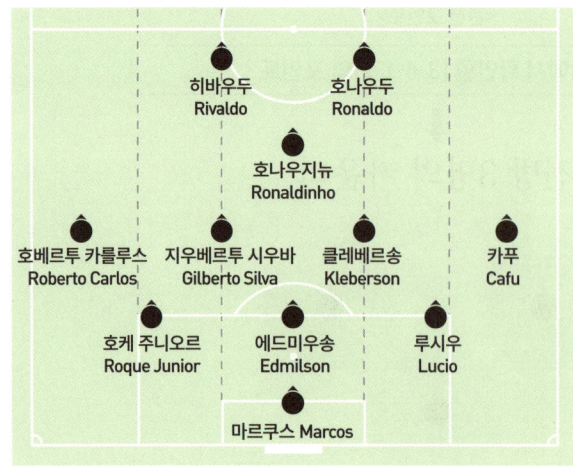

[3-4-1-2]
과거의 명팀
1

2002
브라질 대표팀

감독/
루이스 펠리페 스콜라리
Luiz Felipe Scolari

세계 최고봉 선수를 모은 정통 분업 축구

어쩌면 브라질 대표팀만큼 [3-4-1-2] 분업 축구에 딱 맞는 팀은 이 세상에 없을지 모른다. 2002년 월드컵에서 우승한 이 팀에 수비적 이미지가 그다지 없다면 그것은 아마 브라질 선수 개개인의 능력이 뛰어난 덕분일 것이다. 똑같이 3명이 공격하는 카운터라도 '3R'의 공격은 세계 최고봉의 개인기와 감각이 따르기에 호화찬란한 인상을 받는다고 해도 이상한 일이 아니다.

특히 잉글랜드전에서 보여준 호나우지뉴의 40m 드리블과 환상적인 발재간에서 나온 패스를 히바우두가 받아 골을 넣는 장면은 그저 스펙터클하다고 말할 수밖에 없었다. 게다가 양쪽 윙백에는 상식을 벗어난 운동량과 공격력을 겸비한, 마찬가지로 세계 최고봉의 재능을 갖춘 호베르투 카를루스Roberto Carlos와 카푸가 있었다. '공격적'이라는 착각마저 들어도 이상하지 않은 팀 구성이었다.

그런데 사실 이 팀의 출범 때는 순풍이 불지 않았다. 남미 예선을 3위로 간신히 통과했다는 점만 봐도 명확하다. 1위로 올라온 숙적 아르헨티나와 승점 차가 13점이나 되는 굴욕적인 결과였으며 한때는 예선 탈락의 위기마저 있었을 정도다. 그러나 루이스 펠리페 스콜라리Luiz Felipe Scolari 감독은 냉철하게 팀을 관찰했다. 예전부터 브라질인으로서는 드물게 수비적이면서 현실적인 축구로 성과를 남겨 왔던 스콜라리는 이 팀의 수비가 약하다는 사실을 간파했다. 그렇기에 브라질 전통의 [4-4-2]를 버리고 미련 없이 쓰리백을 도입한다는 결단을 내렸을 것이다.

물론 공격적이고 스펙터클한 축구를 원하는 브라질 국민들은 '너무 수비적'이라고 비판했지만 스콜라리는 그런 비판에는 익숙했다. 실제로 이 [3-4-1-2] 포메이션은 브라질 선수들의 특색과 잘 어울렸다. 특히 센터백 포지션의 선수들은 브라질 선수답게 공중전에 강하고 튼튼하지만 하나같이 속도가 부족했는데, 쓰리백이 된 후로는 상대의 투톱을 맨마킹으로 찍어 누르면서 중앙의 센터백이 커버링할 수 있게 되었기 때문에 속도가 약점이 되는 상황이 크게 줄었다.

그리고 센터백이면서도 추진력이 넘치는 드리블을 보여주던 루시우Lucio, 롱패스를 잘 차는 에드미우송Edmilson도 살릴 수 있었기에 일석이조였다. 수비형 미드필더도 궂은일 전문인 장인 유형의 지우베르투 시우바Gilberto Silva와 조세 클레베르송Jose Kleberson이라는 조합이 참 스콜라리다웠다. 이 두 선수가 팀의 균형을 책임진 덕분에 '3R'은 공격에 전념할 수 있었다. 앞에서 언급한 잉글랜드전의 골이 카운터의 기점이 된 것도 클레베르송의 가로채기였다. 브라질의 미드필더에는 공격적이고 기술적인 주니뉴 파울리스타Juninho paulista도 있었지만, 이 대회에서는 중용되지 않았다.

양쪽 윙백인 호베르투 카를루스와 카푸도 포백의 풀백일 때는 자주 구멍이 될 수 있는 공격적인 수비수였지만, 쓰리백에서는 마음껏 공격에 나설 수 있었다. 그리고 3R인 호나우지뉴, 호나우두, 히바우두는 공격에 전념하며 카운터에서 공간을 확보하면 무적의 유닛이 됐다. 그야말로 모든 포지션에 초일류 인재가 배치된 브라질은 세계 최고봉의 분업 축구로 월드컵 우승을 거머쥐었다. 여담이지만 예선 기간에 그렇게나 스콜라리의 축구를 비판했던 브라질 국민들은 우승 후 '미안해요, 펠리팡(스콜라리의 별명으로 '펠리페 어르신'이라는 뜻)'이라는 현수막을 내걸었다고 한다.

[3-4-1-2]
과거의 명팀
2

2000-01
로마

감독/
파비오 카펠로
Fabio Capello

스콜라리의 브라질 대표팀과 매우 닮은 팀 구조

파비오 카펠로가 부임한 지 2년째가 되었을 때 로마는 18시즌 만에 그토록 염원하던 세리에A 우승을 달성했다. 이 팀의 구조는 스콜라리의 브라질 대표팀과 흡사한데, 그 정도로 당시 [3-4-1-2]의 형식은 완성되어 있었던 것인지도 모른다.

그전까지 로마는 세리에A에서는 보기 드물게 공격력을 내세운 축구를 하면서 그만큼 실점도 많은 스타일의 팀이었다. 1980년대 초에는 황금기를 맞이해서 브라질 대표팀 미드필더 팔카웅Falcao과 본토박이 드리블러 브루노 콘티Bruno Conti를 내세운 팀 구성으로 1982-83 시즌 세리에A 우승에 빛났다. 그러나 그 화려한 축구가 너무 눈부셨던 탓에 전성기의 스타일에서 벗어나지 못했다고 볼 수도 있을 것이다. 실제로 1982년 시즌 이후로 로마는 우승에서 멀어졌다.

로마가 절실히 원하던 우승을 위해 초빙한 감독은 바로 '우승 청부사' 카펠로였다. 카펠로는 로마가 다시 한번 우승하기 위해 공격력을 약화하지 않으면서 실점을 줄이는 일을 지상과제로 내걸었다. 우선 실점으로 직결되는 아군 진영의 중앙 에어리어를 견고한 쓰리백과 수비형 미드필더로 굳혔다. 참고로 수비형 미드필더 에메르송은 원래 브라질 대표팀의 주장으로 카푸와 함께 2002년 월드컵에 나갈 계획이었으나 대회 직전 부상으로 이탈했다. 당시 브라질 대표팀의 중심이 2명이나 로마에 있었으니 브라질 대표팀과 로마의 경기 방식이 비슷했던 것도 이해가 된다.

결과적으로 지난 해에 49점이었던 총 실점은 카펠로의 부임 첫해 34점으로 줄었다. 그런데 지난 해에 69점이었던 총 득점도 57점으로 줄고 말았다. 두 번째 시즌에서 카펠로가 해결해야 할 과제는 명확했다. 바로 공격의 보강이었다. 그래서 시즌 도중에는 공격형 미드필더이면서도 지난 해에 두 자릿수 득점을 올린 나카타를 페루자에서 데려왔고, 시즌 종료 후에는 세리에A 굴지의 득점력을 자랑하는 바티스투타를 손에 넣었다.

그렇게 맞이한 새로운 시즌의 특징은 윙백의 운동량과 두 공격형 미드필더의 역할 분담이었다. 중앙을 5명이 굳히는 만큼 양쪽 사이드의 윙백은 공격이 들어오면 뛰어나가 카운터를 보충하는 역할을 맡았다. 특히 선수로서 전성기를 맞이한 카푸는 남다른 운동량으로 마치 사이드에 선수가 2명인 듯한 착각마저 불러일으키는 퍼포먼스를 보여주었다.

그리고 카운터 공격의 성공률을 높이는 재능 있는 공격형 미드필더들이 있었다. 당시 시장에 나온 젊은 선수였던 토티와 나카타는 서로 다른 개성이 있으면서도 우열을 가리기 어려운 실력자였다. 토티는 아무것도 아닌 롱볼을 단숨에 득점 기회로 바꾸는 원터치 스루패스 기술과 강력한 중거리 슛으로 스스로 골을 넣는 득점력을 갖추고 있었다. 한편 나카타는 카운터 시 강력한 피지컬을 활용한 추진력 있는 드리블, 그리고 양쪽 사이드로 흩어지는 전개 능력이 뛰어났다.

카펠로는 몸 상태와 상대 팀에 따라 두 선수를 적절히 나누어 쓰며 경쟁을 시킴으로써 매니지먼트에 성공했다. 특히 우승을 결정한 유벤투스와의 한판 승부에서는 0대2로 밀리던 후반에 공간이 비어 열린 흐름이 되었다고 판단하자마자 주저 없이 토티를 나카타로 교체했다. 계획은 멋지게 적중했고 결과적으로 나카타는 두 골에 크게 기여하며 경기를 동점으로 이끌었다.

바티스투타도 20득점을 올리며 활약한 이 시즌에 로마는 33실점으로 지난 해의 수비력을 유지하면서, 68득점으로 기존의 공격력을 부활시켜 당당하게 우승을 획득했다.

[3-4-1-2]
과거의 명팀
3

1998-99
파르마

감독/
알베르토 말레사니
Alberto Malesani

소도시 클럽이라는 위치에서 나온 겸허한 수비

이 시즌 파르마는 [3-4-1-2]이면서 전방의 3명이 아니라 뒤쪽의 쓰리백이 주역인 보기 드문 구조로 성공했다.

물론 전방의 3명도 우수한 선수였지만 쓰리백과 골키퍼는 거의 반칙 수준이었다. 골문에는 이후 세계 최고의 골키퍼가 되는 젊은 날의 잔루이지 부폰Gianluigi Buffon이 있었다. 쓰리백은 프랑스 대표팀을 확실하게 지키는 릴리앙 튀람Lilian Thuram, 대인전과 공중전에서 무적인 파비오 칸나바로Fabio Cannavaro를 아르헨티나 대표팀의 베테랑 로베르토 센시니Roberto Sensini가 통솔하는 엄청난 구성이었다.

이후에 튀람과 부폰은 당시 수비수와 골키퍼의 이적료로서는 파격적인 금액에 유벤투스로 이적했고, 칸나바로는 훗날 레알 마드리드로 이적했다. 이를 보면 당시 세계적인 실력자들이 이 시즌 파르마에 모여 있었음을 알 수 있다.

윙백에는 측면 미드필더가 본업인 공격형 선수 디에고 푸세르Diego Fuser를 우측에 두었고, 풀백이 본업인 수비형 선수 안토니오 베나리보Antonio Benarrivo를 좌측에 두었다. 좌우 비대칭 배치로 팀 전체의 균형을 잡는다는 발상은 가히 이탈리아인답다. 이

것도 알베르토 말레사니Alberto Malesani 감독의 수완일 것이다. 후방을 맡은 쓰리백이 너무나도 강력해서 윙백이 등 뒤를 신경 쓰지 않고 과감하게 앞으로 나갈 수 있었던 것도 이점으로 작용했다.

당시의 파르마가 그 후 등장한 수많은 [3-4-1-2]와 달랐던 점은 공격형 미드필더와 투톱에게도 수비를 시켰다는 것이다. 후안 세바스티안 베론Juan Sebastian Veron은 공격형 미드필더보다는 수비형 미드필더가 본업이었기 때문에 미들 라인의 힘든 임무도 무난하게 소화할 수 있는 운동량을 보유하고 있었다. 또 동시에 긴 패스와 짧은 패스로 공격도 지휘했다. 투톱인 에르난 크레스포와 엔리코 키에사Enrico Chiesa도 전방에서 상대 선수를 뒤쫓는 일도 마다하지 않는 적극성으로 팀에 공헌했다. 파르마가 소규모 팀이었기에 이처럼 겸허한 수비가 실현될 수 있었다.

말레사니가 지휘하던 파르마는 강호들을 상대할 때 터무니없을 만큼 강했고 자주 승리했지만, 약팀이 볼을 점유할 때는 어이없이 패배하는 경우도 많았다. 말레사니가 있던 3년 동안 파르마의 성적은 4위, 5위, 4위로, 우승에는 조금 못 미치는 결과였다. 한편 한 번의 경기로 승부하는 토너먼트에는 강해서 1998-99 시즌에 UEFA컵, 코파 이탈리아, 나아가 그 유명한 밀란을 상대로 싸운 수페르코파 이탈리아나를 모두 제패해 컵 3관왕에 올랐다.

[3-4-1-2] 대전 조합 일람

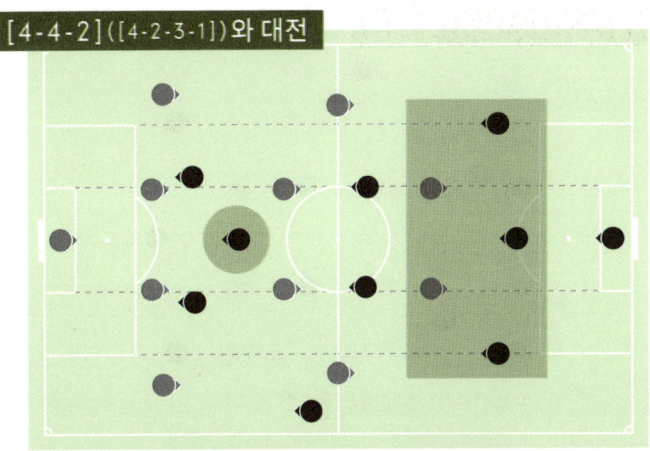

<우위 포지션> 쓰리백 + 공격형 미드필더

[3-4-1-2]가 [4-4-2] ([4-2-3-1])와 맞물릴 때 구조적으로 여유가 있는 '우위 포지션'은 쓰리백과 공격형 미드필더다.

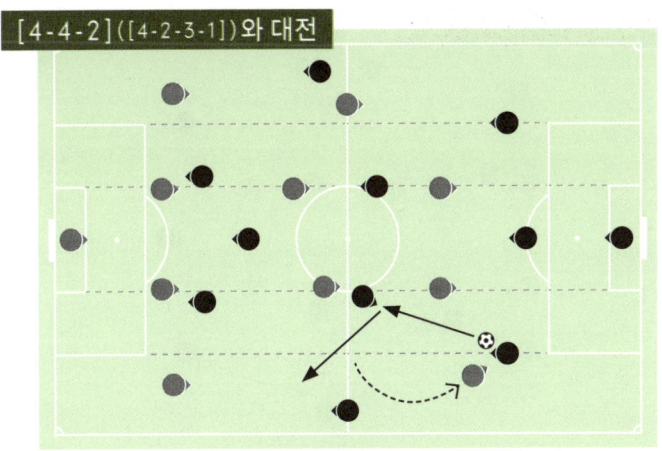

효과적인 공격 루트 ❶

상대의 측면 미드필더가 바깥쪽에서 들어오며 쓰리백을 압박할 경우에는 수비형 미드필더를 경유해 윙백에게 원터치로 떨어뜨려 주는 패스로 볼을 빼돌린다.

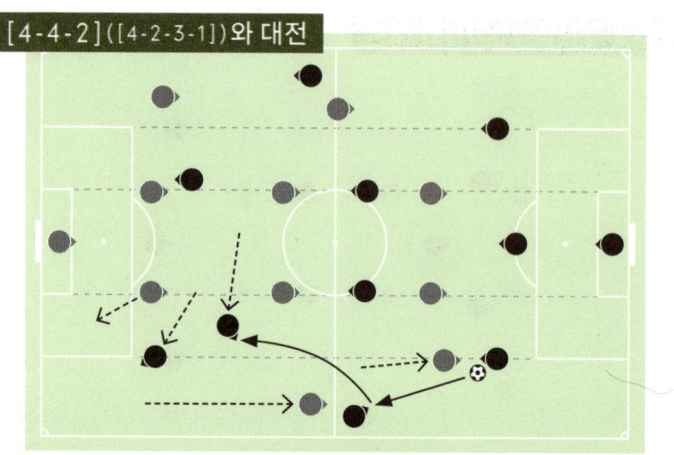

효과적인 공격 루트 ❷

[3-4-1-2]는 사이드에 선수가 부족하기 때문에 상대 풀백이 윙백에게 과감히 접근할 수도 있다. 그때는 붕 뜬 공격형 미드필더를 향해 윙백이 순간적으로 원터치 패스를 구사한다. 이때 중요한 점은 공격형 미드필 더에게 상대 센터백이 접근하지 못하도록 투톱이 상대 윙백의 뒤쪽 공간을 향해 달려가려는 태세를 보여 주는 것이다. 센터백의 습성은 뒤쪽을 신경 쓰는 것이므로 위험 지역의 공격형 미드필더에게 여유가 생기 기 쉽다.

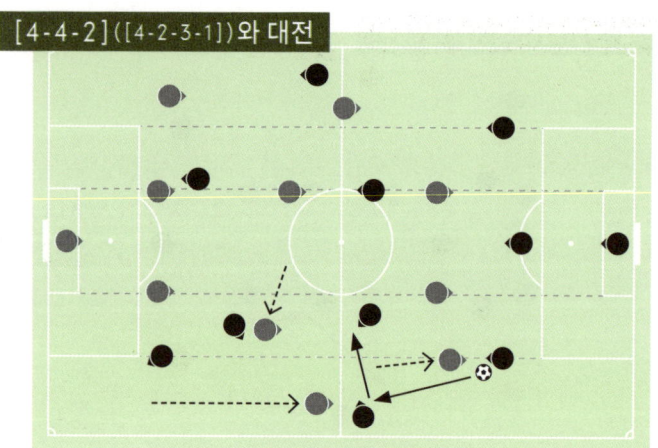

효과적인 공격 루트 ❸

공격형 미드필더 쪽으로 패스가 올 것을 예측하고 상대 수비형 미드필더가 위험 지역을 차지한 경우에는 아군의 수비형 미드필더가 비모로 원터치 패스로 이를 활용한다. 여기서 중요한 것은 윙백의 밀고 당기기 와 몸 방향이다. 윙백이 상대 풀백을 완전히 등진 상태로 볼을 받으면 상대 풀백은 전방을 향한 패스 경로를 신경 쓰지 않고 접근할 수 있다. 하지만 반 정도라도 전방을 향한 자세로 볼을 받으면 상대가 뒷공간이나 위 험 지역으로 가는 패스를 신경 쓰게 되므로 수비형 미드필더를 향한 횡패스를 간과하기 쉽다.

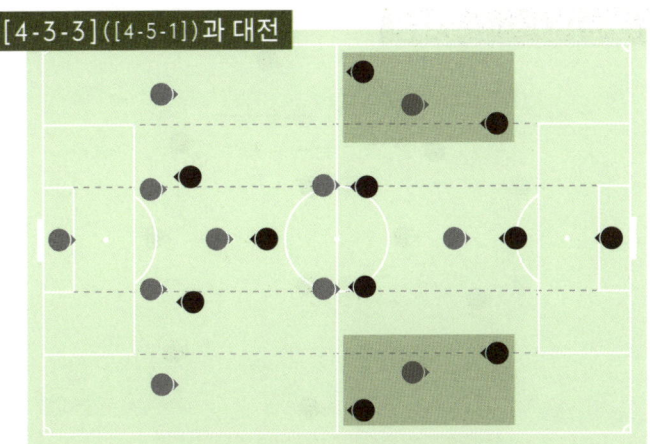

<우위 포지션> 상대 윙백에 대한 2대1

[3-4-1-2]가 [4-3-3]([4-5-1])과 맞물릴 때 구조적으로 여유가 있는 '우위 포지션'은 상대 윙에 대한 센터백과 윙백의 2대1 관계다. 다만 미들 라인보다 앞쪽은 모두 서로 맞물리므로 [3-4-1-2]의 입장에서는 매우 까다로운 조합이다.

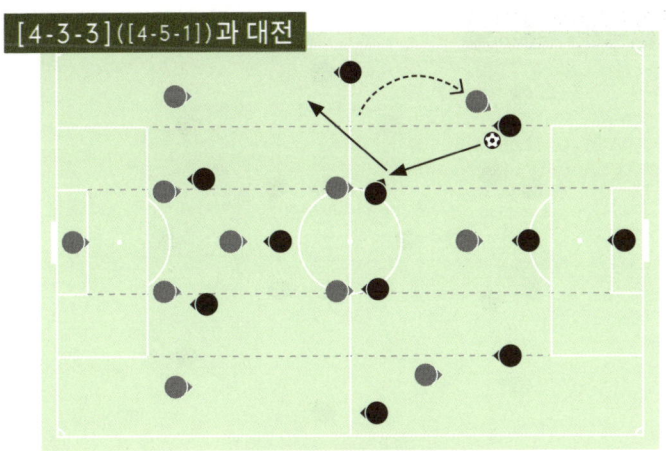

효과적인 공격 루트 ❶

상대 윙이 바깥쪽에서 들어오며 센터백을 압박할 경우에는 수비형 미드필더가 윙백에게 원터치로 떨어뜨려 주는 패스로 볼을 빼돌린다. 다만 미들 라인의 삼각형은 [4-3-3] 미들 라인의 역삼각형과 완전히 맞물리기 때문에 상대 메짤라가 수비형 미드필더를 강하게 압박하러 올 가능성이 크다. 여기서 가로채기 당할 때의 위험을 고려하면 활용하기 쉽지 않은 공격 루트임을 염두에 둘 필요가 있다.

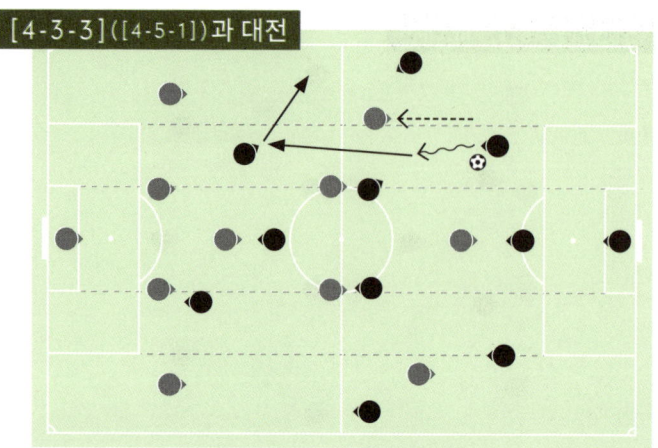

효과적인 공격 루트 ❷

[4-3-3]과 경기할 때는 쓰리백이 상대 쓰리톱에게 압박당하는 일을 방지하기 위해 윙백의 위치와 밀고 당기기가 중요하다. 아군 진영에 볼이 있을 때 윙백은 너무 높은 위치에 머무르지 말고, 항상 센터백 근방에서 사이드로 패스할 길을 만든다. 이때 곁눈질하면 상대 윙의 시야에 들어오는 위치를 잡아 상대가 압박하러 나오는 것을 억제하는 것이 중요하다. 안쪽의 포워드에게 한 라인을 건너뛴 패스를 보내고 포스트 플레이로 윙백에게 떨어뜨려 주는 패턴은 볼을 빼앗기더라도 상대 윙이 적진 속에 있으므로 위험성이 훨씬 낮다.

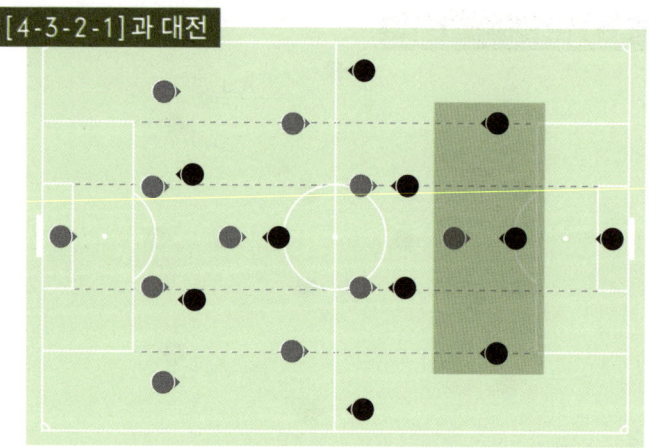

<우위 포지션> 쓰리백

[3-4-1-2]가 [4-3-2-1]과 맞물릴 때 구조적으로 여유가 있는 '우위 포지션'은 쓰리백이다.

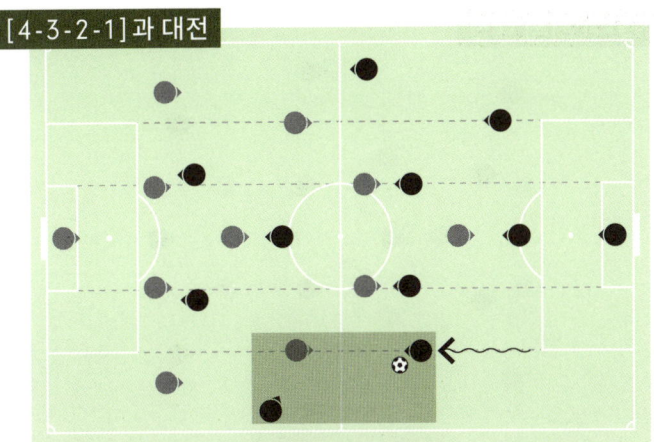

효과적인 공격 루트 ❶

빌드업에서는 쓰리백이 3대1의 수적 우위를 활용해 비교적 편하게 볼을 몰고 갈 수 있다. 이때 윙백이 항상 따라붙을 수 있는 거리에 있으면 이 우위성을 최대화할 수 있다. 이 과정에서 윙백은 상대의 중앙 미드필더가 나오지 못하도록 항상 견제하는 위치에 있는 것이 중요하다. 만약 상대 풀백이 윙백에게 접근한다면 공격 개시 신호다. 전방의 3대3이라는 수적 동등함을 활용해 투톱과 공격형 미드필더가 상대 풀백의 뒷공간 + 골문 앞 + 위험 지역을 덮친다.

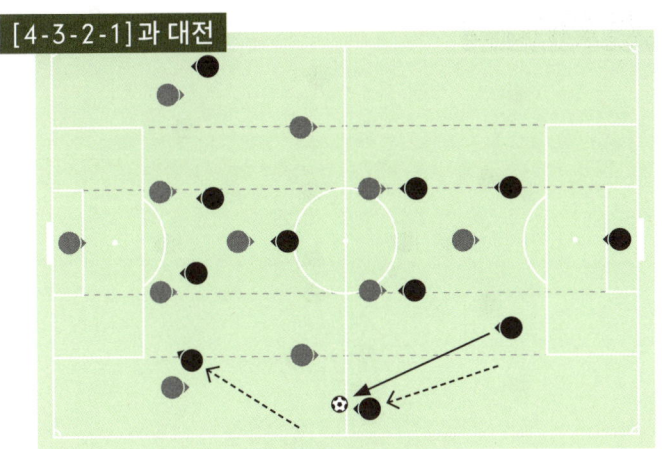

효과적인 공격 루트 ❷

포백으로 변형하는 것도 좋은 선택지다. 윙백을 안쪽으로 들여보내고 센터백을 사이드의 높은 위치로 보내서 변형한다. 이렇게 해서 상대 풀백을 묶어 두고, 높은 위치의 센터백에게 패스를 주면 적진에 쉽게 들어갈 수 있다.

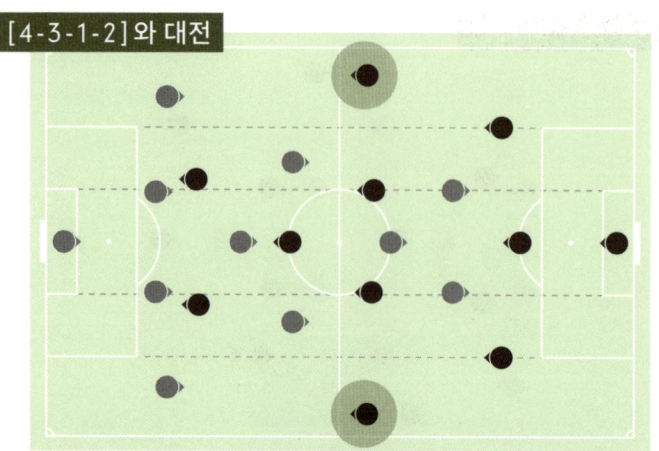

<우위 포지션> 윙백

[3-4-1-2]가 [4-3-1-2]와 맞물릴 때 구조적으로 여유가 있는 '우위 포지션'은 윙백이다.

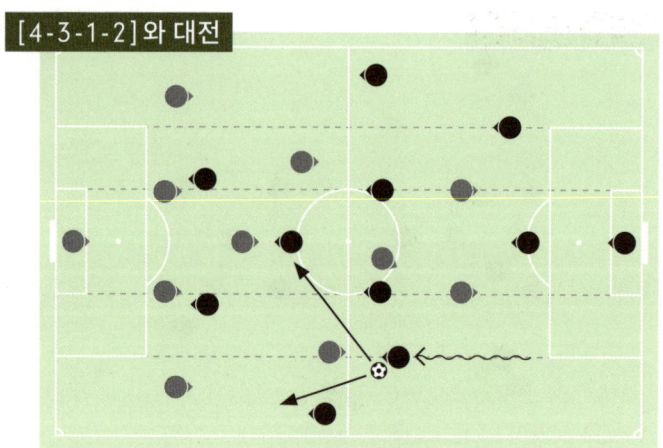

효과적인 공격 루트

[3-4-1-2]는 빌드업 시 센터백과 윙백이 협력해서 사이드에서 볼을 운반하는 루트가 중심이다. 이때 사이드로만 패스할 것이 아니라 중앙에서 상대 앵커맨과 1대1 상황에 있는 공격형 미드필더도 선택지에 넣는다. 다만 이 경우에는 아군의 공격형 미드필더가 1대1에서 우위성이 있는 선수라는 것이 전제다.

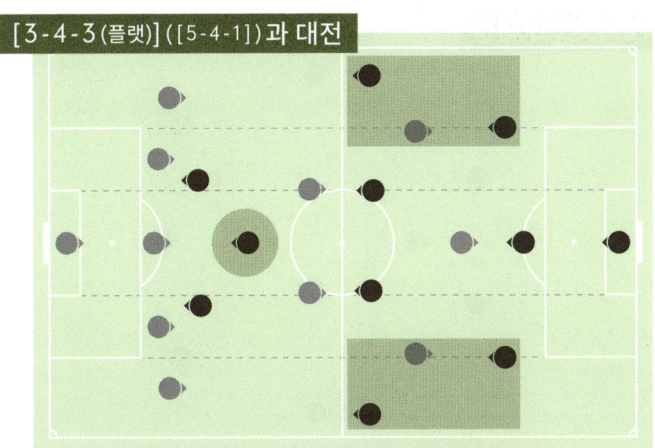

<우위 포지션> 공격형 미드필더 + 상대 윙에 대한 2대1

[3-4-1-2]가 [3-4-3(플랫)]([5-4-1])과 맞물릴 때 구조적으로 여유가 있는 '우위 포지션'은 공격형 미드필더, 그리고 상대 윙에 대해 센터백과 윙백이 사이드에서 만드는 2대1 수적 우위다.

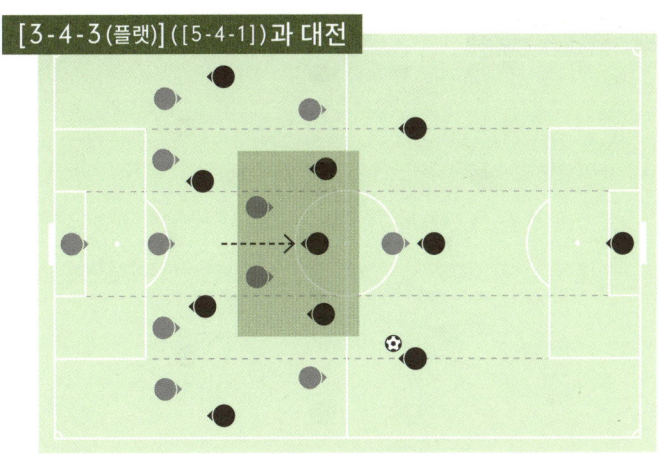

효과적인 공격 루트

상대가 [5-4-1]로 철통 수비를 할 때는 공격형 미드필더를 내려보내 중앙에서 상대 수비형 미드필더에 대해 3대2 수적 우위를 형성하는 것도 재미있는 선택지 중 하나다.

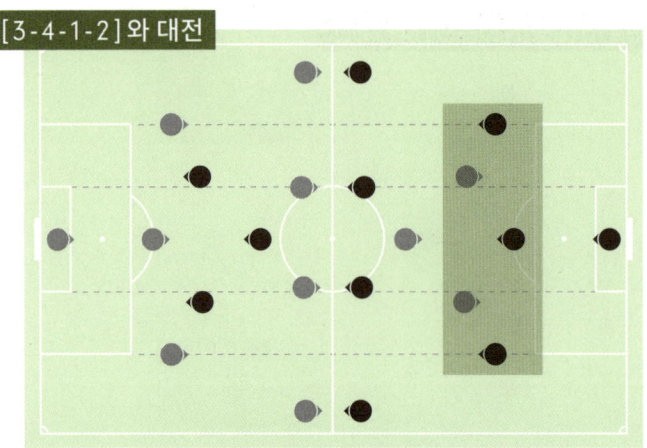

<우위 포지션> 센터백

[3-4-1-2]끼리 맞물릴 때 구조적으로 여유가 있는 '우위 포지션'은 센터백이다. 윙백은 양 팀 모두 사이드에 1명씩 밖에 없으므로 완전한 매치업 관계가 된다. 중앙 지역은 3대3의 관계이므로 마크를 받지 않는 포지션을 만드는 일이 쉽지는 않다.

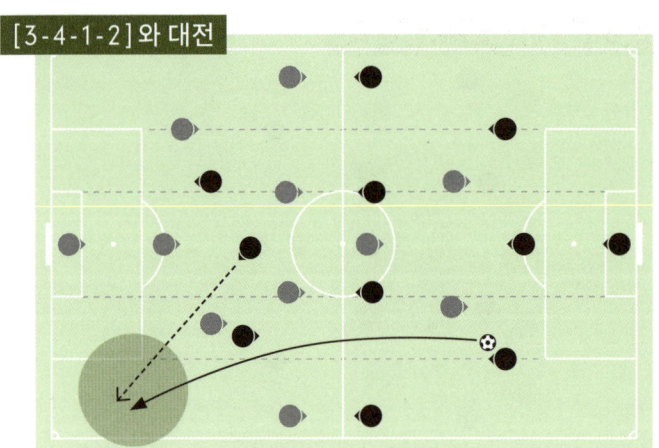

효과적인 공격 루트 ❶

이 경우에는 수적으로 동등한 3대3 상황인 전방을 노린다. 특히 맨마킹을 당하고 있는 투톱이 상대 센터백을 끌어내고, 둘째 라인에 있던 공격형 미드필더가 뒷공간으로 빠져나가는 형태가 효과적이다. 이렇게 하면 상대 쓰리백 중앙의 센터백이나 수비형 미드필더가 따라오기 어렵다.

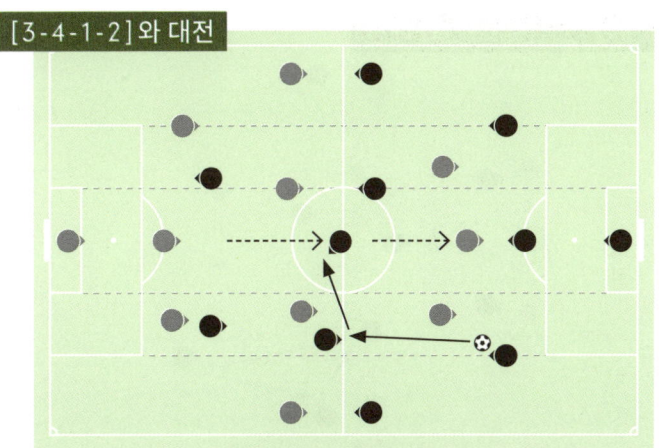

효과적인 공격 루트 ❷

상대가 공격형 미드필더를 올려보내 3명이 함께 쓰리백을 압박할 경우에는 아군의 공격형 미드필더를 미들 라인으로 내려보내는 변형이 효과적이다. 이렇게 하면 수비형 미드필더를 경유하는 원터치 패스를 받을 수 있고, 상대 수비형 미드필더는 2대3의 관계가 되어 쉽게 앞으로 나오지 못하게 된다.

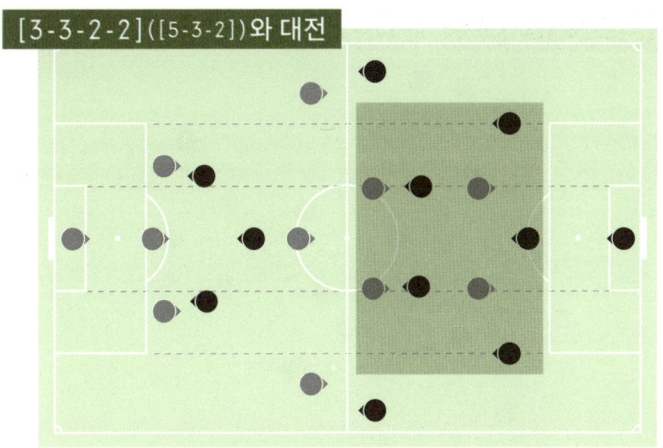

<우위 포지션> 아군 진영 중앙 지역의 5대4

[3-4-1-2]가 [3-3-2-2] ([5-3-2])와 맞물릴 때 구조적으로 여유가 있는 '우위 포지션'은 아군 진영 중앙 지역의 5대4 관계다. 상대의 투톱과 두 메짤라로 이루어진 4명을 아군의 쓰리백과 두 수비형 미드필더로 벗겨내는 것이 빌드업의 첫수다.

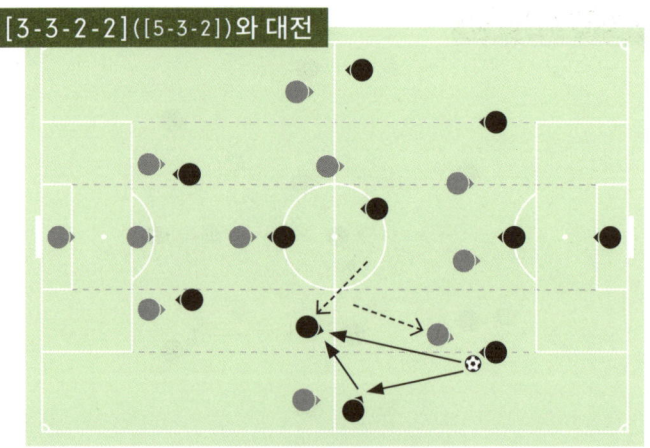

효과적인 공격 루트 ❶

상대의 두 메짤라가 적극적으로 앞으로 나와 쓰리백에 접근할 경우에는 아군의 수비형 미드필더가 자유로워진다. 수비형 미드필더가 빠져나와 직접 센터백의 패스를 받으면 되는데, 만약 압박이 강해 그렇게 하기 어려울 때는 윙백을 한 번 경유해서 볼을 받는 방법이 효과적이다.

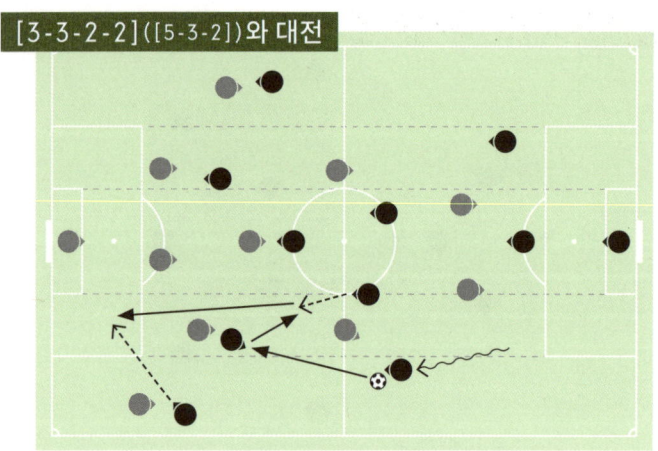

효과적인 공격 루트 ❷

상대 메짤라가 아군의 수비형 미드필더를 차단하며 접근할 때는 투톱이 원터치로 떨어뜨려 주는 패스가 효과적이다. 이때 포워드의 볼을 받은 수비형 미드필더가 상대 센터백의 뒷공간으로 침투해 들어가는 윙백에게 패스를 찔러주는 플레이는 파이브백을 상대할 때 득점으로 직결되는 정석이다.

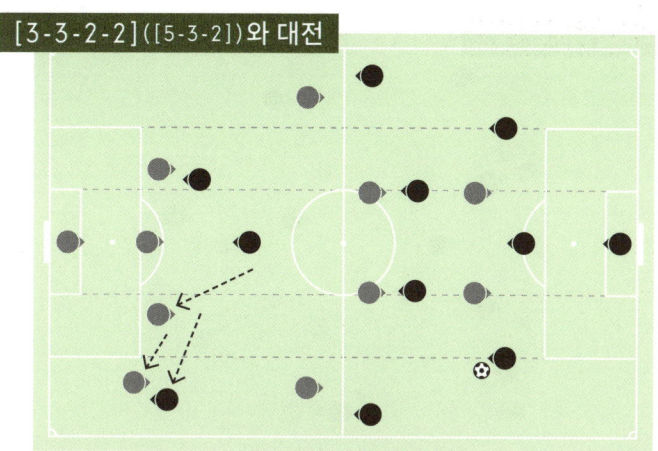

효과적인 공격 루트 ❸

[3-3-2-2]([5-3-2])를 상대할 때 전방의 3대3을 활용해 윙백의 뒷공간을 노리면 상대가 막아낼 가능성이 크니 주의한다. [3-3-2-2]의 앵커맨은 미들 라인에서 명확한 마크가 없는 예비 전력으로 대기할 수 있으므로 센터백이 사이드로 끌려 나갔을 때 대처하기 쉽다.

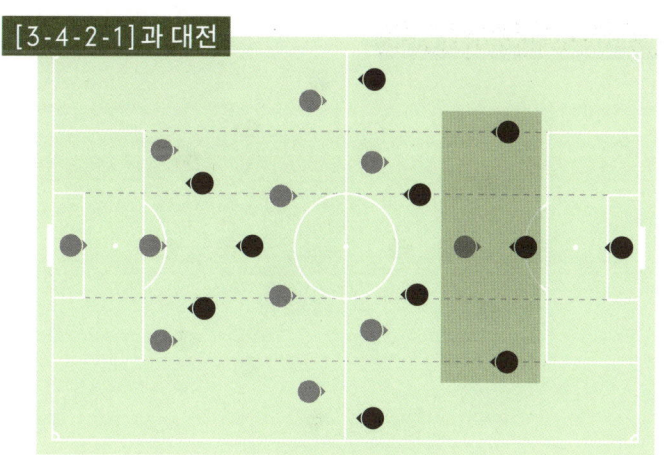

<우위 포지션> 쓰리백

[3-4-1-2]가 [3-4-2-1]과 맞물릴 때 구조적으로 여유가 있는 '우위 포지션'은 쓰리백이다.

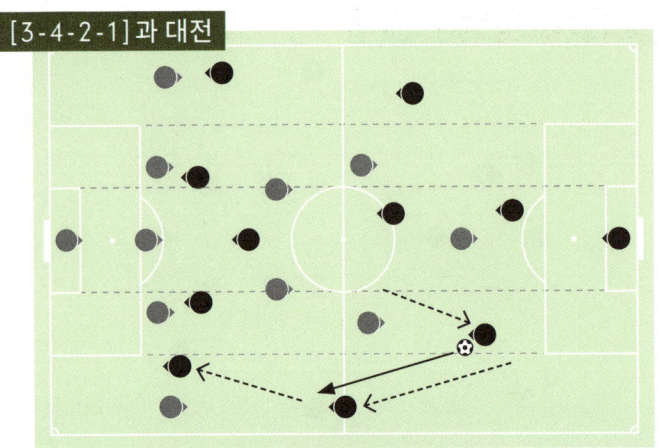

효과적인 공격 루트

이 경우 [3-4-1-2]는 수비형 미드필더를 내려 포백을 만드는 것이 효과적이다. 윙백을 안쪽으로, 센터백을 사이드의 높은 위치로 보낸 후 빈 공간에 수비형 미드필더를 둔다. 이렇게 하면 적은 리스크로 사이드에서 적진에 침입하기 쉬워진다.

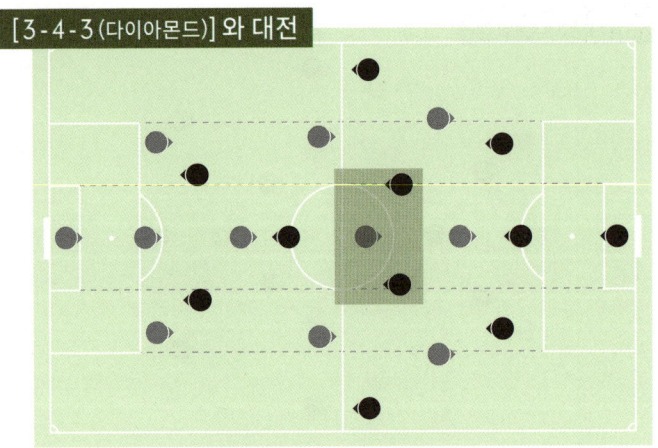

<우위 포지션> 수비형 미드필더

[3-4-1-2]가 [3-4-3(다이아몬드)]와 맞물릴 때 구조적으로 여유가 있는 '우위 포지션'은 수비형 미드필더다. 하지만 상대의 쓰리톱이 수비형 미드필더의 패스 경로를 차단하기 쉽고, 앞에서 상당히 강한 전방 압박이 들어올 것을 각오해야 하는 조합이라고 할 수 있다.

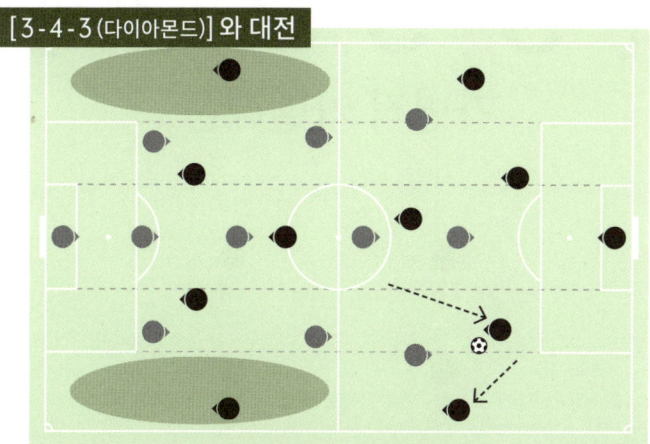

효과적인 공격 루트 ❶

[3-4-1-2]는 수비형 미드필더를 내려보내 포백을 만들어서 최후방 라인에 4대3 수적 우위를 형성하는 것이 무난하다. 동시에 양쪽 윙백을 높은 위치로 보내면 [3-4-3(다이아몬드)]의 약점인 양쪽 사이드 공간을 노릴 수 있다.

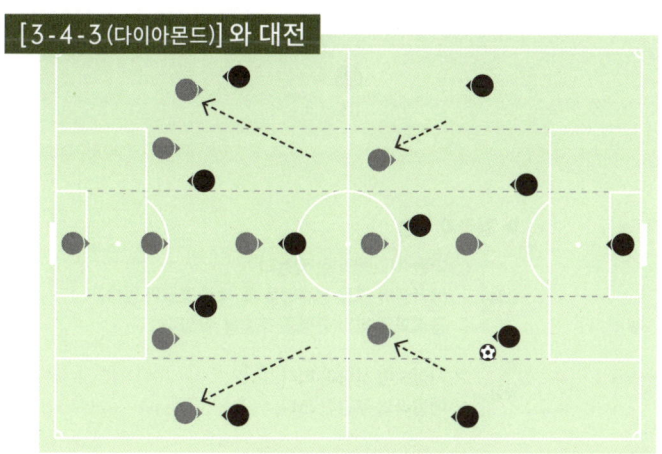

효과적인 공격 루트 ❷

[3-4-3(다이아몬드)]가 사이드를 지키기 위해 파이브백으로 변형한다면 아군의 의도대로 흘러간 것이다. 원래 [3-4-3(다이아몬드)]의 강점인 전방 압박을 포기시키는 것이 목적이었기 때문이다.

Formation / 3backs

[3-3-2-2]

가변적 카멜레온

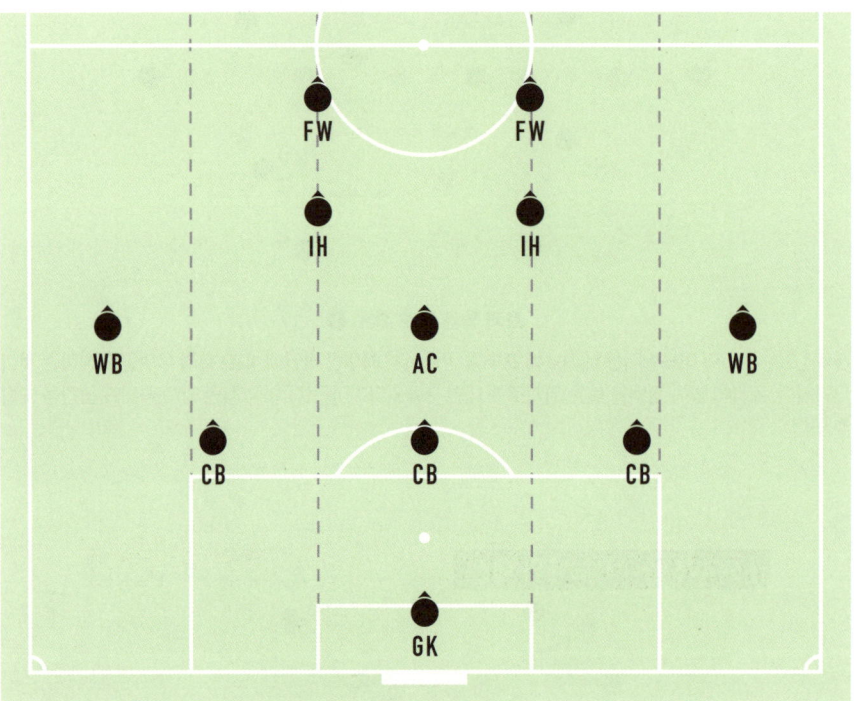

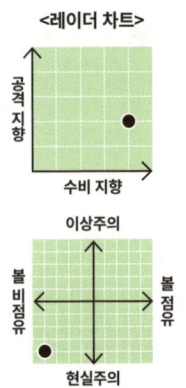

<레이더 차트>

▶ 강점과 약점

강점
- ○ 가변 시스템과 잘 맞는다.
- ○ 앵커맨이 볼을 점유했을 때 패스 경로가 많다.
- ○ 공격과 수비의 균형을 조절할 수 있다.

약점
- × 사이드에 사람이 적다.
- × 메짤라의 부담이 크다.

▶ 감독

- 프란체스코 귀돌린 Francesco Guidolin
- 안토니오 콘테 Antonio Conte

[3-3-2-2]의 메커니즘

배열을 변형해 커스터마이징 하기 쉬운 포메이션

[3-3-2-2]는 감독에 따라 다양한 모습을 보여줄 수 있는, 확장성 높은 포메이션이라고 할 수 있다. 공격 시와 수비 시에 배열을 변형하기 쉽다는 점도 원활한 커스터마이징(맞춤 제작)에 기여한다. 우선 공격 시에는 쓰리백과 앵커맨의 빌드업 능력에 자신이 있다면 양쪽 윙백을 올려 [3-1-4-2]를 만드는 것이 전형적이다. 2011-12 시즌에 유벤투스를 이끈 안토니오 콘테Antonio Conte, 유로 2012 이탈리아 대표팀의 체사레 프란델리Cesare Prandelli는 앵커맨 피를로의 능력을 최대한으로 이끌어내기 위해 [3-1-4-2]를 이용했다. [3-1-4-2]는 앵커맨이 볼을 가지고 있을 때 매우 많은 패스 경로를 만들 수 있다는 것이 최대 장점이다. 위험 지역에서 기다리는 두 메짤라에게 종패스를 할 수도 있고, 한 라인을 건너뛰어 투톱에게 롱패스를 할 수도 있고, 넓고 높게 퍼진 윙백을 향해 볼을 전개할 수도 있다.

물론 이 상황에서 만약 앵커맨이 볼을 빼앗기면 뒤쪽에는 쓰리백밖에 없기 때문에 매우 위험한 상태로 숏 카운터를 당할 위험이 있다. 그렇기에 앵커맨의 볼 키핑 능력에 100% 자신이 있지 않으면 [3-1-4-2]로 변형하는 시도는 쉽지 않다는 사실을 기억해야 한다. 모든 팀에 피를로가 있는 것은 아니기 때문이다. 쓰리백과 앵커맨의 빌드업에 자신이 없는 팀은 윙백을 내려 쓰리백에서 바깥으로 도망치는 패스 경로를 늘리는 경우가 흔하다. 아군 진영에 5레인을 만들어 볼을 잃을 위험을 낮추는 것이다.

수비할 때 [3-3-2-2]는 상대가 포백일 경우 전방에서부터 맞부딪칠 수 있다. 구조상 비게 되는 풀백을 향해 두 메짤라가 바깥쪽으로 비스듬하게 올라가면 되기 때문이다. 물론 그만큼 두 메짤라의 부담이 꽤 커진다. 기본적으로는 윙백이 수비 라인까지 내려가 [5-3-2]의 형태가 되므로 미들 라인에서는 경기장의 가로 68m를 3명이 뛰어다녀야 한다.

두 메짤라 중에서 볼 사이드의 메짤라가 상대 풀백에 다가가면, 반대쪽 사이드의 메짤라는 앵커맨 옆으로 좁혀 들어갈 필요가 있다. 이때 포백인 상대가 오른쪽 풀백에서 왼쪽 풀백으로 U자 패스를 돌리면 미들 라인 3명의 이동 거리는 크게 늘어난다.

두 메짤라가 이동할 때 앵커맨이 혼자 위험 지역의 패스 경로를 차단하는 위치를 유지하는 것도 중요하다. 이때 상대의 패스 경로를 미리 '읽어내는' 능력이 필수인데 여기서도 피를로는 남다른 감각이 있었다. 피를로라는 불세출의 앵커맨을 보유했던 콘테와 프란델리가 이 [3-3-2-2] 포메이션에 다다른 것도 이해가 된다.

J리그의 '분수령'과 같은 운용 방법

미들 라인의 3명이 계속 이동하기 힘들다면 볼 사이드의 윙백만 높은 위치로 보내는 방법도 있다. 반대쪽 사이드의 윙백이 수비 라인까지 내려가서 순간 포백으로 변형되는 것이다. 다만 이것도 윙백이 세로로 이동하는 거리가 길고, 뒤쪽 선수들이 제때 이동하기 전에 윙백의 뒷공간으로 롱패스가 날아올 위험이 있어 장단점이 모두 있다. 센터백이 좌우로 너무 많이 이동하면 '센터백이 이리저리 돌아다니지 않고 잘 준비된 상태로 볼에 대응한다'라는 쓰리백의 본래 장점이 사라지기 때문에 이 부분을 싫어하는 감독도 많다.

다만 요즘 축구에서 최고 수준의 센터백들은 큰 체격뿐 아니라 속도도 겸비하는 것이 당연하게 여겨진다. 센터백이 담당하는 지역이 넓으면 윙백도 등 뒤를 신경 쓰지 않고 자신 있게 전진할 수 있을 것이다. 사실 수비에서 접근의 강도는 이 자신감이 의외로 중요하게 작용하기도 한다. 볼을 가진 풀백은 상대가 직진 방향으로 빠르게 접근하는 것을 꺼리기 때문에 이는 아주 효과적이다. 직진 방향이 차단당하면 풀백은 패스 경로가 한정된 상태에서 안쪽으로 패스할 수밖에 없다. 발기술에 자신이 있는 풀백이라면 괜찮지만 그렇지 않은 경우에는 카운터의 위험이 높아서 스트레스가 매우 클 것이다.

물론 전방에서부터 압박하지 않고 두 메짤라를 완전히 앵커맨의 옆 라인까지 내려보내서 미들 라인의 3명이 수평을 이루는 [5-3-2]를 만들어 수비하는 것도 방법이다. J리그 1부와 2부 잔류가 목표인 위치의 팀은 이 생각으로 [3-3-2-2]를 도입하는 경우도 많다. 수비할 때 뒤쪽은 [5-3]으로 8명이 두꺼운 블록을 형성하는 인해전술을 쓰고, 공격할 때는 투톱으로 카운터를 전개하여 원톱일 때보다 성공 확률을 높이는 것이다. [5-4-1]은 카운터조차 어려운 수비 위주의 경기로 이어지기 쉽지만 [5-3-2]는 아슬아슬하게 카운터가 가능하다는 미묘한 차이가 있다.

실점의 위험을 극도로 억제하면서 잘하면 카운터로 승점 3점을 바라볼 수 있는 분수령, 그것이 J리그의 [3-3-2-2] 운용법인지도 모른다. 중거리 슛의 위협이 적고 풀백의 경기 조정 능력이 부족한 일본 축구의 특징도 [3-3-2-2]를 도입하는 이유 중 하나다. 수비할 때 [5-3-2]로 블록을 짜면 설령 상대 풀백이 마음껏 볼을 몰고 와도 치명적인 공격이 들어올 가능성은 적다는 계산이다.

이처럼 감독의 설계에 따라 다양한 모습을 보여줄 수 있는 것이 [3-3-2-2]의 최대 이점인지도 모른다.

<관전 포인트>

경기에서 확인할 [3-3-2-2]의 포인트

공격 시와 수비 시의 배열과 변형

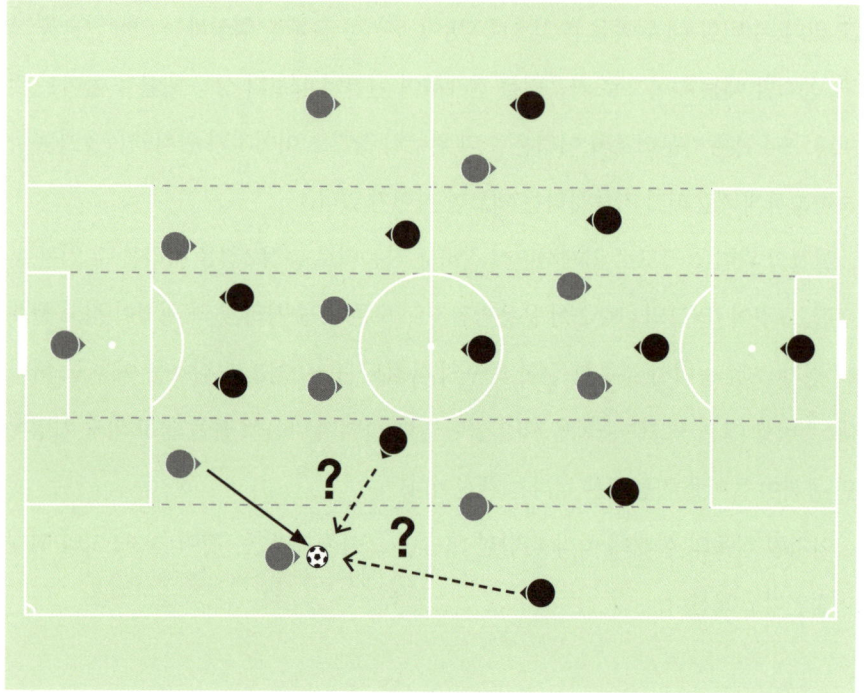

　공격 시와 수비 시의 배열과 변형을 우선 확인하자. 빌드업할 때 양쪽 윙백의 위치가 얼마나 높은지 보면 빌드업에 대한 그 팀의 자신감을 짐작할 수 있다. 수비 시에는 상대가 포백일 경우 풀백을 압박하는 방식이 하나의 지표가 된다. 메짤라를 내보내는지, 윙백을 내보내는지, 아니면 물러나서 카운터를 노리는지 살펴본다. 이렇게 하면 그 팀 수비의 목적을 가장 명확히 알 수 있다. 상대가 쓰리백일 경우에는 자연스럽게 미러 매치에 가까운 전개가 될 것을 예상할 수 있다.

[3-3-2-2]
과거의 명팀
1

2013-14
유벤투스

감독/
안토니오 콘테
Antonio Conte

피를로를 위한 샷건 포메이션

　안토니오 콘테 부임 3년째의 유벤투스는 세리에A 역사상 유일하게 승점 100점을 넘긴 역사적인 팀이다. 팀은 이미 완성의 극치에 다다랐으며 2위 로마보다 승점이 17점 더 높은 독주 상태로 우승했다. 콘테가 감독한 팀 중에서 틀림없이 최고의 걸작 중 하나다.

　이 팀의 구성은 그야말로 피를로를 위한 포메이션이라고 해도 과언이 아니었다. 빌드업은 쓰리백과 앵커맨 피를로에게 맡기고 양쪽 윙백은 주저 없이 높은 위치로 가서 [3-1-4-2]로 변형한다. 피를로의 전방에 6개나 되는 패스 경로를 주었으니 이를 수비하는 상대는 경로를 모두 차단하기가 어려웠고, 피를로는 정확한 롱패스를 연발했다. 발상 자체는 미식축구의 샷건 포메이션에 가깝다. 발사대의 쿼터백(앵커맨)이 볼을 가지고 있으면 볼을 받는 선수들은 마치 산탄총의 탄환과도 같이 사방팔방으로 흩어지는 것이다. 그야말로 샷건이라는 이름에 걸맞다. 당연히 상대는 피를로에게 맨마킹을 붙여 패스의 공급원을 차단하려 한다. 콘테 부임 3년째에는 상대가 피를로에게 맨마킹을 붙이는 일이 당연해졌다.

그러나 콘테도 이를 예상하고 피를로를 미끼로 이용하며 제2, 제3의 발사대를 준비했다. 소위 '서브머신건'이다. 쓰리백의 왼쪽에 배치된 조르조 키엘리니Giorgio Chiellini는 원래부터 공격적인 풀백이라고 불리던 선수로, 상대가 피를로를 경계해서 안쪽을 닫으면 빈 공간을 이용해 드리블하는 것이 특기였다. 그리고 레오나르도 보누치Leonardo Bonucci는 피를로의 서브머신건 역할을 맡은 후로 전개 능력이 급속히 성장해서 콘테 부임 3년째에는 한 라인을 건너뛰어 투톱에게 종패스를 직접 찔러 주는 플레이를 아무렇지 않게 펼쳤다.

상대는 패스의 공급원도 막을 수 없고, 패스를 받는 선수는 더욱 막을 수 없는 이중고에 빠져 이미 끝장난 것이나 마찬가지였다.

피를로의 옆을 지키는 좌청룡 우백호도 세계 최고 수준이었다. 8년 전 밀란에서는 가투소가 수비의 궂은일을 도맡아 했는데, 폴 포그바Paul Pogba와 아르투로 비달Arturo Vidal은 그 상위호환이라고 할 수 있었다. 그들은 강력한 피지컬을 활용한 수비와 하드워크는 물론, 뛰어난 기술과 공격력까지 겸비했다. 수비할 때는 피를로의 방패가 되었고, 공격할 때는 살상력이 매우 높은 탄환으로 기능했다. 만 35세였던 피를로도 이 두 선수로 양쪽을 보강함으로써 제일선에서 현역으로 충분히 경기할 수 있음을 증명했다.

[3-3-2-2]
과거의 명팀
2

2012
이탈리아 대표팀

감독/
체사레 프란델리
Cesare Prandelli

앵커맨과 리베로가 사령탑인 '새 시대의 아주리'

유로 2012에서 준우승에 빛난 체사레 프란델리 감독의 이탈리아 대표팀은 '새 시대의 아주리'로 강렬한 인상을 남겼다.

기본적으로는 당시 이탈리아 리그에서 무적이던 유벤투스의 메커니즘을 답습했다. 잔루이지 부폰, 레오나르도 보누치, 안드레아 피를로, 조르조 키엘리니, 클라우디오 마르키시오Claudio Marchisio 등 팀의 절반을 유벤투스 선수로 채우고 각 포지션의 역할도 그대로 이식했다.

놀라운 부분은 다니엘레 데 로시Daniele De Rossi의 기용 방식이다. 당시 로마에서 [4-3-3]의 앵커맨을 맡고 있던 데 로시는 이탈리아에서 피를로와 어깨를 나란히 하는 실력의 소유자였다. 그러나 [3-3-2-2]의 유벤투스 시스템에서는 앵커맨이 1명뿐이다. 그래서 프란델리는 데 로시를 리베로로 기용해 피를로와 함께 두 개의 사령탑으로 만들었다. 게다가 센터백 보누치의 전개 능력과 키엘리니의 드리블도 뛰어나서 쓰리백과 앵커맨이 어느 위치에서든 발사대가 될 수 있는 구성이었다. 이는 이탈리아가 견고한 수비에서 볼 점유로 중심축을 옮겼다는 의미임이 명백했다.

이탈리아는 유로 2012 본선 조별리그 첫 경기에서 우승 후보 스페인과 맞닥뜨렸다. 당시 스페인 대표팀은 미들 라인에 차비 에르난데스, 세르지오 부스케츠, 안드레스 이니에스타, 세스크 파브레가스Cesc Fabregas를 내세우며 세계 최고봉의 볼 점유 팀으로 이름을 날렸다. 그전의 이탈리아라면 아군 진영에 견고한 블록을 형성하고 카운터를 통해 적은 수의 기회를 노리는 이른바 카테나치오 전술로 대응했을 것이다. 그러나 정작 뚜껑을 열어 보자 데 로시가 리베로의 자리에 있었다. 스페인 대표팀의 비센테 델 보스케Vicente Del Bosque 감독은 물론이고 전 세계 축구 팬들을 깜짝 놀라게 한, 예상치 못한 볼 점유 승부에 나선 것이다.

당시 세리에A에서는 유벤투스뿐만이 아니라 로마나 일부 소규모 클럽 중에서도 볼 점유를 중심축으로 삼은 팀이 성과를 내기 시작했다. 프란델리 감독은 이탈리아 축구의 이러한 조류 변화를 민감하게 포착했을 것이다. 프란델리의 계획대로 이탈리아는 스페인을 상대로 대등하게 볼을 점유하며 1대1 무승부를 이끌어냈다. 그 후에도 이탈리아는 볼 점유를 통해 실점을 막는 '새 시대의 카테나치오'를 무기로 유로에서 승승장구했다.

결승전에서는 0대4의 참패로 끝났지만 분명 이 대회를 계기로 이탈리아 축구계는 점유율에서도 이길 수 있다는 확신을 얻었을 것이다. 이후 이탈리아 대표팀은 스타일이 뚜렷하게 달라졌고, 8년 후인 유로 2020에서 보란 듯이 우승했다.

[3-3-2-2]
과거의 명팀
3

2019-20
RB 라이프치히

감독/
율리안 나겔스만
Julian Nagelsmann

볼 점유와 전방 압박을 융합한 하이브리드

만 28세라는 젊은 나이로 돌연 분데스리가에 나타난 신진기예 감독 율리안 나겔스만Julian Nagelsmann. 나겔스만의 경력은 최근 분데스리가에서 일어나고 있는 구조개혁을 상징한다. 나겔스만은 세계적 IT 기업 SAP의 거액 지원을 받는 호펜하임에서 큰 성과를 올렸다. 이후에는 실력을 인정받아 세계적인 에너지 음료 제조사인 레드불의 거액 지원을 받으며 소규모 클럽에서 분데스리가의 최상위 클럽으로 급속히 성장한 RB 라이프치히로 옮겨갔다.

많은 주목을 받은 가운데 나겔스만은 부임 1년째에 팀을 자신의 색깔로 물들이는 데 성공했다. 볼 점유와 전방 압박의 융합을 목표로 삼은 나겔스만은 하이브리드 전술이라는 이름이 어울리는 축구를 보여주었다. 포메이션은 [3-3-2-2]였으며 볼 점유 시에는 양쪽 윙백을 올려 [3-1-4-2]로 변형했다. 얼핏 보기에는 점유율 축구의 교과서적인 변형처럼 보이지만 나겔스만은 결코 점유율 축구만 고집하지는 않았다.

상대가 하이 프레스로 나오면 주저 없이 전방의 투톱에게 롱패스를 보냈다. 투톱은 장신 포워드로 타겟맨인 유수프 포울센Yussuf Poulsen과 상대의 뒷공간으로 재빨리 침투하는 것이 특기인 티모 베르너Timo Werner였다. 키와 속도를 모두 갖춘 투톱이 있기에 롱패스로도 충분히 기회를 만들 수 있었던 것이다. 그리고 설령 롱패스가 투톱에게 다다르지 못해도 메짤라인 에밀 포르스베리Emil Forsberg와 마르셀 자비처Marcel Sabitzer가 중앙으로 좁혀 들어와 투톱과 함께 두꺼운 [2-2]를 이룸으로써 세컨드 볼을 회수하거나 빼앗긴 볼을 즉각 탈환하는 일이 가능했다.

상대가 정면으로 들어올 때는 [3-1-4-2]로 바꿔 전방 압박 전술로 빠르고 강력하게 승부하는 시스템을 준비했다. 이렇게 해서 상대로부터 볼을 빼앗으면 쓰리백과 앵커맨이 볼을 가져가 볼 점유에서 [3-1-4-2]의 강점을 충분히 살리기도 했다. 상대가 어떻게 나오느냐에 따라 마음대로 모습을 바꾸는 하이브리드 전술이었다.

나겔스만의 독자적인 전략도 매우 독특했다. RB 라이프치히는 아군 진영에서 볼을 점유하고 있을 때는 양쪽 윙백을 한껏 벌려서 5레인을 만들고 상대의 수비망을 넓힌다. 볼이 하프라인을 건넌 단계에서는 팀 전체가 중앙으로 모여 볼을 잃을 경우를 대비한다. 크로스 등 공격을 전개하다가 공격과 수비가 뒤바뀔 국면을 대비하여 볼을 즉시 되찾기 위한 준비를 미리 시작하는 것이다. 볼과 반대쪽 사이드의 윙백이 좁혀 들어가면 중앙에서 튕겨 나간 세컨드 볼에 대한 카운터 압박을 뒷받침할 수도 있다.

이것은 나겔스만의 전술 중 극히 일부일 뿐이다. RB 라이프치히는 무수히 많은 세세한 전략과 무한하게 느껴지는 가변 시스템을 조합해서 매우 다채로운 모습을 보여준 팀이었다.

[3-3-2-2] 대전 조합 일람

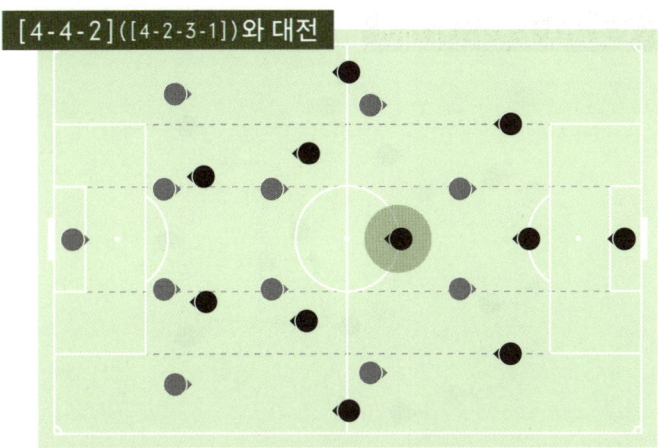

<우위 포지션> 앵커맨

[3-3-2-2]가 [4-4-2]([4-2-3-1])와 맞물릴 때 구조적으로 여유가 있는 '우위 포지션'은 앵커맨이다.

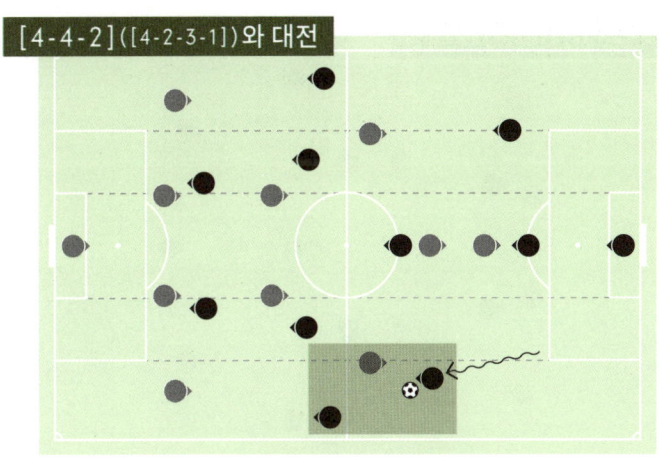

효과적인 공격 루트 ❶

상대가 투톱을 세로로 배치해 [4-2-3-1]로 대응하면 센터백이 볼을 옮기도록 한다. 사이드에서 상대의 측면 미드필더에 대해 윙백과 협력해서 2대1 상황을 만들어 적진까지 볼을 가져간다.

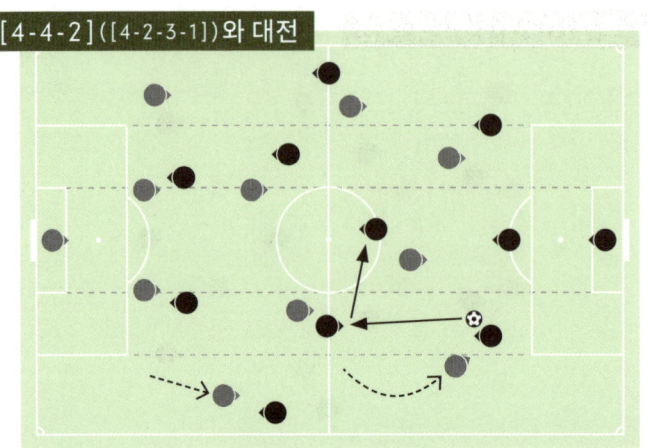

효과적인 공격 루트 ❷

상대가 측면 미드필더를 올려 쓰리백을 압박할 때는 메짤라를 이용해 앵커맨에게 원터치로 볼을 떨어뜨려 주는 패스가 정석이다.

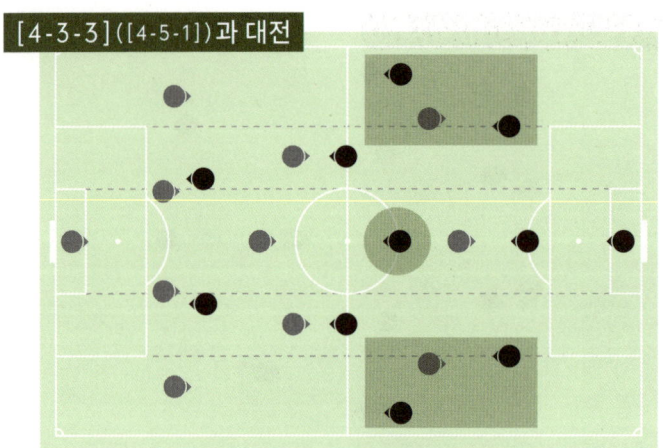

<우위 포지션> 상대 윙에 대한 2대1

[3-3-2-2]가 [4-3-3]([4-5-1])과 맞물릴 때 구조적으로 여유가 있는 '우위 포지션'은 앵커맨 그리고 센터백, 윙백이 상대 윙에 대해 형성하는 2대1의 수적 우위다. 이 조합에서 윙백은 아군 진영에 볼이 있을 때 낮은 위치에 머무는 것이 효과적이다.

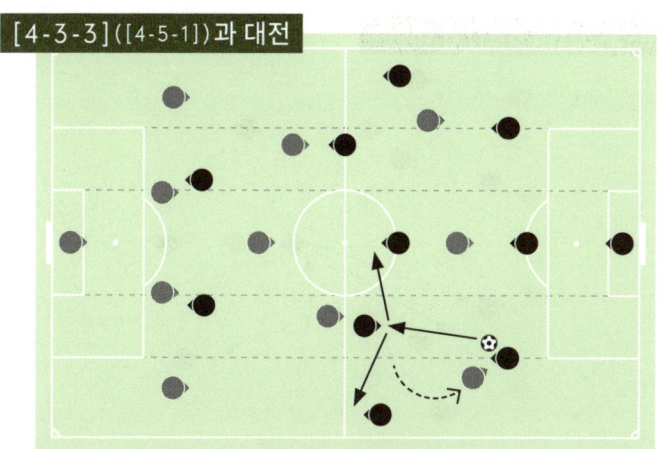

효과적인 공격 루트 ❶

상대 윙이 바깥에서 들어오며 센터백을 압박할 경우에는 메짤라를 경유해 앵커맨이나 윙백에게 원터치로 패스한다.

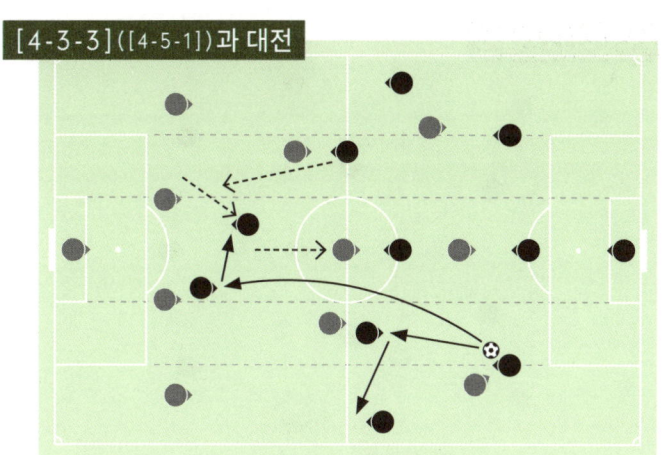

효과적인 공격 루트 ❷

상대 앵커맨이 아군의 앵커맨 위치까지 나오면 메짤라 윙백에게 원터치로 볼을 떨어뜨려서 빼돌린다. 또는 투톱을 세로로 늘어서게 하고 센터백이 전방으로 직접 롱패스를 보내는 것도 효과적이다. 이렇게 하면 상대 앵커맨이 없어진 위험 지역에서 아군 선수가 세컨드 볼을 주울 가능성이 커진다. 이때 반대쪽 사이드의 메짤라도 세컨드 볼에 대비해 위험 지역으로 진입한다.

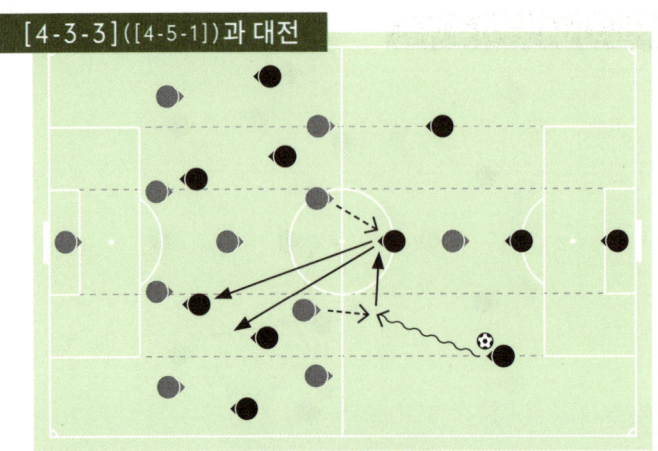

효과적인 공격 루트 ❸

상대가 [4-5-1]로 물러나면 센터백이 드리블을 해서 상대 메짤라를 이끌어낸다. 메짤라가 나오면 앵커맨을 경유해 위험 지역의 공격수에게 볼을 줄 수 있다.

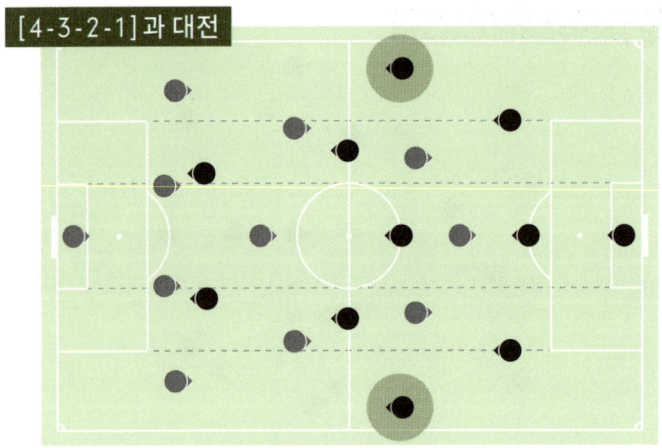

<우위 포지션> 윙백

[3-3-2-2]가 [4-3-2-1]과 맞물릴 때 구조적으로 여유가 있는 '우위 포지션'은 윙백이다. 앵커맨은 이 조합에서는 상대에게 가로막힐 가능성이 크다. 그러므로 기본적으로는 윙백을 이용해 바깥쪽에서 적진에 파고든다. 만약 상대가 메짤라를 넓게 배치해 [4-5-1]과 비슷한 형태로 대응하면 앞서 설명한 [4-5-1]과 대전의 공격 루트를 적용한다.

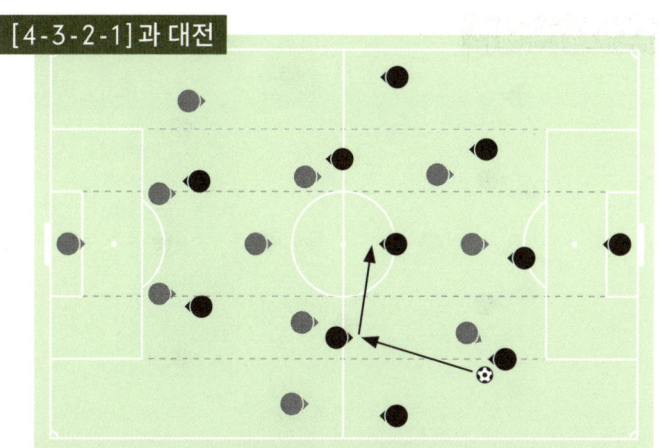

효과적인 공격 루트 ❶

상대가 아군을 전방 압박할 때야말로 효과적인 것이 메짤라가 앵커맨에게 원터치로 떨어뜨리는 패스다. 앵커맨이 미들 라인의 배꼽 부분에 있기 때문에 상대가 전방 압박을 주저하게 되는 면도 있다.

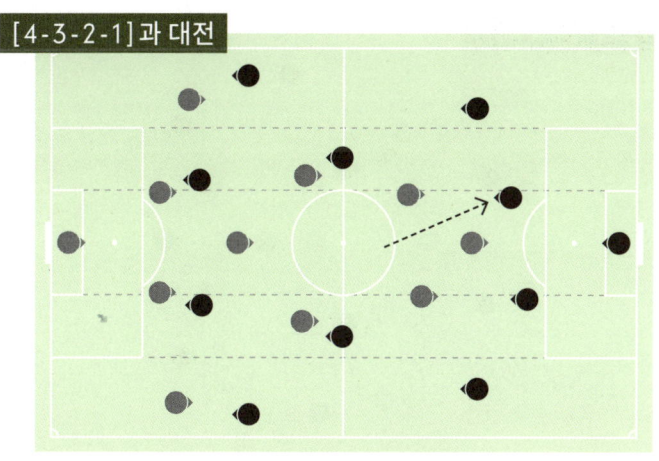

효과적인 공격 루트 ❷

이 조합에서 [3-3-2-2]가 안이하게 앵커맨을 수비 라인까지 내려보내면 미들 라인이 비어서 오히려 상대 수비에 말려들기 쉬워지므로 주의한다.

<우위 포지션> 윙백 + 쓰리백

[3-3-2-2]가 [4-3-1-2]와 맞물릴 때 구조적으로 여유가 있는 '우위 포지션'은 윙백과 쓰리백이다. 기본적으로는 우위성이 있는 사이드에서 적진으로 침투하는 것이 정석이다.

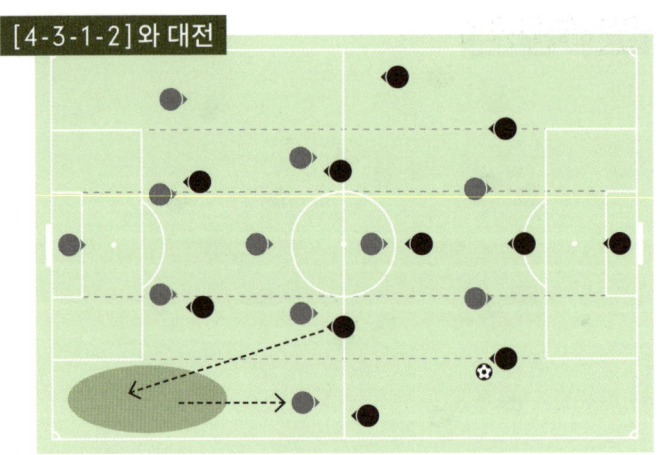

효과적인 공격 루트

상대가 과감하게 풀백을 올려 윙백에 붙일 경우에는 메짤라가 그 뒷공간을 사선으로 노리는 것이 효과적이다. 단순히 롱패스를 차기만 해도 상대 선수들을 후방으로 뛰어가게 만들 수 있다. 만약 상대 메짤라가 따라와 붙는다면 미들 라인으로 공간이 만들어진다.

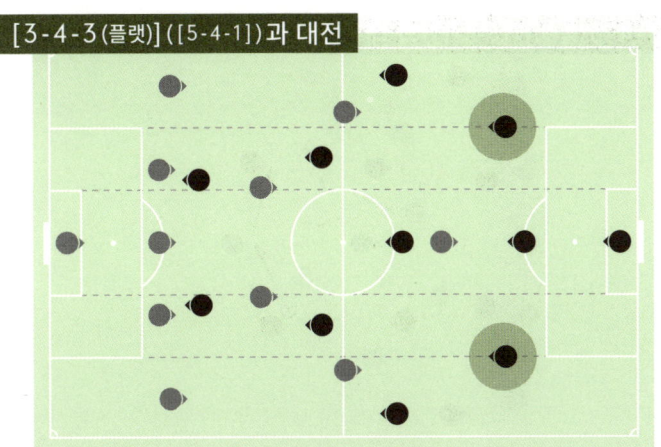

<우위 포지션> 센터백

[3-3-2-2]가 [3-4-3(플랫)]([5-4-1])과 맞물릴 때 구조적으로 여유가 있는 '우위 포지션'은 센터백이다. 앵커맨은 상대 센터포워드에게 가로막힐 가능성이 크다.

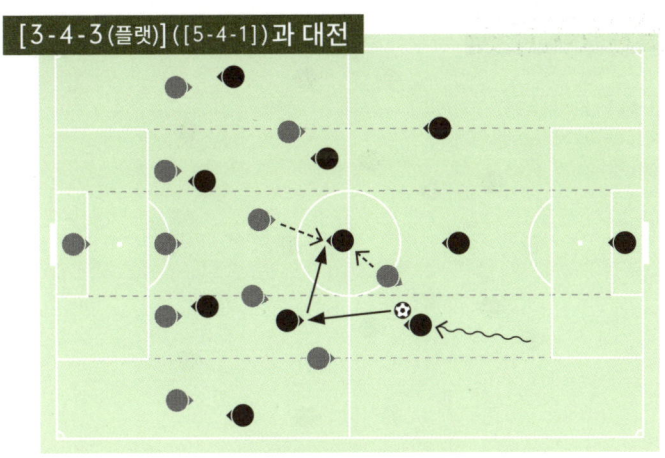

효과적인 공격 루트 ❶

상대가 [5-4-1]로 철통 수비를 할 때 안이하게 앵커맨에게 패스하면 위험하다. 상대가 뒤로 물러나 치밀하게 모여 있으므로 앵커맨에게 볼이 가면 상대 수비형 미드필더와 센터포워드가 함께 압박할 수 있으니 주의한다.

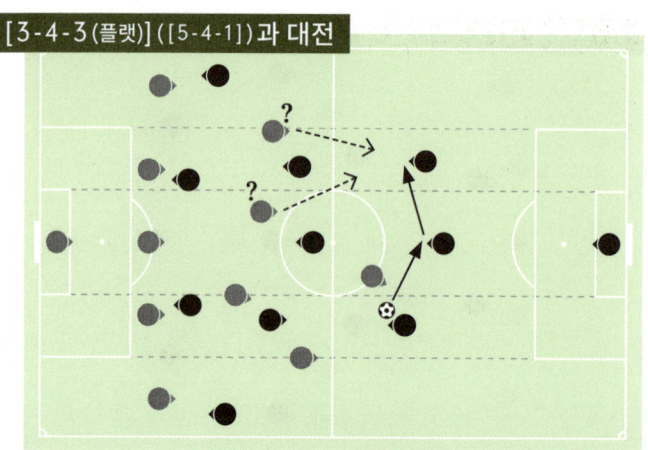

효과적인 공격 루트 ❷

[5-4-1]을 상대할 때는 느긋하고 침착하게 공격하는 것이 정석이다. 우선 쓰리백이 패스를 돌려 상대 센터포워드를 지치게 만들어 쓰리백에 접근하지 못하도록 하는 것이 최우선이다. 상대 센터포워드가 걸림돌이 되지 않는 상태에서 센터백이 드리블을 해 나가면 상대는 측면 미드필더와 수비형 미드필더 중 누가 나올 것인지 망설이게 된다. 둘 중 하나가 나오는 것이 공격 신호다. 상대의 미들 라인을 흔들어 놓음으로써 생겨나는 공간을 공략한다.

<우위 포지션> 쓰리백

[3-3-2-2]가 [3-4-1-2]와 맞물릴 때 구조적으로 여유가 있는 '우위 포지션'은 쓰리백이다. 다만 미들 라인보다 앞쪽은 모든 포지션이 서로 맞물리므로 교착된 전개가 예상된다.

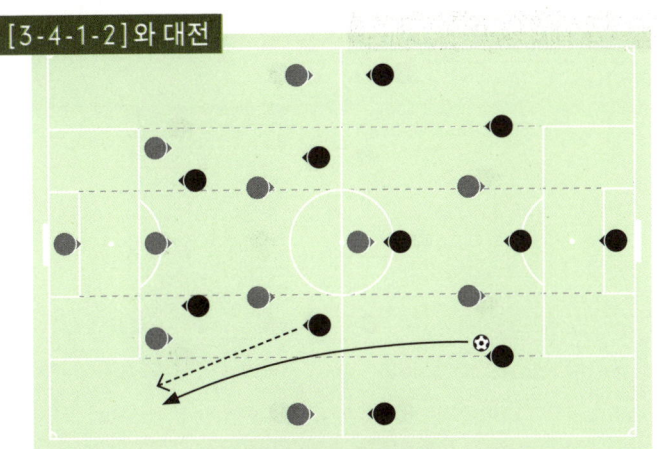

효과적인 공격 루트 ❶

이 조합에서는 뒤쪽에서 힘들게 볼을 연결하기보다 단순하게 상대 윙백의 뒷공간을 향해 메짤라가 달려가는 것이 빠르고 효과적이다.

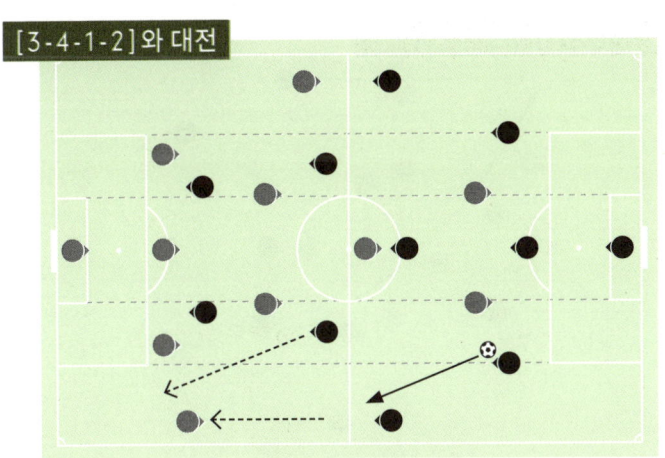

효과적인 공격 루트 ❷

특히 경기 초반부터 상대 윙백의 뒷공간을 집중 공략하면 윙백이 내려가기 시작하는 효과도 기대할 수 있다. 이렇게 되면 아군의 윙백은 비교적 자유롭게 드리블할 수 있고, 상대는 뒤로 물러나서 수비할 수밖에 없으므로 상대를 몰아넣는 전개를 만들 수 있다.

<우위 포지션> 상대 투톱에 대한 4대2

[3-3-2-2]끼리 맞물릴 때 구조적으로 여유가 있는 '우위 포지션'은 상대 투톱에 대해 쓰리백과 앵커맨이 형성하는 4대2 수적 우위다.

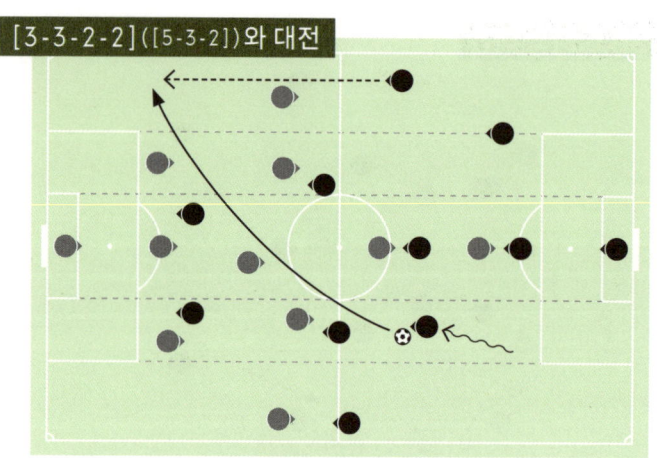

효과적인 공격 루트 ❶

상대가 투톱을 세로로 늘어세워 앵커맨을 차단하면 여유가 생긴 양쪽의 센터백이 드리블해서 전개한다. 이때 한 번에 반대쪽 사이드를 깊숙이 노리는 사이드 체인지가 효과적이다.

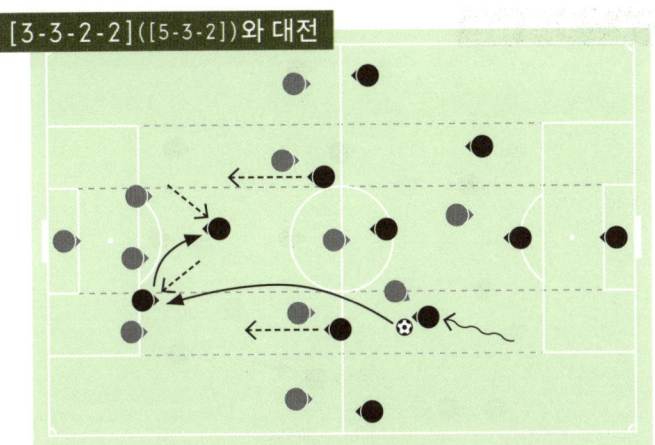

효과적인 공격 루트 ❷

상대가 앵커맨을 내보내 아군의 앵커맨을 견제하면 투톱에게 롱패스를 보내 상대의 뒷공간을 노린다. 이때 투톱은 세로로 늘어서고 양쪽 메짤라는 비어있는 위험 지역으로 달려간다. 이렇게 하면 롱패스가 튕겨 나와도 아군 선수가 전방을 향한 상태에서 세컨드 볼을 회수할 가능성이 커진다.

<우위 포지션> 앵커맨

[3-3-2-2]가 [3-4-2-1]과 맞물릴 때 구조적으로 여유가 있는 '우위 포지션'은 앵커맨이다. 다만 앵커맨은 상대 팀 전방의 3명에게 가로막힐 가능성이 커서 미러 매치에 가까운 전개가 예상된다. [3-3-2-2]에게 가장 힘든 조합 중 하나다.

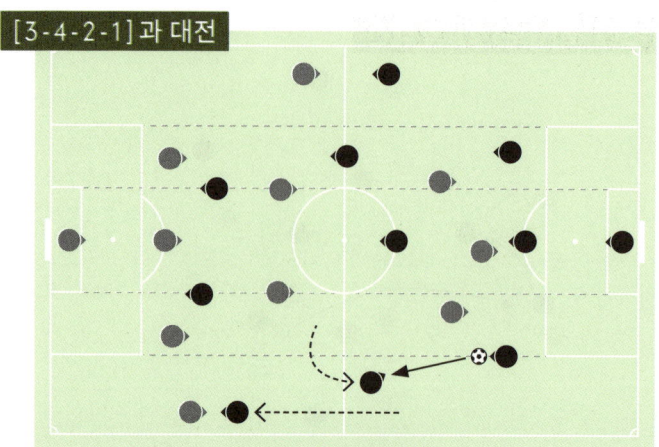

효과적인 공격 루트 ❶

더 안전한 패스 경로를 만들기 위한 변형. 메짤라를 사이드로 보내 견제받지 않는 선수를 만드는 것이 목적이다.

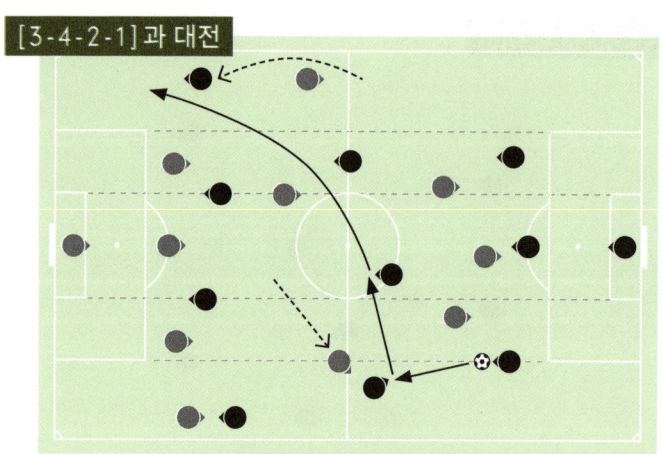

효과적인 공격 루트 ❷

사이드로 간 메짤라에게 상대 수비형 미드필더가 접근하면 비로소 앵커맨의 우위성을 살릴 수 있게 된다. 메짤라가 원터치로 앵커맨에게 볼을 떨어뜨려 주고 앵커맨이 반대쪽 사이드로 전환하면 적진을 파고들 수 있다.

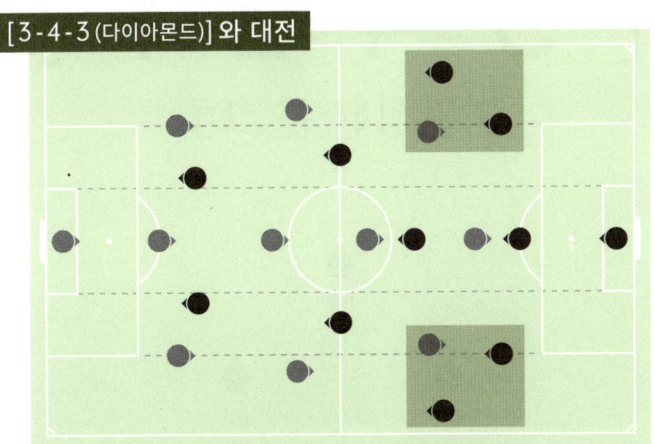

<우위 포지션> 상대 윙에 대한 2대1

[3-3-2-2]가 [3-4-3(다이아몬드)]와 맞물릴 때 구조적으로 여유가 있는 '우위 포지션'은 상대 윙에 대해 센터백과 윙백이 형성하는 2대1의 수적 우위다.

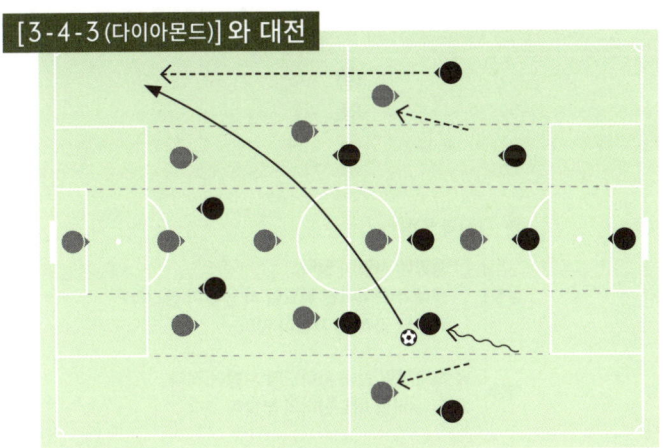

효과적인 공격 루트

상대가 양쪽 윙을 물려서 아군의 윙백을 마크하면 자유로워진 센터백에게 전개를 맡긴다. 볼 사이드 쪽 상대 윙은 올라가는 윙백에게 따라붙더라도 반대쪽 사이드의 선수는 놀고 있는 경우가 많다. 만약 반대쪽으로 길게 롱패스를 보냈을 때도 상대의 사이드 윙이 윙백에게 확실히 따라붙는다면 이것은 이것대로 상대 팀 전방의 인원수를 줄이면서 체력을 소모시킬 수 있는 공격 루트가 된다.

Formation / 3backs

[3-4-2-1]
미완성된 큰 그릇

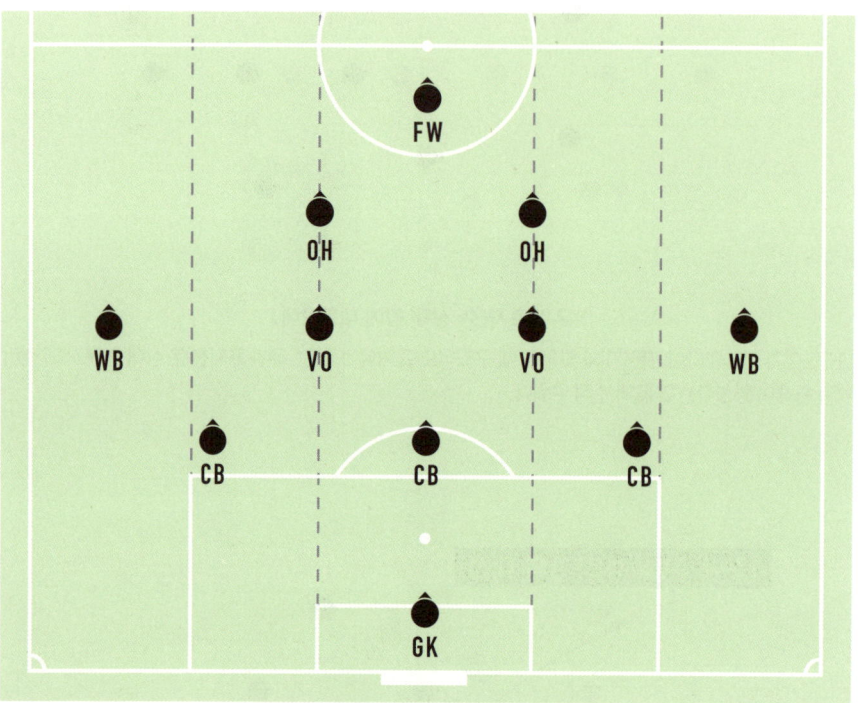

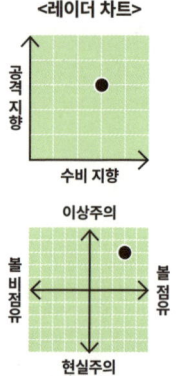

<레이더 차트>

▶ 강점과 약점

강점
- ○ 중앙에 사람이 많다.
- ○ 상대가 포백이면 빌드업 시 빈틈이 생긴다.
- ○ 카운터 공격 시 사람이 많다.

약점
- × 치명적일 만큼 사이드에 사람이 적다.
- × 두 수비형 미드필더의 부담이 크다.

▶ 감독

- 토마스 투헬 Thomas Tuchel
- 미하일로 페트로비치 Mihailo Petrovic

[3-4-2-1]의 메커니즘

[3-4-3] 전략과의 명확한 차이

[3-4-2-1] 포메이션은 세계 축구 전술사에서 항상 음지에 있었다고 말해야 할 것이다. 지난 30년을 돌아봐도 이 포메이션으로 영광을 누린 사례는 거의 없는 것이나 마찬가지다. 각국 대표팀이 모이는 월드컵 등의 큰 대회는 물론, 최첨단 전술을 겨루는 유럽 클럽 경기에서도 [3-4-2-1]이 주역이었던 경우는 찾아볼 수 없다. 전술의 트렌드란 결국 모방에서 시작되는 것이므로, 강한 팀이 나타나지 않으면 그 전술은 널리 보급되지 않는다.

[3-4-2-1]은 왜 양지로 나오지 못했을까? 얼핏 보면 [3-4-3]과 배열이 비슷한데 [3-4-3]과의 차이를 살펴보면 그 이유를 알 수 있다. [3-4-2-1]과 [3-4-3]은 모두 뒤에 3명, 중간에 4명, 앞에 3명이 배치되어 있다. 배열이 매우 비슷해서 자세히 보지 않으면 구별조차 되지 않는, 서로 친척 같은 포메이션이라고 말할 수도 있는 관계다. 극단적으로 말하면 차이점은 쓰리톱이 넓게 퍼져 있느냐, 중앙에 모여 있느냐 뿐이라고 해도 과언이 아니다. 그러나 두 포메이션의 진짜 차이점은 전략이다. [3-4-3]은 넓게 퍼진 쓰리톱의 윙과 미들 라인의 윙백, 그리고 센터백까지 앞으로 내보내 사이드 공격에 3명을 할당할 수 있다는 것이 최대 강점이다. 물론 목표 전략은 사이드 공격이다.

한편 [3-4-2-1]은 사이드에 윙백밖에 없는 반면 중앙에 두 수비형 미드필더와 두 공격형 미드필더라는 총 4명의 선수를 할당한다. 그렇다면 목표는 명백히 중앙 공격이다. 두 공격형 미드필더가 자유롭게 중앙으로 내려와 미드필더의 역할을 할 수 있는 것도 특징이다. 실제로 미드필더가 본업인 선수를 공격형 미드필더로 배치하는 경우도 많아서 세 라인으로 표기한다면 [3-6-1]이 되는 성질도 있다. 그런데 이 특징은 지난 30년간의 세계적 트렌드와는 완전히 어긋난다.

투헬의 첼시와 루마니아의 공통점

최근 세계의 전술 트렌드를 돌아보면 공격은 사이드 공격 중심, 수비는 지역방어의 전성기였다고 할 수 있다. 어느 팀이든 수비할 때 중앙 지역에 선수를 여럿 배치해 지키는 것이 당연하므로 이 지역에 아낌없이 선수를 투입해 공격하는 전략은 스스로 밀집 상태를 만드는 것이나 마찬가지다. 그리고 어느 팀이든 [3-4-2-1]의 최대 약점인 사이드에 선수를 집중시켜 공격할 것이다. 그러니 [3-4-2-1]이 음지에 머물렀던 것도 이해가 된다.

이런 사정이 있기 때문인지 이번에 과거의 대표 사례로 꼽은 두 팀(토마스 투헬의 첼시, 1994년 루마니아 대표팀)의 전략은 매우 비슷하다. 바로 카운터 공격 시 사람이 많다는 점을 이용해 [3-4-2-1]을 도입했다는 점이다. [3-4-2-1]이 수비할 때는 양쪽 윙백을 내려서 [5-2-3]으로 만드는 것이 기본이다. 파이브백과 두 수비형 미드필더가 골문 앞을 굳히고 수비할 때 전방에 3명을 남겨 놓는 것이 최대 특징이다. [5-4-1]이 되어 버리면 카운터에서 가망이 없지만 [5-2-3]이라면 전방의 능력이 좋을 경우 3명이 카운터를 완결하는 일이 가능하다.

1994년 월드컵에서 루마니아는 결코 우승을 노릴 만한 강국은 아니었으나 전방에 게오르게 하지Gheorghe Hagi와 일리에 두미트레스쿠Ilie Dumitrescu라는 유능한 공격수가 있었다. 파이브백으로 참을성 있게 수비하면서 카운터 한 방으로 강팀과 겨뤄볼 만한 상황이었던 것이다. 실제로 월드컵에서 루마니아는 강호 아르헨티나 등을 상대로 쓰리톱의 훌륭한 카운터를 통해 차례차례 승리를 거두며 준결승까지 진출하는 활약을 보였다. 팀의 특성이 [3-4-2-1]에 적합했던 좋은 예라고 할 수 있다. 또한 토마스 투헬Thomas Tuchel 감독의 첼시도 포지셔널 플레이를 하는 팀을 상대로 5레인에 파이브백을 내세워 수비하면서 상대가 앞으로 쏠린 틈을 타 쓰리톱의 카운터 기습으로 성공을 거두고 있다. 특히 펩 과르디올라를 상대로 무적의 힘을 발휘한 것은 상징적이다. [3-4-2-1]을 포지셔널 플레이에 대한 카운터 전략으로 사용한 좋은 예다.

미샤식 축구가 일본에서 맹위를 떨친 이유

한편 J리그에서 [3-4-2-1]은 완전히 다르게 진화했다. 미하일로 페트로비치Mihailo Petrovic(애칭 미샤)의 통칭 '미샤식 축구'가 맹위를 떨친 것이 계기였다. 옛날에 이비차 오심Ivica Osim의 오른팔로 불린 미샤는 일본에 오자마자 J리그 전체의 특징을 파악하고 J리그를 공략하기 위한 전술을 몇 년에 걸쳐 실천했다. 당시 J리그는 지역방어이면서도 선수의 특성을 따라 방어하는 경향이 강한 수비진, 그리고 하드워크를 활용한 하이 프레스가 주류였다. 이것을 공략하기 위해 산프레체 히로시마에서 페트로비치가 보여 준 것이 미샤식 축구다.

앞에서 말한 J리그의 수비 전술은 세계의 주류인 지역방어와는 달라서 맨마킹의 대상인 사람을 따라다닌다는 의식이 매우 강하다. 사람이 사람에게 따라붙는다는 것은 상대의 포메이션을 의도적으로 움직이는 일도 가능하다는 뜻이다. 미샤는 이 특성을 이용해 일부러 자신의 팀 미들 라인에 선수를 배치하지 않고 비워뒀다. 열린 공간이 된 미들 라인에는 여러 사람이 드나든다. 그러면 상대는 누구를 붙잡아 둬야 할지 알지 못하게 된다. 마크가 혼란스러워지고 어긋나면 이윽고 하이 프레스가 와해된다는 계산이다.

그리고 일본 축구의 특징 중 공격할 때 선수의 밀집을 통한 중앙 돌파를 선호하는 경향도 [3-4-2-1]을 도입한 이유였다. 만약 볼을 빼앗겨도 상대가 사이드를 무너뜨리러 오는 일은 드물기 때문에 사람이 적은 사이드가 카운터로 뚫릴 위험도 적다. 이렇게 일본 축구 특유의 구조에 [3-4-2-1]을 잘 끼워 넣은 미샤식 축구는 그 후 여러 해 동안 승승장구하며 수많은 모방 팀을 낳았다. 일본에서 [3-4-2-1]이 트렌드로 정착된 원인 중 하나다.

여전히 숨어 있는 가능성과 최적의 해법

그런데 최근에는 세계 축구 무대에서도 [3-4-2-1]이 조금씩 양지로 나오고 있다. 세계의 트렌드가 치열한 하이 프레스 전술의 진화를 향해 가면서 압박의 회피에 대한 수요가 크게 증가했기 때문이다. [3-4-2-1]은 치밀한 미들 라인을 회피하는 빌드업에도 적합하기 때문에 하이 프레스 전술과 잘 맞는다. 빌드업 시 양쪽 윙백을 올려 [3-2-5]로 변형하면 미들 라인은 사람이 줄어들지만 앞뒤는 든든해진다. 특히 [4-4-2]와 맞물리면 우위성이 명확해진다. 최후방의 쓰리백은 투톱에 대해 +1의 수적 우위가 있고, 마찬가지로 전방의 파이브톱도 포백에 대해 우위성이 있다. 물론 그만큼 미들 라인은 부실하지만 이는 큰 문제가 되지 않는다. 왜냐하면 쓰리백이 파이브톱에게 직접 패스하면 미들 라인을 경유하지 않고 파이널 써드까지 볼을 보낼 수 있기 때문이다.

이처럼 [3-4-2-1]은 전방에 세 명을 남기는 카운터 전술에도 효과적이고, 하이 프레스를 회피하는 볼 보유 전술에도 효과적인 측면이 있다. 투헬은 첼시에서 경기 상황과 상대 팀에 따라 이 두 가지를 잘 나누어 쓰며 [3-4-2-1]을 활용하고 있는 듯하다. 그런 의미에서 [3-4-2-1]은 아직 가능성과 최적의 해법이 발견되지 않은 미지의 포메이션이라고도 할 수 있다. 앞으로 세계 축구에서 [3-4-2-1]이 어떻게 진화할지 주목할 가치가 있을 것이다.

<관전 포인트>

경기에서 확인할 [3-4-2-1]의 포인트

두 공격형 미드필더의 선정

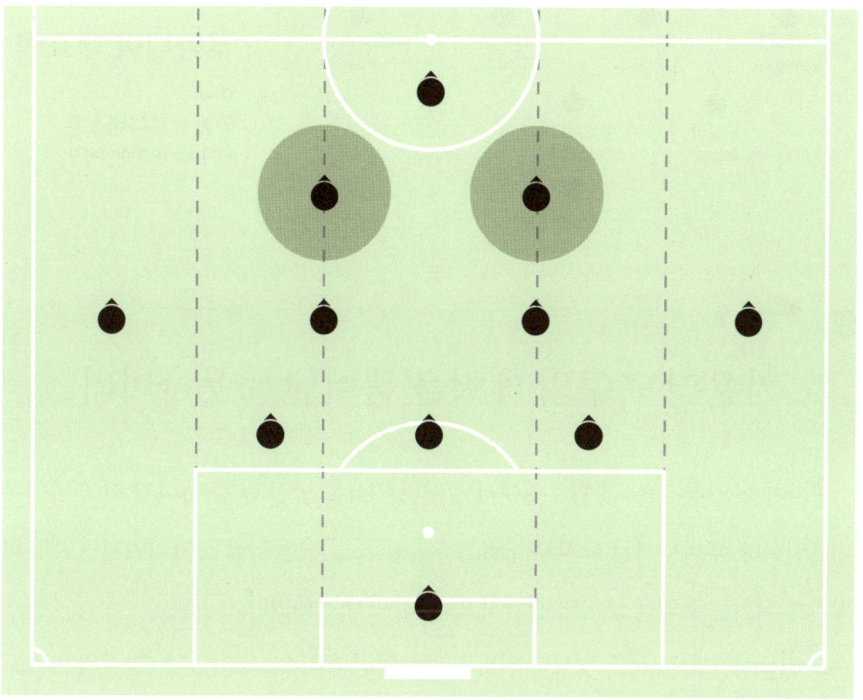

우선 두 공격형 미드필더의 선정을 주목한다. 공격수의 색채가 진한 섀도 스트라이커 유형이라면 전방의 3명이 카운터를 노릴 가능성이 크다. 미드필더 유형이라면 [3-6-1]에 가까운 포메이션으로 볼 점유를 노릴 가능성이 크다. 공격 시와 수비 시에 배열이 어떻게 변형하는지도 주목한다. 또 상대의 대응도 매우 중요한 포인트다. 기본적으로 미러 매치가 되면 교착된 전개가 되기 쉬운 것이 [3-4-2-1]의 특징이므로 시합의 전개도 읽어내기 쉽다. 상대가 포백으로 대치한다면 전방과 최후방의 수적 불리함을 어떻게 메우는지도 주목한다.

1994
루마니아 대표팀

감독/
앙겔 요르다네스쿠
Anghel Iordanescu

카운터 축구의 매력을 뿜어낸 아웃사이더

　필자가 처음 본 1994년 월드컵에서 강렬한 인상을 남긴 팀 중 하나가 이 루마니아 대표팀이다. 루마니아는 당시부터 결코 우승을 노릴 만한 강국은 아니었지만 세간의 평가를 뒤집는 활약을 보이며 결과적으로 4강까지 진출했다.

　그 원동력이 된 것은 무엇보다 전방의 개성적인 공격수 3명이었다. '발칸의 마라도나'라고 불린 하지는 그야말로 제왕이라는 말이 어울리는 경기 스타일로 뛰어난 볼 키핑 능력과 바늘구멍을 지나는 듯한 스루패스, 그리고 매우 정확한 중거리 슛을 보유하고 있었다. 이 대회에서도 세 손가락 안에 드는 판타지스타였던 것으로 기억한다. 또 하나의 공격형 미드필더인 두미트레스쿠도 엄청난 선수였다. 그는 볼을 가지고 있을 때는 재빠른 드리블로 수비수를 가볍게 하나둘 벗겨내는 카운터의 달인이었다. 수비할 때도 하드워크를 꺼리지 않는 헌신적인 모습이 눈에 띄었다.

　이 팀은 무엇보다 카운터가 강력했다. 카운터를 위해 파이브백과 두 수비형 미드필더가 물러나 수비를 굳히고 전방의 3명이 호시탐탐 틈을 노리는 구도였다. 물론 위험을 감지하는 능력도 뛰어나서 위험할 때는 하지와 두미트레스쿠도 아군 진영으로 돌아가 힘든 수비에 몸을 내던졌다.

이 팀의 백미는 역시 강호 아르헨티나를 3대1로 무찌른 16강전일 것이다. 특히 두 번째와 세 번째 골에는 이 팀의 목표가 집약되어 있다. 먼저 두 번째 골이 나온 상황을 살펴보겠다. 아르헨티나의 수비형 미드필더 페르난도 레돈도Fernando Redondo의 중앙 돌파에 위험을 느낀 포워드 플로린 라두치오유Florin Raducioiu와 두미트레스쿠가 물러나 수비에 가세했다. 그리고 골문 앞에서 볼을 빼앗아 전방에 혼자 남아 있던 하지에게 맡겼다. 하지는 뛰어난 볼 키핑 능력으로 라두치오유와 두미트레스쿠가 다시 전방으로 나올 시간을 벌며 원투 패스를 이용해 오른쪽 사이드를 돌파했다. 그리고 골문 앞에서 다시 볼을 받은 하지가 날카로운 스루패스를 하고 수비를 빠져나온 두미트레스쿠가 골을 넣었다. 전방의 3명이 완결하는 카운터의 교본과도 같은 골이었다.

이어지는 세 번째 골도 상대 코너킥의 카운터에서 발생했다. 이번에는 두미트레스쿠가 전방에서 시간을 벌고 뒤에서 전속력으로 달려온 하지가 카운터를 완결했다. 두 골 모두 수비에 가담한 쓰리톱이 아군의 골문에서 70m 이상 전력 질주로 올라온, 너무나도 아름다운 카운터였다. 필자가 카운터 축구의 매력에 눈을 뜬 계기가 된 경기 중 하나다.

[3-4-2-1]
과거의 명팀
2

2020-21
첼시

감독/
토마스 투헬
Thomas Tuchel

포지셔널 플레이를 봉쇄한 치밀한 가변 시스템

이 시즌에 첼시는 프리미어 리그 중간결산에서 9위에 그치는 등 부진에 빠져 있었다. 프런트는 프랭크 램파드Frank Lampard 감독의 해임을 결정하고 후임으로 파리 생제르맹에서 갓 해임된 토마스 투헬을 데려왔다. 결과적으로 이것이 신의 한 수가 되어 팀은 다시 살아났다.

그 요인 중 하나가 [3-4-2-1]의 도입이다. 투헬에게서는 볼 점유와 카운터라는 양면에서 이 포메이션의 특성을 활용하겠다는 목적이 엿보였다. 볼 점유 시에는 양쪽 윙백을 올려 [3-2-5]로 변형했다. 상대의 수비 라인을 파이브톱으로 묶어두면서 미들 라인의 조르지뉴, 은골로 캉테, 메이슨 마운트Mason Mount가 볼을 몰고 가는 구도다.

한편 포지셔널 플레이에 대해서는 [5-2-3]으로 수비하면서 전방에 3명을 남기고, 볼 점유를 허용하면서도 항상 카운터라는 칼날을 상대의 목에 겨눈다. 이 시즌 과르디올라가 이끄는 맨체스터 시티에 대해 3전 3승의 성적을 남긴 감독은 투헬뿐이었다.

특히 시즌 피날레를 장식하는 챔피언스 리그 결승에서는 멋진 경기로 맨시티의 포지셔널 플레이를 봉쇄했다. 일반적으로 [5-2-3]의 어려운 점은 미들 라인의 두 수비형 미드필더가 과로하기 쉽다는 것인데 투헬은 치밀한 설계로 이 문제를 해결했다. 5레인을 상대할 때 수비형 미드필더가 겪는 어려움은 뒤쪽의 상대 메짤라에 대한 대응이다. 미들 라인의 낮은 위치까지 물러나는 상대 메짤라의 움직임에 대해 수비 측은 센터백을 깊숙이 들여보내 뒤쫓는 것이 아니라 수비형 미드필더에게 맡기는 것이 일반적이다. 그러나 이렇게 하면 수비형 미드필더는 항상 등 뒤에서 다가오는 메짤라를 신경 쓰며 앞쪽에 있는 앵커맨과 가짜 풀백에도 대응해야 한다. 필연적으로 두 선수와 동시에 맞서는 위치 선정이 요구되며 과감하게 앞으로 나가는 움직임은 억제되는 것이다.

그러나 투헬의 첼시는 기본적으로 미들 라인 깊숙이 물러나는 메짤라를 수비형 미드필더에게 넘기지 않고 센터백이 맨마킹으로 따라간다. 이렇게 하면 수비형 미드필더는 등 뒤의 수비를 수비 라인에 맡기고 자신보다 앞쪽에 있는 적과 볼의 움직임에 집중할 수 있다. 부담을 줄여 줌으로써 2명의 수비형 미드필더로도 미들 라인을 지킬 수 있도록 역할이 정리되어 있는 것이다. 물론 팀에 캉테와 조르지뉴라는, 지키는 지역이 세계 최고 수준으로 넓은 수비형 미드필더 2명이 있다는 것이 전제이기는 하다.

국가대항전 전술 트렌드에 영향을 준 [3-4-2-1]

유로 2020에서 독일은 멋진 성적을 거두지는 못했지만(16강에서 탈락) 국가대항전 전술 트렌드에 큰 영향을 주었다는 의미에서 중요한 역할을 한 팀이다.

요아힘 뢰프Joachim Low 감독이 이끄는 독일 대표팀은 2014년 월드컵에서 화려한 점유율 축구로 세계를 제패한 이후 저공비행을 계속해 왔다. 특히 2018년 러시아 월드컵에서는 멕시코와 한국에게도 패배해 조별리그 최하위라는 예상치 못한 실패를 맛봤다. 이 대회에서 독일의 점유율 축구는 강력한 하이 프레스 앞에 무력했다. 시간을 들여 전술을 짤 수 있는 클럽팀이라면 하이 프레스의 트렌드에 맞춰 포메이션을 변형하는 등 고도의 대응을 내놓는 일도 가능했을 것이다. 그러나 활동 기간이 매우 짧고 임시로 선수들을 모은 국가대표팀에서는 그렇게 하기가 어렵다. 그래서 뢰프는 포메이션을 변형할 수 없다면 처음부터 포백을 상대로 포지션의 맞물림이 어긋나게 한다는 방법을 썼다. 그 결과 [3-4-2-1]을 도입해서 유로 2020에 출전하게 되었다.

효과는 대회가 시작되자마자 나타났다. 독일은 조별리그에서 우승 후보로 거론되었던 강호 포르투갈을 상대로 4골을 터뜨리며 가볍게 승리를 거두었다. 이 경기는 그야말로 [3-4-2-1]의 독일이 [4-4-2]의 포르투갈에 대해 포메이션의 우위성을 과시한 경기였다. 독일의 4득점은 모두 포르투갈의 포백에 대해 전방의 5명이 5레인을 제압하는 형태로 이루어졌다. 크로스는 철저히 상대 진영을 노리고, 가장 바깥쪽에서 1명 남는 반대쪽 윙백이 자유로워지는 구조를 이용해 차례차례 득점했다. 포백인 포르투갈이 손도 써 보지 못하고 실점을 거듭하는 모습은 틀림없이 각국에 충격을 주었을 것이다.

실제로 이 대회에서 독일 외에도 쓰리백을 도입한 여러 팀이 성공을 거두어 8강에서는 무려 5개국이 쓰리백이었다. 그러나 독일의 [3-4-2-1]의 무서움이 대회 초기부터 널리 알려진 탓에 16강에서 독일과 만난 잉글랜드는 재빨리 대책을 강구했다. 조별리그를 포백으로 치른 잉글랜드였지만 독일전에서는 [3-4-2-1]을 도입해 소위 미러 매치를 만든 것이다.

[3-4-2-1]은 맞물림이 어긋나는 포백을 상대로는 열린 전개가 되지만 모든 선수를 맨마킹하는 것이나 마찬가지인 미러 매치에서는 경기가 교착되고 마는 측면이 있다. 실제로 포르투갈전에서 활약한 독일의 5레인은 잉글랜드의 5백을 앞에 두고 교착 상태에 빠졌으며 경기도 0대2로 독일이 패배했다. 승리한 잉글랜드도 슛을 다섯 번밖에 하지 못했다는 사실이 이 경기가 얼마나 교착되었는지를 보여준다.

유로 2020에서 독일이 보여준 약진과 교착은 이후 국가대항전에서 [3-4-2-1]의 운용에 큰 숙제를 남겼다고 할 수 있다.

[3-4-2-1] 대전 조합 일람

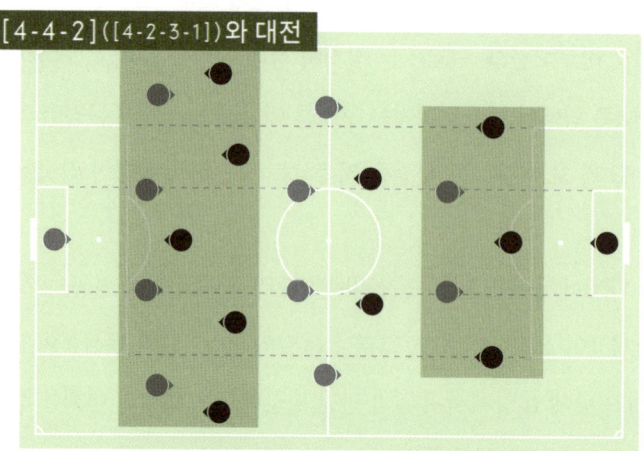

<우위 포지션> 쓰리백 + 전방의 5명

[3-4-2-1]이 [4-4-2]([4-2-3-1])와 맞물릴 때 구조적으로 여유가 있는 '우위 포지션'은 쓰리백과 전방의 5명이다. 필드 플레이어 중 무려 80%가 우위에 있기 때문에 [3-4-2-1]([3-2-5])는 '[4-4-2] 죽이기'라고도 불린다. 이 책에 실린 모든 포메이션 조합 중에서 우위성이 가장 명확한 조합일 것이다.

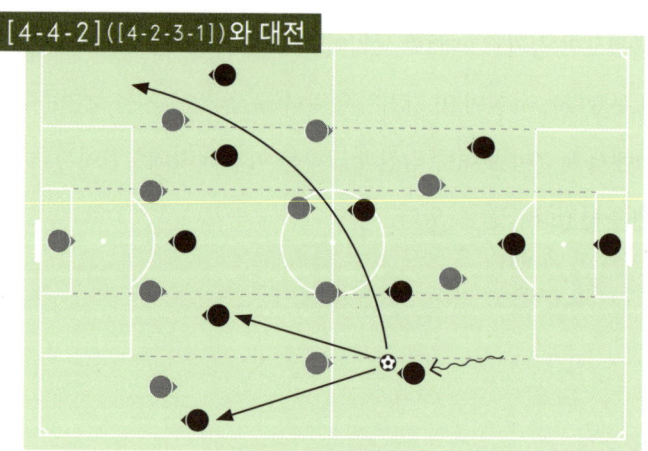

효과적인 공격 루트

공격할 때는 기본적으로 센터백이 드리블하며 상대의 측면 미드필더가 어떻게 나오느냐에 따라 패스 경로를 결정한다. 상대의 측면 미드필더가 뒤쪽의 메짤라를 견제하며 안쪽을 닫으면 바깥쪽의 윙백을 활용하고, 바깥쪽의 윙백을 견제하면 안쪽의 메짤라를 활용한다. 상대의 포백이 볼 사이드로 이동하며 풀백과 메짤라를 잡으러 나온다면 반대쪽 사이드의 여유 있는 윙백에게 볼을 보낸다.

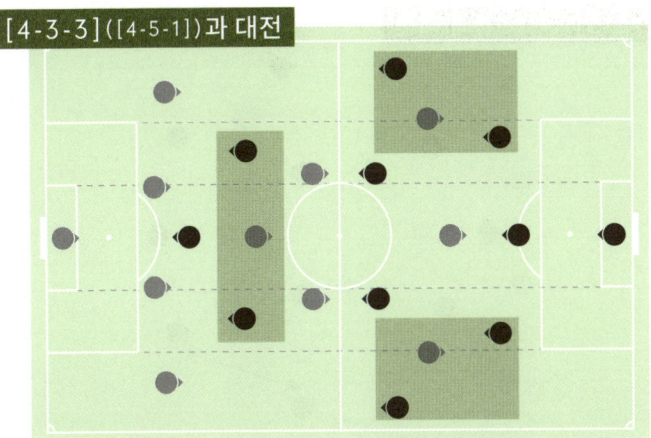

<우위 포지션> 상대 윙에 대한 2대1 + 상대 앵커맨에 대한 2대1

[3-4-2-1]이 [4-3-3]([4-5-1])과 맞물릴 때 구조적으로 여유가 있는 '우위 포지션'은 상대 윙에 대해 센터백과 윙백이 만드는 2대1, 그리고 상대 앵커맨에 대해 두 메짤라가 만드는 2대1의 관계다.

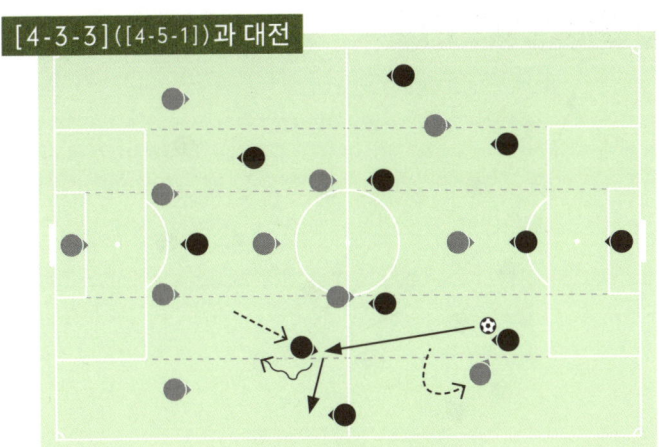

효과적인 공격 루트 ❶

상대 윙이 바깥쪽에서 들어오며 센터백을 압박한다면 메짤라를 사이드로 보내 종패스를 노린다. 이때 패스를 받는 메짤라의 우선순위는 우선 몸을 돌려 전방을 향하는 것이다. 안이하게 윙백에게 볼을 보내면 공격의 위력이 반감되니 주의하자. 물론 상대 센터백이나 앵커맨이 등 뒤를 노릴 때는 원터치 패스로 윙백을 활용하는 것도 한 방법이다.

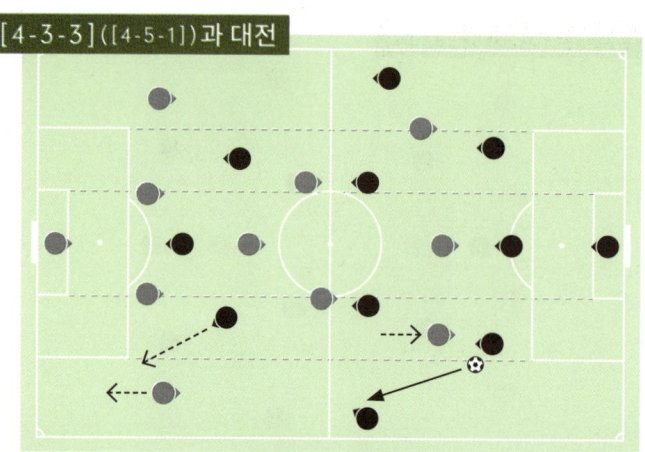

효과적인 공격 루트 ❷

상대 윙이 정면에서 안쪽으로 들어오며 센터백을 압박할 경우에는 윙백이 낮은 위치에 머물며 바깥쪽으로 향하는 패스 경로를 만든다. 이때 메짤라가 하프스페이스를 노리는 움직임을 보여줘서 상대 풀백을 묶어 두는 일도 중요하다.

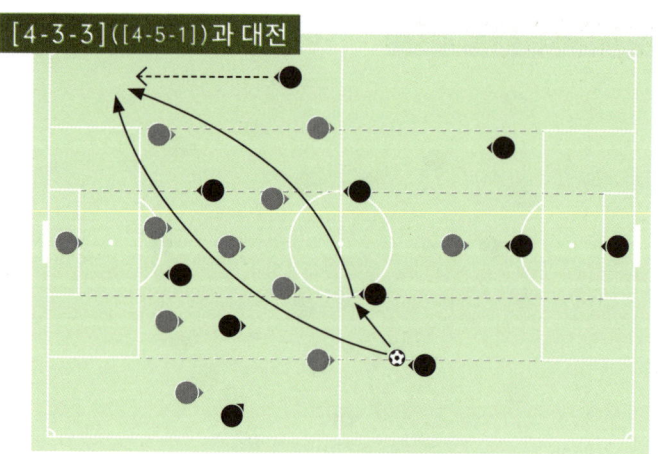

효과적인 공격 루트 ❸

상대가 윙을 낮은 위치로 내려서 [4-5-1]로 물러나면 반대쪽 사이드의 윙백을 이용한 사이드 체인지가 효과적이다. 센터백이 직접 보내도 좋고, 어렵다면 수비형 미드필더를 경유해도 좋다.

<우위 포지션> 윙백

[3-4-2-1]이 [4-3-2-1]과 맞물릴 때 구조적으로 여유가 있는 '우위 포지션'은 윙백이다. 이 조합에서는 아군 진영에 볼이 있을 때 윙백이 너무 높이 올라가지 않아야 우위성을 얻기 쉽다. 상대가 두 메짤라를 벌려서 [4-5-1]과 비슷한 형태로 수비하면 [4-5-1]과 대전에서 소개한 공격 루트를 적용한다.

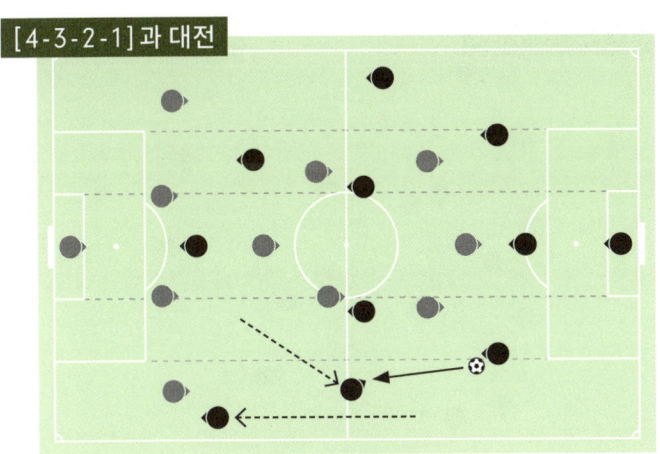

효과적인 공격 루트

더 안전하게 사이드 지역을 활용하고 싶다면 윙백을 높이 올려 상대 풀백을 잡아 두고 메짤라가 빈 사이드 공간으로 내려가는 변형도 효과적이다. 맨체스터 시티 시절의 다비드 실바를 비롯해 과거의 뛰어난 메짤라들이 자주 이용한 정석이다.

<우위 포지션> 쓰리백

[3-4-2-1]이 [4-3-1-2]와 맞물릴 때 구조적으로 여유가 있는 '우위 포지션'은 쓰리백이다. 다만 미들 라인보다 앞쪽은 상대가 대응하기 쉬운 조합이므로 [3-4-2-1]의 입장에서는 어려움을 느끼는 구조다. 전방에서 5레인을 구축해도 메짤라는 상대 중앙 미드필더가 서 있는 위치(하프스페이스) 때문에 가로막히기 쉽다.

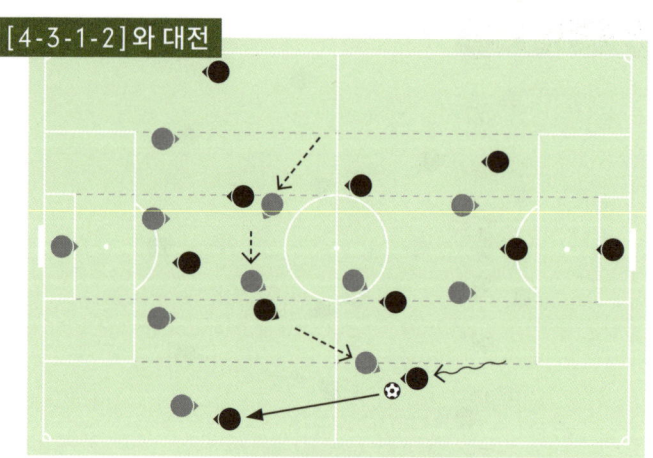

효과적인 공격 루트 ❶

[4-3-1-2]인 상대는 아군의 센터백이 어느 정도 드리블을 하도록 내버려 둔 후 중앙 미드필더가 나와서 막는 것이 수비의 정석이므로 아군의 공격이 막힐 수 있다.

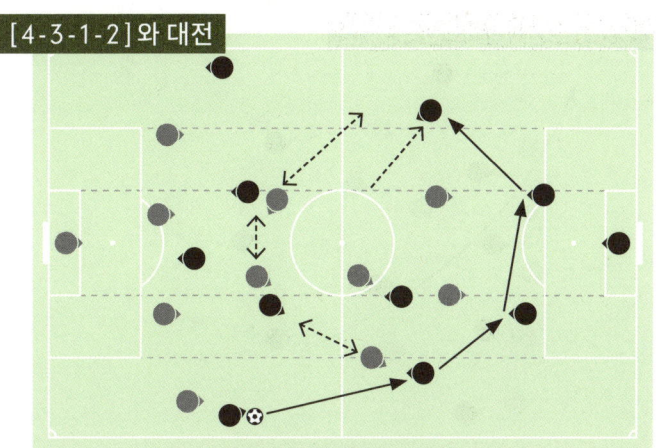

효과적인 공격 루트 ❷

이것을 회피하기 위해서는 [4-3-1-2]의 약점인 셋째 라인의 3명을 옆으로 크게 이동시킨다. 윙백이 볼을 가지고 있다가 단순히 되돌아가서 볼을 최후방 라인까지 내려보낸 후(골키퍼를 활용해도 좋다) 반대쪽 사이드로 전개하는 것만으로 [4-3-1-2]의 이동 거리가 크게 늘어난다. 반대쪽 사이드로 갈 때 수비형 미드필더가 움직여 중간 지점의 역할을 하는 것도 효과적이다. 참을성 있게 몇 번 반복하면 상대의 이동은 반드시 느려지기 시작하고, 중앙이나 사이드로 패스 경로가 나타나게 된다.

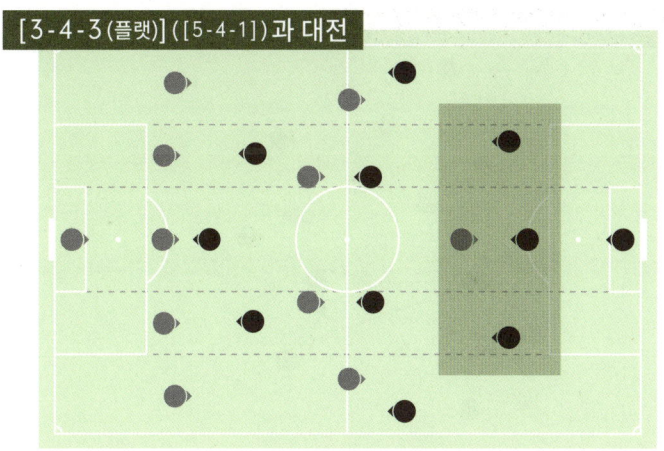

<우위 포지션> 쓰리백

[3-4-2-1]이 [3-4-3(플랫)]([5-4-1])과 맞물릴 때 구조적으로 여유가 있는 '우위 포지션'은 쓰리백이다.

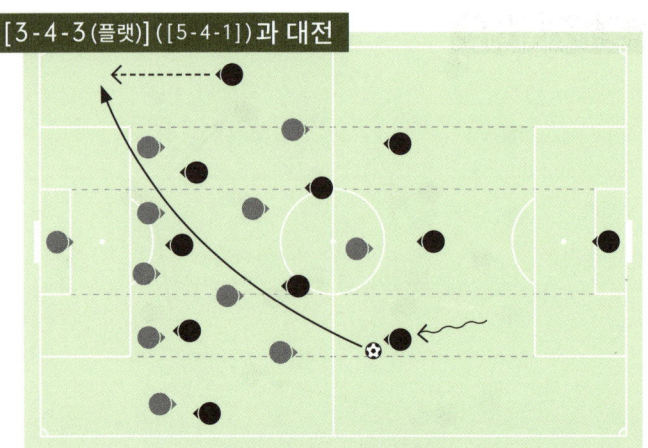

효과적인 공격 루트 ❶

상대가 [5-4-1]로 단단히 수비할 경우에는 경기의 교착도 각오해야 한다. 효과적인 것은 센터백에서 단번에 반대쪽 윙백을 향해 실시하는 사이드 체인지인데, 센터백의 전개 능력이 부족한 팀은 상당히 고생하는 조합이라고 할 수 있다.

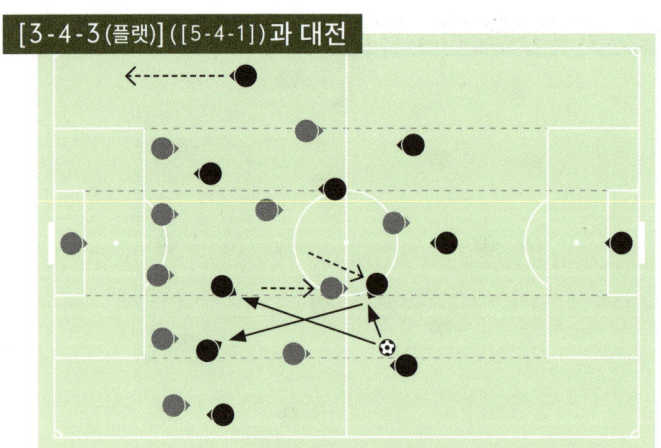

효과적인 공격 루트 ❷

센터백의 전개 능력이 부족한 팀의 공격 루트는 수비형 미드필더가 센터백을 서포트함으로써 상대의 수비형 미드필더를 움직이게 하는 것을 첫 목적으로 삼는다. 상대의 수비형 미드필더가 움직이면 중앙의 센터 포워드와 메짤라로 가는 패스 경로가 열린다. 만약 상대 수비 라인이 이 경로에 달려들면 뒷공간을 공략할 수 있다.

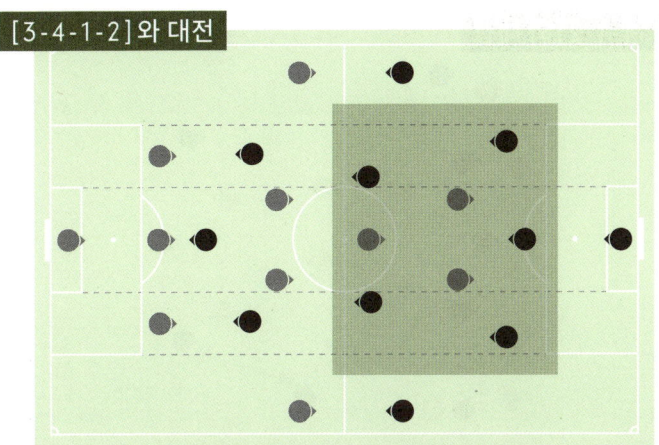

<우위 포지션> 자신 쪽 진영 중앙 지역의 5대3

[3-4-2-1]이 [3-4-1-2]와 맞물릴 때 구조적으로 여유가 있는 '우위 포지션'은 아군 진영의 중앙 지역이다. 상대의 투톱과 공격형 미드필더에 대해 아군의 쓰리백과 두 수비형 미드필더가 5대3의 수적 우위를 이룬다.

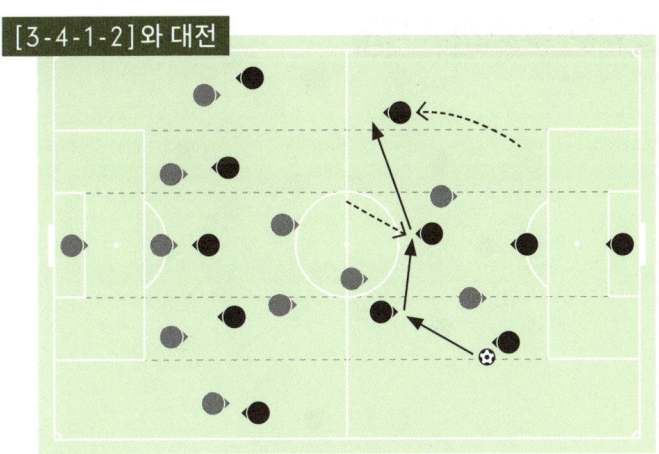

효과적인 공격 루트 ❶

상대 공격형 미드필더에 대한 수비형 미드필더의 2대1이라는 수적 우위를 활용하는 공격 루트다. 두 수비형 미드필더가 서로 각을 이루어서 상대 공격형 미드필더의 압박을 벗겨내고 반대쪽 사이드로 볼을 전개한다. 센터백이 올라옴으로써 반대쪽 사이드에서 적진으로 침입할 수 있게 되는 패턴이다. 다만 센터백과 수비형 미드필더의 발기술이 좋지 않으면 도중에 볼을 빼앗겼을 때 실점의 위험이 큰 루트다.

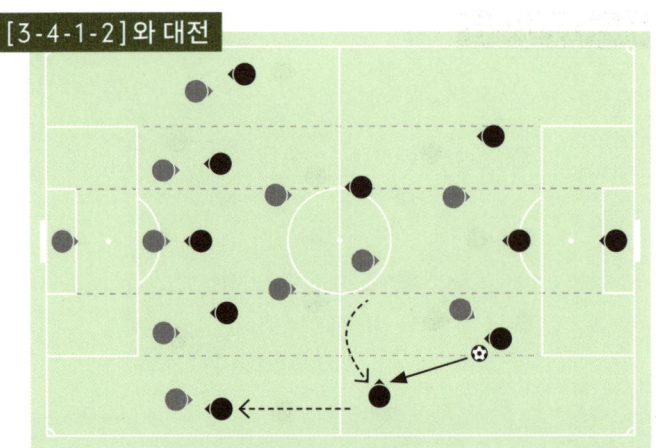

효과적인 공격 루트 ❷

더 안전하게 적진으로 들어가기 위한 변형이다. 변형하지 않은 채로 공격하면 수비형 미드필더가 상대 투톱에 가로막히거나 상대 공격형 미드필더에 붙잡힐 가능성이 크다. 그러므로 윙백을 올려 상대 윙백을 밀어냄으로써 생기는 공간에 수비형 미드필더를 보내는 것도 효과적이다. 이렇게 하면 상대의 공격형 미드필더와 수비형 미드필더가 아군의 수비형 미드필더를 붙잡기가 어려워지므로 안전하게 적진에 침입할 수 있다.

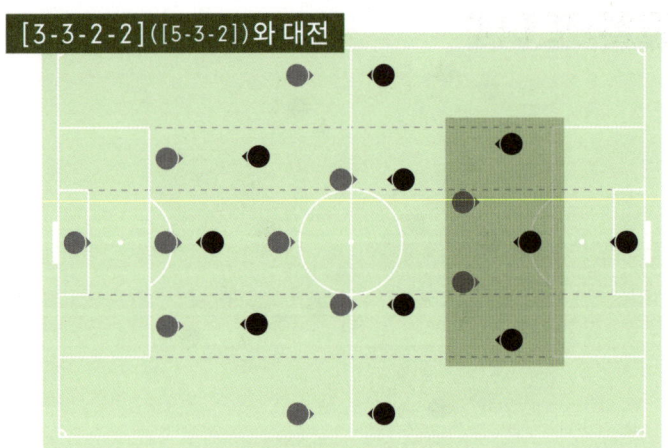

<우위 포지션> 쓰리백

[3-4-2-1]이 [3-3-2-2]([5-3-2])와 맞물릴 때 구조적으로 여유가 있는 '우위 포지션'은 쓰리백이다. 하지만 미들 라인보다 앞쪽은 모두 매치업이 명확한 조합이므로 공격이 막히기 쉽다.

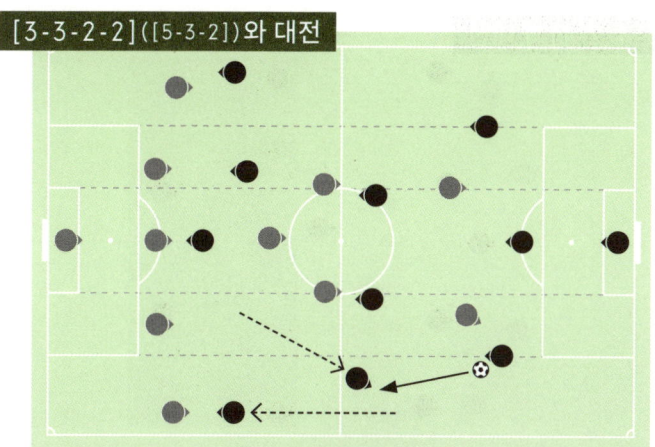

효과적인 공격 루트

[3-4-2-1]이 안전한 빌드업으로 적진에 침투하기 위한 변형이다. 윙백이 올라가 상대 윙백을 밀어냄으로써 생기는 공간에 메짤라가 움직인다. 상대는 앵커맨이나 센터백을 그곳까지 내보내기 어렵기 때문에 결과적으로 아군 센터백의 안전한 종패스로 적진에 들어갈 수 있다.

<우위 포지션> 없음

[3-4-2-1]끼리 맞물릴 때 구조적으로 여유가 있는 '우위 포지션'은 없다. 명확한 미러 매치의 양상이 나타난다. 어딘가에서 1대1로 상대를 벗겨내지 않으면 무너뜨리기 어려운 조합이라고 할 수 있다. 반대로 말하면 윙백 등의 1대1 관계를 볼 때 선수 개인의 우위성이 명확하면 그곳을 중점적으로 노리는 것도 효과적이다.

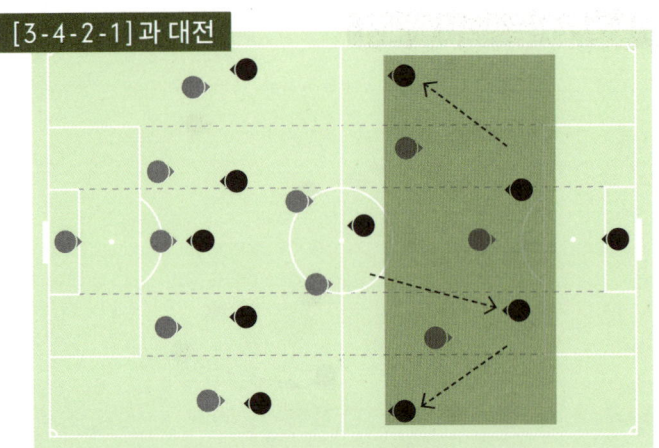

효과적인 공격 루트

아군 선수 개인의 우위성이 명확한 매치업이 없다면 수비형 미드필더 1명을 수비 라인으로 내려 포백으로 변형하는 것이 무난하다. 이렇게 해서 생겨나는 아군 진영의 4대3이라는 수적 우위를 살려 볼을 몰고 간다.

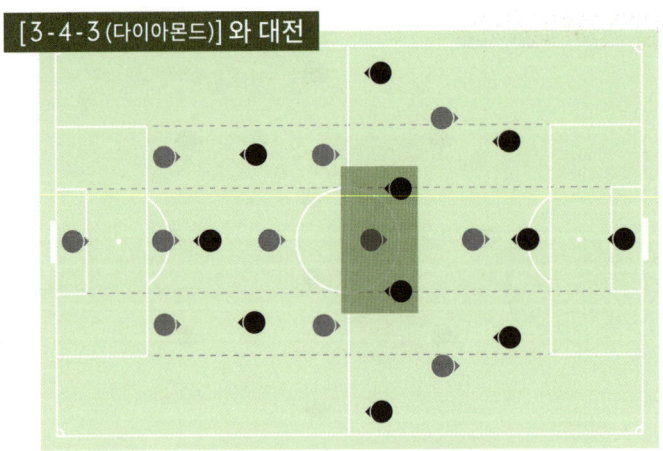

<우위 포지션> 수비형 미드필더

[3-4-2-1]이 [3-4-3(다이아몬드)]와 맞물릴 때 구조적으로 여유가 있는 '우위 포지션'은 수비형 미드필더다. 그렇다고는 해도 수비형 미드필더는 상대의 쓰리톱에 의해 패스 경로가 차단되기 쉽고 앞에서 상당히 강력한 하이 프레스가 들어올 것을 각오해야 한다.

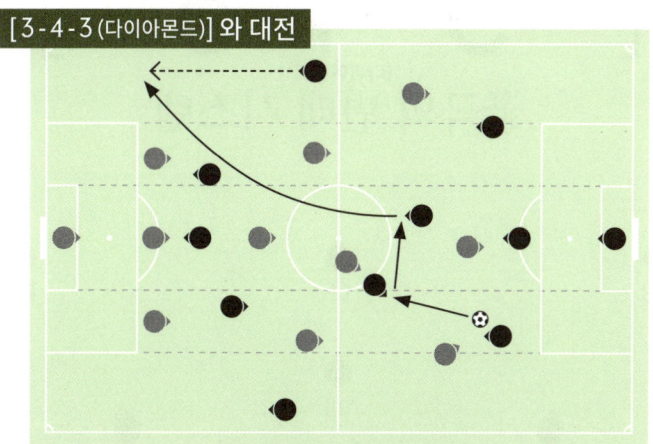

효과적인 공격 루트 ❶

아군의 수비형 미드필더 2명에 대해 상대는 공격형 미드필더 1명이 대응하게 된다. 수비형 미드필더끼리 서포트를 위한 각도를 만들고 반대쪽 사이드의 윙백까지 전개할 수 있다면 단숨에 기회를 얻을 수 있다. 다만 아군의 쓰리백과 두 수비형 미드필더의 발기술이 어지간히 좋지 않으면 오히려 실점할 위험도 있음을 염두에 둔다.

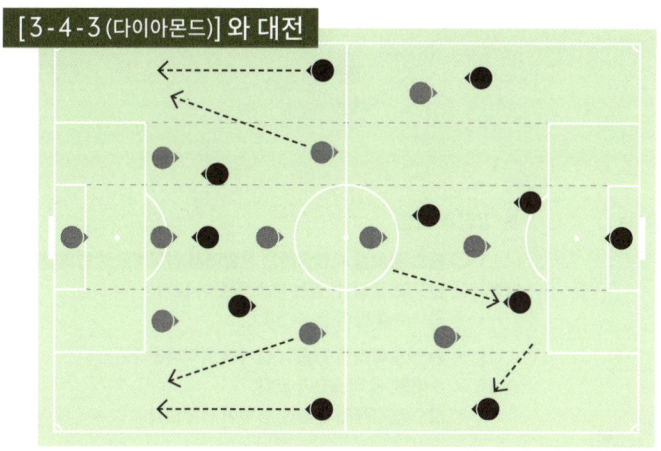

효과적인 공격 루트 ❷

평범한 팀이라면 수비형 미드필더 1명을 수비 라인으로 내려 포백으로 변형하는 것이 현실적이다. 수비 라인에 +1의 수적 여유를 만든 후 [3-4-3(다이아몬드)]의 약점인 사이드 공간을 노리면 상대도 파이브백으로 변형해 무게중심을 낮출 가능성이 크다.

Formation / 3backs

[3-4-3]
(다이아몬드)
궁극의 변태 시스템

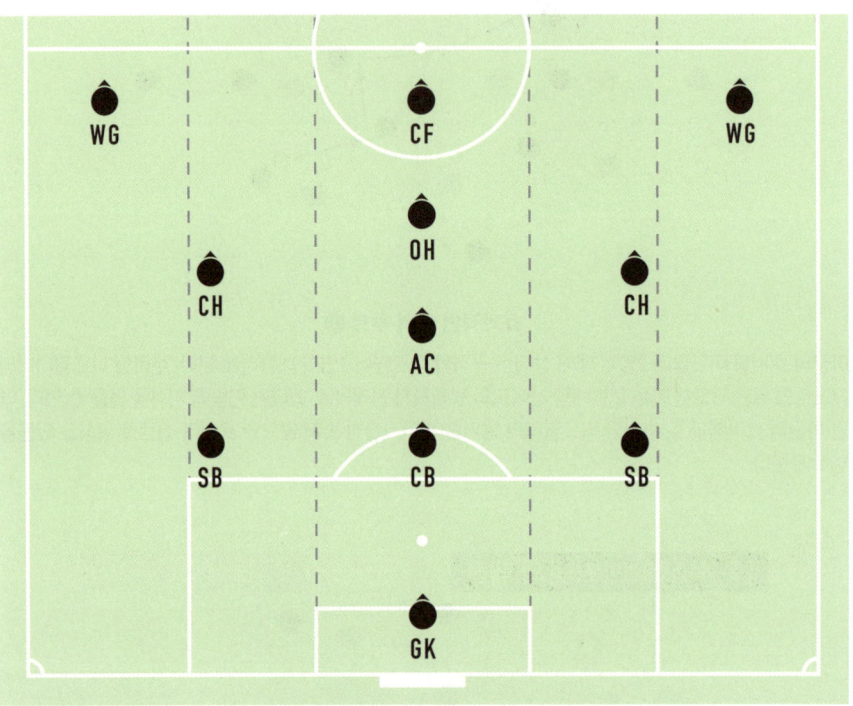

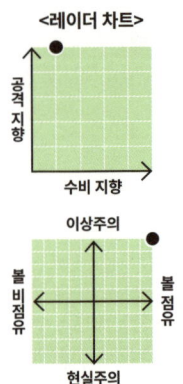

▶ 강점과 약점

강점
- ○ 패스 경로를 차단당하는 상황에서 압도적으로 강하다.
- ○ 필드에 그릴 수 있는 패스 경로가 많다.
- ○ 공격수를 많이 둘 수 있다.

약점
- × 한 부분이라도 빈틈이 생기면 취약해진다.
- × 수비할 때 리스크가 크다.
- × 선수와 감독에게 높은 능력이 요구된다.

▶ 감독
- 마르셀로 비엘사 Marcelo Bielsa
- 루이 판할 Louis van Gaal
- 요한 크루이프 Johan Cruyff

[3-4-3(다이아몬드)]의 메커니즘

[4-3-3]에서 센터백이 한 라인 올라간 것

이 책에서 [3-4-3(플랫)]과 [3-4-3(다이아몬드)]를 나눈 데는 이유가 있다. 이 두 포메이션이 완전히 다른 경위로 탄생했다는 것을 강조하고 싶었기 때문이다. 전자인 [3-4-3(플랫)]은 앞서 설명한 대로 수비의 나라 이탈리아가 [4-4-2]에서 파생시켰으며 수비할 때는 파이브백이 되는 현실적인 포메이션이다.

반면 [3-4-3(다이아몬드)]는 완전히 다른 발상에서 나왔다. 기원은 네덜란드이며 [4-3-3]에서 발전했다. 네덜란드는 이탈리아 등과는 다르게 옛날부터 센터백이라는 포지션을 최후의 보루가 아닌 공격의 출발점으로 삼는 토양이 있었다. 또한 네덜란드의 센터백이라고 하면 예전에는 로날드 쿠만Ronald Koeman이나 프랑크 더부르Franciscus De Boer처럼 전개 능력이 뛰어난 선수를 기용한 역사가 있다. 그렇기에 네덜란드의 [4-3-3]에서는 전개 능력이 뛰어난 센터백 2명이 늘어서는 경우가 자주 있었다. 그러나 전개 능력이 뛰어난 센터백이 2명 있는데 기껏 옆으로 늘어서 있으면 아깝지 않은가.

그래서 공격할 때는 두 센터백 중 하나가 미들 라인으로 올라가는, 지금 식으로 말하면 가변 시스템과 같은 움직임이 점차 당연하게 이루어지기 시작했다. 이것이 어느새 하나의 포메이션으로 정착해 [3-4-3(다이아몬드)]가 탄생한 것이다. 즉 구조적으로 [4-3-3]에서 센터백이 한 라인 올라간 것이 이 포메이션이다. 따라서 [3-4-3(다이아몬드)]의 쓰리백 구성은 풀백 + 센터백 + 풀백이 기본이다. 이탈리아산 [3-4-3(플랫)]이 순수한 센터백 3명으로 구성되고 수비할 때는 윙백도 수비 라인으로 내려가 수비하는 것과 비교하면 근본적으로 발상이 다르다.

그리고 이것은 필자의 완전히 개인적인 생각도 포함된 것이지만 [3-4-3(다이아몬드)]야말로 궁극의 포메이션이다. 10명이라는 필드 플레이어가 공격 라인, 미들 라인, 최

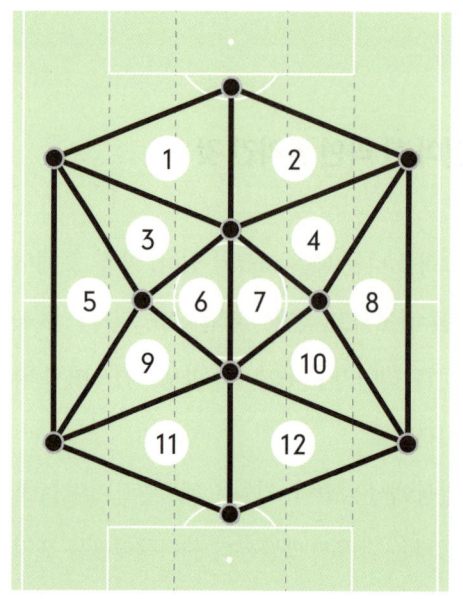

[3-4-3(다이아몬드)]에서 형성되는 삼각형

후방 라인에 균형 있게 배치되어 선수와 선수를 잇는 삼각형의 수가 가장 많기 때문이다(그림 참고). 축구에서 볼 돌리기를 중시한다면 최종적으로 이런 배치에 다다를 것 같다는 생각이 든다.

볼을 빼앗기지 않는 것이 전제인 시스템

　일반적으로 축구에서는 '좁게 수비하고 넓게 공격하기'가 기본이다. 그래서 많은 팀이 '좁게 수비하기'를 기준으로 포메이션을 짜고 볼을 빼앗기면 넓게 흩어지듯 움직인다. 그러나 [3-4-3(다이아몬드)]는 그 넓게 흩어진 상태를 기본으로 해서 경기한다. 물론 볼을 빼앗기면 볼을 향해 전체가 수축하지만 어디까지나 넓게 퍼진 상태가 기본이다. 그렇기 때문에 수비의 관점에서 보면 리스크가 크다. 특히 최후방 라인은 쓰리백이 경기장의 가로 전체에 퍼져 있다(어쨌든 양쪽은 풀백이다). 볼을 잃은 순간 원백이라고도 할 수 있는 상태이므로 쓰리백의 수비에 넓은 플레이 영역과 뛰어난 능력이 요구됨은 말할 것도 없다. 그렇지 않으면 당장 대량 실점으로 이어질 수 있다. 다시 말해 애초에 쉽게 볼을 빼앗겨서는 안 된다. 아니, 볼을 빼앗기지 않는 것이 전제인 포메이션이다.

당연히 이 포메이션의 숙명이라고도 할 수 있는 것은 지금까지 이 포메이션을 도입한 팀이 매우 적다는 사실이다. 자신의 이상을 위해 이 포메이션을 도입했다가 파멸하게 될 수도 있기 때문에 감독에게도 상당한 각오가 필요하다. 그러나 [3-4-3(다이아몬드)]는 그런 리스크를 감수하고서라도 사용해 보고 싶어지는 매력이 있다. 일단 이 포메이션이 잘 맞아 들어 팀이 제대로 기능하면 그 퍼포먼스가 압도적이기 때문이다. 볼을 움직이기 최적인 위치에 선수들이 처음부터 서 있다. 원하는 대로 선수에서 선수로 볼이 연결되고, 볼과 경기를 완전히 지배하는 축구를 실현할 수 있는 것이다. 이 포메이션을 만들어낸 네덜란드의 거장 요한 크루이프가 부르짖던 '아름답게 승리하라'가 바탕에 깔린 축구다. 필자가 이 [3-4-3(다이아몬드)]라는 포메이션에 매료되어 특별한 애정을 품고 있는 것도 이 때문이다.

필수 불가결한 원터치 플레이메이커

이 포메이션의 메커니즘은 일단 무조건 볼을 점유하지 않으면 아무 일도 되지 않는다. 볼을 점유함으로써 상대가 공격하지 못하도록 하는 것이 최대의 수비라는 사고방식이다. 따라서 몇 번이고 카운터를 먹일 실력이 있는 팀을 상대로 굳이 이 포메이션으로 도전하는 일은 자살행위에 가깝다고 할 수 있다.

공격 면에서의 이점은 원터치로 패스를 돌리기 쉽다는 것이다. 크루이프는 '쓰리터치는 삼류 선수다. 투터치는 평범한 선수다. 원터치야말로 일류 선수다.'라는 유명한 발언을 했는데, [3-4-3(다이아몬드)] 포메이션 경기를 보고 있으면 이 사고방식이 매우 잘 드러난다. 툭 툭 하고 빠른 속도로 패스를 돌리는 것이 보통이므로 어디에서 공격의 리듬이 정체되고 어느 선수가 실력이 떨어지는지 일목요연하게 알 수 있다. 따라서 필연적으로 모든 선수에게 매우 뛰어난 기술이 요구된다.

또 빠른 패스로 볼을 움직이는 데 최적화된 포메이션이므로 시간을 버는 사령탑, 플레이메이커라고 불리는 유형의 선수를 위한 자리는 없다는 측면도 있다. 공격형 미드필더 포지션에 들어가는 선수에게 요구되는 것은 볼 소유 능력이나 킬러 패스가 아니라 원터치 패스와 세컨드 스트라이커로서의 기동력이다. 미들 라인의 패스 돌리기에서 윤활유가 되고, 마무리 국면에서는 페널티 에어리어 안으로 뛰어들어가 직접 득점을 양산할 수 있는 공격형 미드필더가 필요하다. 1990년대 중반에 황금기를 구가한 아약스의 야리 리트마넨Jari Litmanen은 그런 의미에서 그야말로 이상적인 공격형 미드필더였다고 할 수 있다. 불필요한 터치가 거의 없는, 원터치 플레이메이커의 교본과도 같은 선수였다.

여담이지만 리트마넨이 유명해지기 훨씬 전에 당시 핀란드 리그에서 뛰던 리트마넨의 비디오를 마르셀로 비엘사가 구해서 열심히 봤다는 일화가 남아 있다. 비엘사는 당시 지휘하던 팀의 선수들에게 그 비디오를 보여주며 '이것이 이상적인 공격형 미드필더의 모습이다'라고 말했다고 한다. [3-4-3(다이아몬드)]를 이상으로 삼았던 감독인 루이 판할과 마르셀로 비엘사가 신기하게도 매우 비슷한 축구관을 가지고 있었다는 것을 엿볼 수 있는 에피소드다.

감독에게 필요한 정신 나간 멘탈리티

수비에서는 볼을 즉시 빼앗아오는 것이 주된 전술이다. 원터치 패스를 한 선수가 패스앤드고(패스한 후 볼을 다시 받거나 상대를 교란하기 위해 즉시 빈 공간으로 달려가는 것)를 하므로 종패스에서 볼을 잃은 경우는 그 선수가 그대로 첫 수비수가 되어 상대를 압박하고 근처의 선수가 여기에 가세한다. [3-4-3(다이아몬드)]는 볼 주변의 2~3명이 둘러싸고 볼을 빼앗지 못하면 괴로워진다. 선수가 일정한 간격으로 흩어져 있으므로 전방으로 제때 돌아가지 못하기 때문이다. 필연적으로 쓰리백은 각자의 능력으로 카운터를 막아야만 한다. 횡패스와 백패스를 상대가 계속 낚아채면 차마 눈 뜨고 봐줄 수 없는 경기가 되므로 이런 장면이 자주 나오는 팀에게는 이 포메이션을 권장하지 않는다.

그리고 [3-4-3(다이아몬드)]의 패배 패턴은 전체 포지션이 상대 팀과 꽉 맞물렸을 때의 강함과 함께 존재하는 취약함이다. 톱니바퀴 하나라도 어긋나면 팀 전체가 기능 부전에 빠지는 경우가 있다. 필자가 처음으로 [3-4-3(다이아몬드)]를 직관한 것은 앞에서 말한 아약스가 1995년 도요타컵을 위해 일본에 왔을 때였다. 당시 '유럽 최강의 공격 축구'로 평가받던 아약스에 기대를 가득 품고 경기장으로 향했던 기억이 난다. 그런데 뚜껑을 열어 보니 결과는 무득점으로 비긴 데다 경기 내용도 형편없었다. 원인은 공격형 미드필더 리트마넨이 후반에 일찍 교체되어야 할 만큼 몸 상태가 나빠서 팀 전체의 톱니바퀴가 들어맞지 않은 것이었다.

[3-4-3(다이아몬드)]는 공격형 미드필더가 기능하지 않으면 윙의 개인 돌파에 의지하는 단조로운 공격만 하게 되는 경우가 많다. 이날 아약스가 딱 그랬다. 공격형 미드필더의 부진에 대한 또 다른 좋은 예는 2002년 월드컵에서 '최강 우승 후보'로 평가받으며 일본을 방문한 비엘사의 아르헨티나 대표팀이다. 이 팀도 공격형 미드필더인 베론의 몸 상태가 매우 나빠 남미 예선에서 보여준 압도적인 강력함이 본선에서는 거짓말처럼 사라지고 말았다. 한 번 톱니바퀴가 어긋난 이 팀은 마지막까지 회복하지 못하고 조별리그에서 탈락하며 일본을 떠났다.

이처럼 [3-4-3(다이아몬드)] 포메이션은 이 모든 리스크를 이해하면서 자신의 이상을 추구하는, 좋은 의미로 정신 나간 멘탈리티가 없으면 도입하기 어렵다. 그야말로 취급주의, 궁극의 변태 포메이션이라고 부를 만하다.

<관전 포인트>

경기에서 확인할 [3-4-3(다이아몬드)]의 포인트
↓
쓰리백이 벌어지는 방식

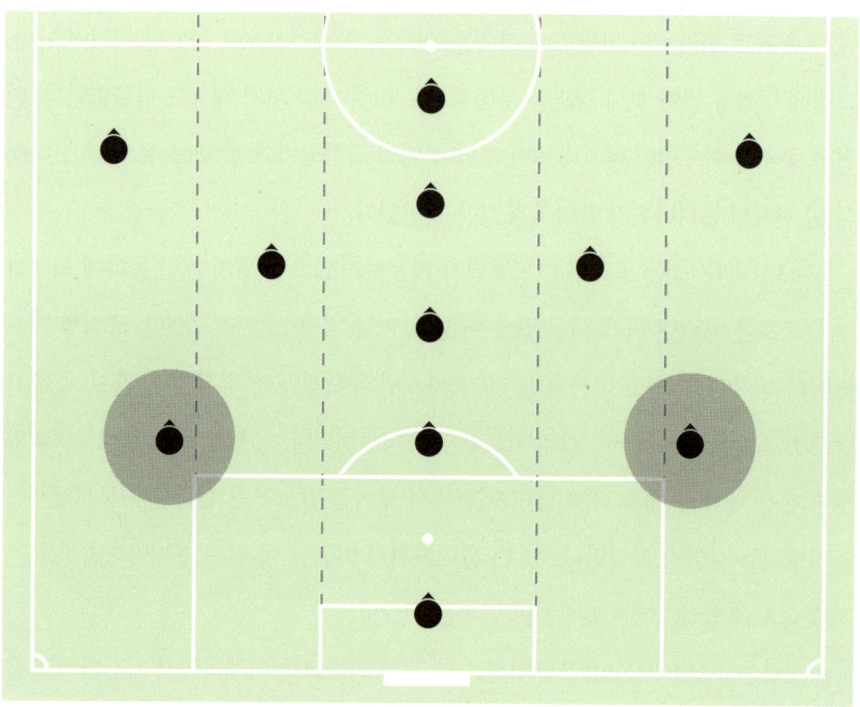

　만약 [3-4-3(다이아몬드)]를 봤다면 정말 맞는지 다시 한 번 살펴보자. 그 정도로 이 포메이션은 잘 쓰이지 않기 때문이다. 정말로 [3-4-3(다이아몬드)]라면 그 감독은 기억해 둘 만하다. 경기에서는 패스의 흐름을 주목한다. 어디에서 속도가 빨라지고 어디에서 정체되는지 본다. 정체되는 포지션이 있을 경우, 빨리 교체하지 않으면 팀 전체가 기능부전을 일으킨다. 뒤에서 패스를 돌리기 위해서는 쓰리백이 벌어지는 방식도 중요하다. 감독에 따라서는 볼을 빼앗긴 후의 리스크를 고려해 페널티 박스의 폭 정도로만 벌리는 경우도 있다. 쓰리백 중 좌우 선수가 터치 라인 정도까지 벌어져 있다면 빌드업에 상당히 자신이 있다는 증거다.

[3-4-3(다이아몬드)]
과거의 명팀
1

1994-95
아약스

감독/
루이 판할
Louis van Gaal

기복이 없고 정확하며 무자비한 기계 군단

이 시즌 아약스는 에레디비지에서 27승 7무, 득실점차 78이라는 압도적인 성적으로 무패 우승했다. 게다가 챔피언스 리그도 패배 없이 우승했다. 당시 아약스는 유럽 최강의 자리를 가볍게 얻어내며 황금기를 맞이했다.

감독 루이 판할이 이론을 고집하며 구성한 이 팀은 마치 정밀한 기계와도 같은 정교함을 자랑했다. 볼을 오래 가지고 노는 유형의 선수나 플레이를 철저히 배제하고, 패스 교환은 기본적으로 원터치나 투터치를 고수했다. 판할은 계산할 수 없는 선수 개개인의 직감에 의존하지도 않았다. 팀으로서 매 경기 일정한 퍼포먼스를 계산해낼 수 있는 기계를 지향했기 때문이다. 그렇다면 적은 터치로 패스를 돌리고 경기를 계속 지배할 수 있는 [3-4-3(다이아몬드)]의 도입은 논리적인 해답이었는지도 모른다. 이렇게 해서 볼을 받는 선수에게 반드시 여러 갈래의 패스 경로가 나타나는 구조가 만들어졌다. 이제 기계의 각 부품이 계속 실수 없이 경기하기만 하면 승리는 당연히 찾아오는 것이었다.

따라서 판할의 팀에서는 판단이나 기술의 실수가 허용되지 않았고 항상 엄격함이 추구되었다. 필연적으로 모든 포지션에서 선수들의 기술 수준은 매우 높았다. 놓치지 말아야 할 점으로 클럽의 육성 능력도 들 수 있다. 아약스의 육성 방침은 판할이 원하는 자질을 중시했다. 각 포지션에 필요한 부품을 자력으로 조달할 수 있다는 사실은 이 포메이션을 도입하는 데 큰 역할을 했을 것이다. 판할 본인도 아약스의 육성 기관에서 성장한 선수였으므로 어떤 의미로는 당연하다고도 할 수 있다. 1994-95 시즌 리그와 챔피언스 리그에서 무패. 이 결과는 판할의 팀이 얼마나 기복 없고 정확하며 무자비한 기계였는지 말해준다.

그런 기계에도 약점은 있었던 것일까. 지금 시점에서 조금 의문인 부분은 포지션을 지킬 때 세로 방향 로테이션은 있어도 가로나 사선 방향 포지션의 이동은 기본적으로 허용되지 않았다는 점이다. 그래서 패스의 목적지에 있는 윙이나 공격형 미드필더에게 상대 선수를 벗겨내는 역량이 없으면 공격이 교착되는 면도 엿보였다. 실제로 보통내기가 아닌 노회한 수비수들이 모여 있던 이탈리아의 밀란을 상대로는 상당히 고전했다.

또 경기장의 상태도 팀의 경기력에 큰 영향을 미쳤다. 홈인 암스테르담의 경기장에서는 볼이 잘 미끄러져서 시원시원하게 패스를 연결할 수 있었지만, 잔디가 상한 원정 경기에서는 팀 전체의 퍼포먼스가 명백히 저하되었다. 도요타컵을 위해 일본에 왔을 때 판할이 경기장 상태에 대해 엄청나게 불평했던 것도 어느 정도는 이해가 된다.

1995년 아약스는 팀의 평균 연령도 젊고 앞으로 황금기를 굳히려던 참이었는데 1위에 빛났던 도요타컵에서 며칠이 지난 후 유럽에 대규모 지각변동이 일어났다. 보스만 판결이 내린 것이다. 이 사법적 판단으로 인해 아약스는 이 시즌 이후 스타 선수 대부분을 잃었다. 많은 선수가 풍부한 자금력을 가진 해외 빅클럽으로 이적했다. 다만 아약스의 대단한 점은 주요 전력을 송두리째 잃었어도 육성이 확실하게 기능했기 때문에 그다음 세대에도 다시 황금기를 구축했다는 것이다. 옛날 같은 유럽 제패는 조금 멀어진 감이 있지만, 몇 년 주기로 유럽에서 존재감 있는 팀을 꾸준히 배출하고 있다. 그리고 그 주기는 멈출 기미가 보이지 않는다.

[3-4-3(다이아몬드)]
과거의 명팀
2

2001
아르헨티나 대표팀

감독 /
마르셀로 비엘사
Marcelo Bielsa

남미의 창조성과 유럽의 치밀함이
고차원적으로 융합된 팀

[3-4-3(다이아몬드)]의 두 번째 팀은 마르셀로 비엘사가 감독하던 아르헨티나 대표팀이다. 2002년 월드컵 본선이 아니라 그 전 해인 2001년이라는 것이 중요하다. 이 팀은 이듬해의 월드컵을 앞두었던 이 시기에 명백히 정점에 있었기 때문이다. 당시 아르헨티나는 남미 특유의 창조성 넘치는 플레이스타일과 네덜란드를 기원으로 삼는 치밀한 [3-4-3(다이아몬드)]가 무섭도록 고차원적으로 융합된, 그야말로 이상적인 팀이었다고 할 수 있다. 당시 남미 국가들은 빠른 볼 돌리기와 포지셔널 플레이에 전혀 대응하지 못했다. 그 결과 아르헨티나는 월드컵 예선을 13승 3무 1패로 독주하며 돌파했다(2위 에콰도르와 승점차 12점).

엄청난 '축구 덕후'인 지휘관 비엘사는 당시 아약스를 연구하는 데 푹 빠져 있었다고 한다. 아르헨티나 전국에서 뛰어난 선수를 마음대로 골라올 수 있는 대표팀에 비엘사가 자신이 이상으로 삼던 [3-4-3(다이아몬드)]를 선택한 것은 당연한 귀결이었는지도 모른다.

후안 세바스티안 베론이 특기인 중장거리 패스를 좌우로 뿌리고, 사이드를 아리엘 오르테가Ariel Ortega와 클라우디오 로페스Claudio Lopez가 돌파한다. 뒤에서는 후안 파블로 소린과 하비에르 사네티Javier Zanetti도 달려 나온다. 그리고 사이드에서 오는 크로스를 골문 앞에서 마무리하는 사람은 에르난 크레스포(또는 가브리엘 바티스투타)다. 각 포지션의 역할이 명확히 정해져 있었기에 비엘사의 선수 기용에는 한 치의 망설임도 없었다. 당시 아르헨티나에는 바티스투타와 크레스포라는 세계 굴지의 스트라이커가 있었다. 평범한 감독이라면 이 둘을 병용하는 투톱에서 시작해 팀을 구성해도 이상하지 않다. 그러나 비엘사의 머릿속에서 센터포워드 포지션은 이미 하나로 정해져 있었고, 선발로 기용하는 것은 둘 중 하나뿐이었다. 플레이메이커도 당시 아르헨티나에는 파블로 아이마르와 후안 로만 리켈메라는 스타 선수가 있었다. 그러나 선발은 항상 베론으로 완고하게 고정되어 있었다. [3-4-3(다이아몬드)]에서 플레이메이커의 역할과 포지션을 수행하는 선수는 공격형 미드필더 하나밖에 없기 때문이다. 아이마르는 베론과 교체될 때만 출전할 수 있는 여분의 부품 취급을 받았으며 결국 이런 대우는 월드컵 본선까지 계속되었다. 리켈메는 숏패스와 원투 패스를 중심으로 한 중앙 돌파 위주의 플레이스타일 때문에 애초에 팀 구성에서 배제되었다. 비엘사가 볼 때는 다른 선수에게 패스를 잘해 주고 중장거리 패스를 좌우로 적절히 뿌리는 베론이 이상적인 부품이었던 것이다.

그러나 아르헨티나는 이듬해 월드컵 본선에서 1승 1무 1패로 충격적인 조별리그 탈락을 맞이했다. 패인으로는 남미 예선에서 보여준 축구가 너무 충격적이었기 때문에 본선 시점에서는 이미 전 세계가 아르헨티나에 관한 연구를 마쳤다는 점을 들 수 있다. 오르테가는 철저한 마크와 반칙도 불사하는 태클에 무너졌고, 속도가 자랑이던 클라우디오 로페스는 공간을 확보하지 못했다. 본선 때 베론의 몸 상태가 매우 좋지 않았다는 불운도 겹쳤다. 치밀하게 구성된 기계는 그 치밀함 때문에 한 번 기능부전에 빠지면 약해지는 것이다. 결국 비엘사는 최후까지 자신이 만들어낸 시스템을 고집하고, 선수 개인에게 의지하는 일 없이 떠나갔다.

[3-4-3(다이아몬드)] 대전 조합 일람

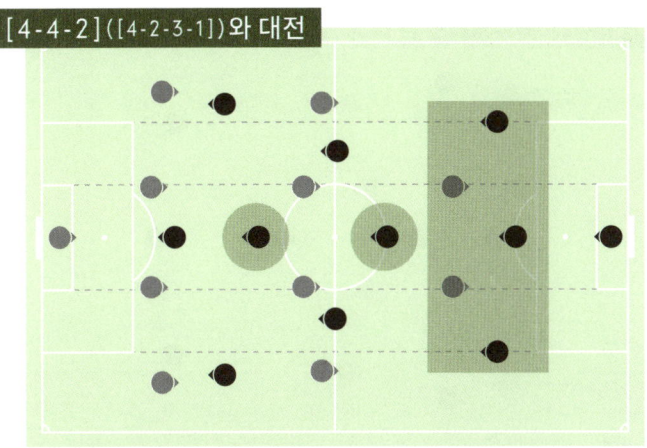

<우위 포지션> 쓰리백 + 앵커맨 + 공격형 미드필더

[3-4-3(다이아몬드)]가 [4-4-2]([4-2-3-1])와 맞물릴 때 구조적으로 여유가 있는 '우위 포지션'은 쓰리백과 앵커맨 그리고 공격형 미드필더다.

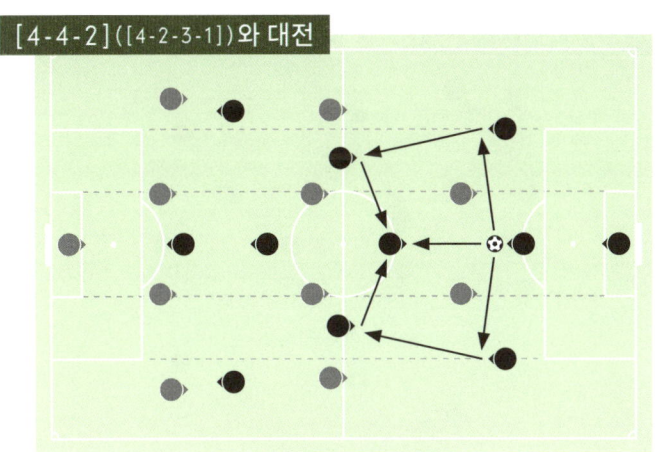

효과적인 공격 루트 ❶

이 조합에서 빌드업의 첫수는 상대의 전방인 투톱을 넘어 앵커맨에게 볼을 주는 것이다. 쓰리백 중앙에서 종패스를 뿌리다가 상대의 투톱이 가운데 닫으면 중앙 미드필더를 경유해 원터치로 앵커맨에게 패스한다.

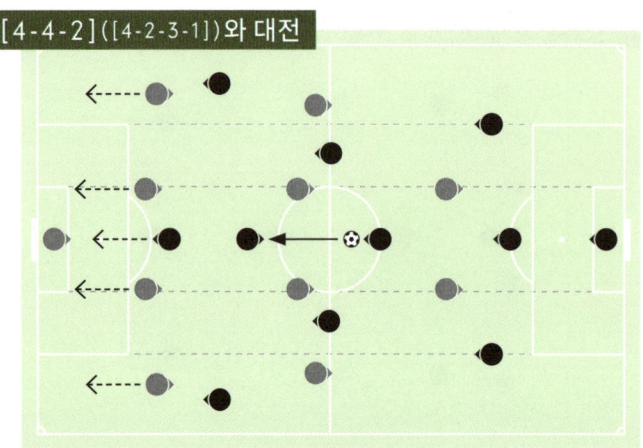

효과적인 공격 루트 ❷

앵커맨에게 볼이 다다르면 그다음 목적은 위험 지역에서 마크 없이 기다리는 공격형 미드필더에게 볼을 연결하는 것이다. 이때 센터포워드는 항상 상대 진영 깊숙한 곳을 노림으로써 상대의 수비 라인을 밀어내고 위험 지역을 넓히는 역할을 한다.

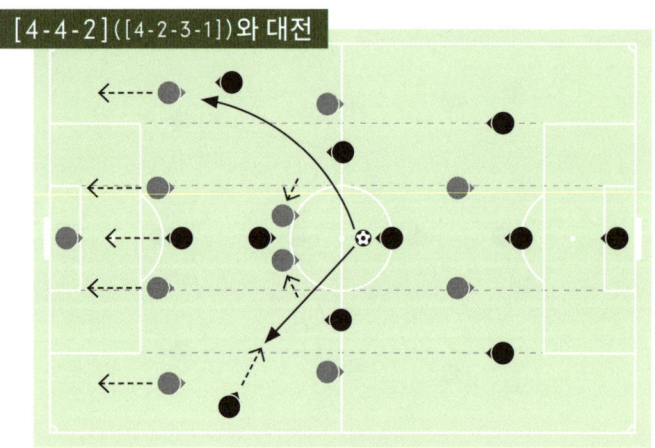

효과적인 공격 루트 ❸

상대 수비형 미드필더가 중앙을 닫을 경우에는 바깥쪽으로 벌어진 윙을 향해 전개한다. 상대 수비 라인은 내려가 있으므로 윙에게 전개하면 상대 풀백과 1대1 국면이 될 가능성이 크다. 따라서 윙에는 1대1 돌파가 가능한 강력한 선수를 배치하는 것이 바람직하다. 이것을 발전시킨 형태로 윙이 하프스페이스로 들어가 비스듬하게 패스를 받는 패턴도 효과적이다.

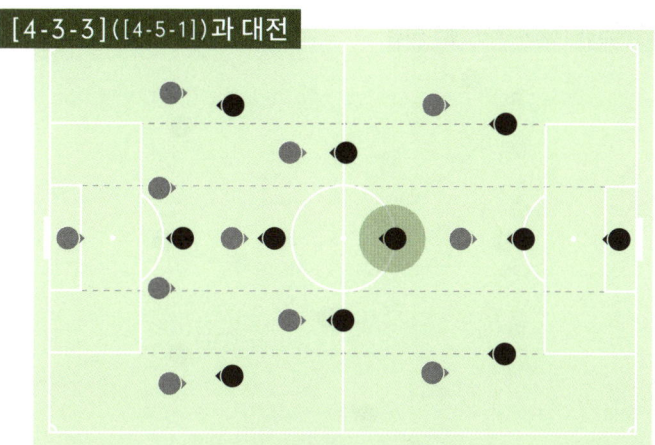

<우위 포지션> 앵커맨

[3-4-3(다이아몬드)]가 [4-3-3]([4-5-1])과 맞물릴 때 구조적으로 여유가 있는 '우위 포지션'은 앵커맨이다.

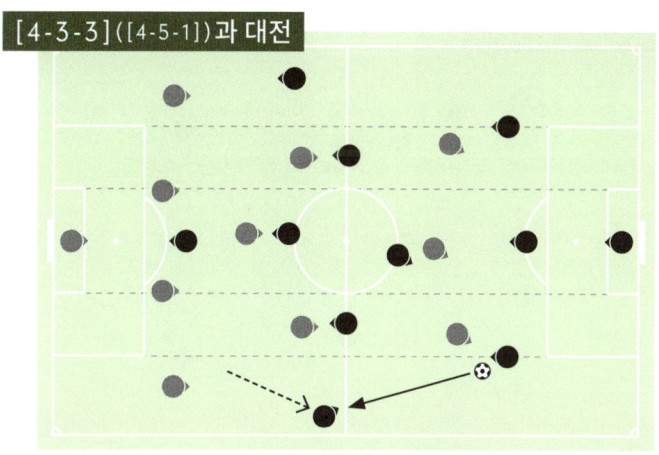

효과적인 공격 루트 ❶

빌드업의 시작점이 되는 쓰리백은 상대의 쓰리톱과 수적으로 동등하므로 앵커맨이 항상 패스 경로를 만들어 쓰리백과 연계하는 것이 중요하다. 이렇게 되면 [4-3-3]의 쓰리톱은 우선 앵커맨에게 가는 패스 경로를 차단해야만 한다. 상대가 가운데를 닫으면 바깥쪽이 비기 때문에 아군의 윙이 미들 라인까지 내려와 센터백이 상대 선수 한 명을 건너뛰어서 주는 패스를 받는다.

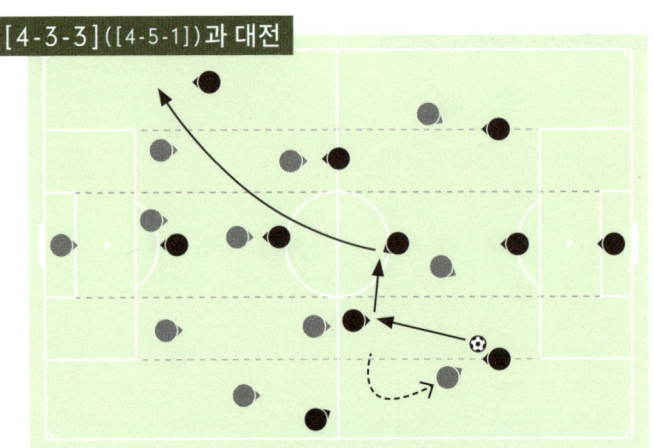

효과적인 공격 루트 ❷

상대 윙이 바깥쪽에서 들어오며 센터백을 압박할 경우에는 중앙 미드필더를 경유한 원터치 패스로 앵커맨을 활용한다. 그리고 반대쪽 사이드의 윙에게 전개하면 아군에 우위성이 있는 1대1 국면으로 이어진다.

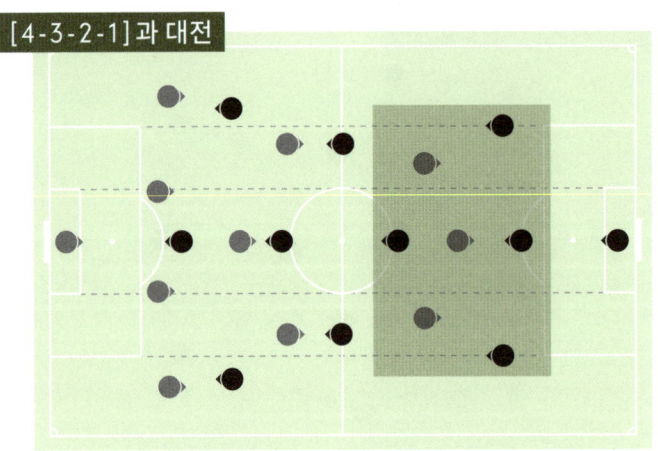

<우위 포지션> 상대 포워드 + 두 공격형 미드필더에 대한 4대3

[3-4-3(다이아몬드)]가 [4-3-2-1]과 맞물릴 때 구조적으로 여유가 있는 '우위 포지션'은 상대의 센터포워드와 두 공격형 미드필더에 대해 아군의 쓰리백과 앵커맨이 형성하는 4대3 수적 우위다.

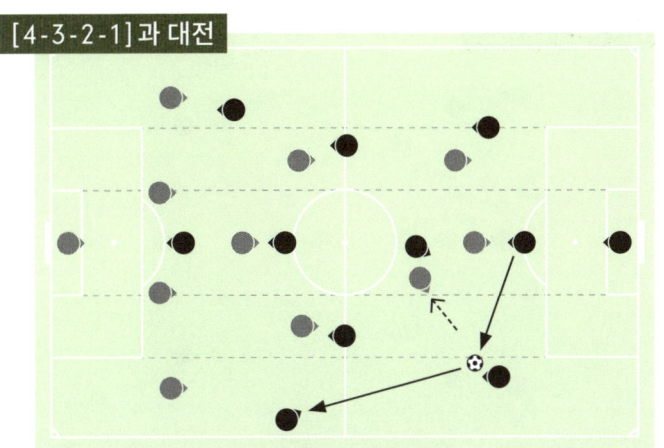

효과적인 공격 루트 ❶

상대는 일반적으로 공격형 미드필더 중 한 명이 아군 앵커맨의 수비를 담당한다. 그러므로 남는 센터백이 바깥쪽의 윙에게 패스하는 것이 효과적이다. 상대 풀백은 아군의 센터백이 압박없이 패스를 할 수 있는 상황에서는 뒤쪽도 신경을 써야 하므로 쉽게 앞으로 나오지 못한다. 따라서 이 조합에서는 윙이 항상 상대 풀백과 밀고 당기다가 타이밍을 봐서 미들 라인으로 내려가 패스를 이끌어낼 필요가 있다.

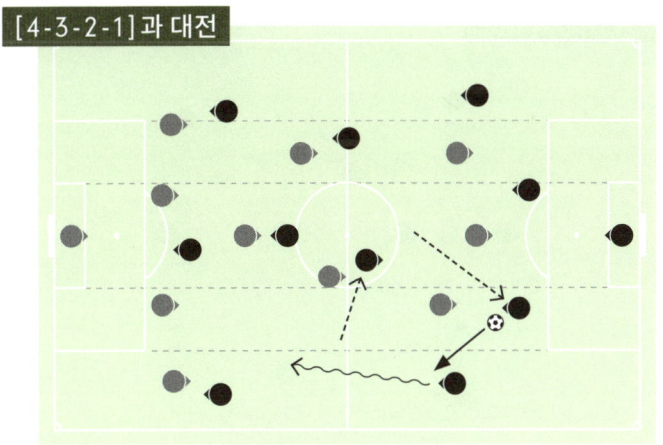

효과적인 공격 루트 ❷

상대 팀 전방 3명의 하이 프레스가 쓰리백을 압박해서 후방이 힘들다면 앵커맨을 내려 포백으로 변형하는 것이 무난한 선택지다. 이때 빈자리가 된 앵커맨 포지션에는 중앙 미드필더가 들어가서 사이드 공간을 비우고 센터백이 드리블할 경로를 만드는 변형이 효과적이다.

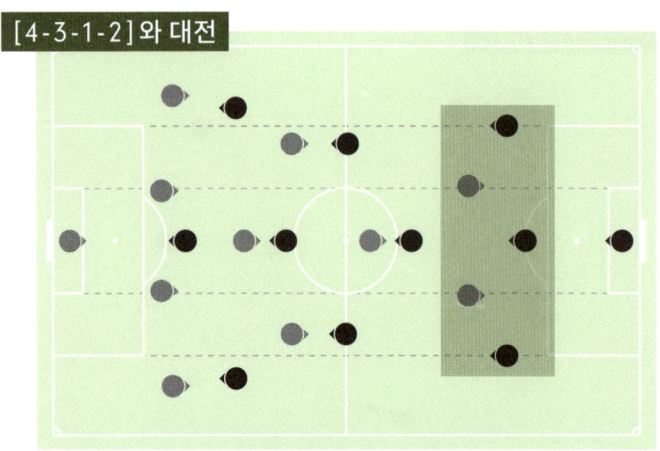

<우위 포지션> 쓰리백

[3-4-3(다이아몬드)]가 [4-3-1-2]와 맞물릴 때 구조적으로 여유가 있는 '우위 포지션'은 쓰리백이다.

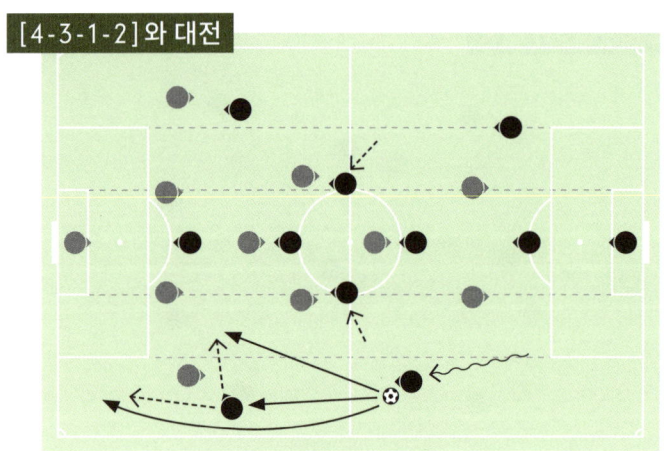

효과적인 공격 루트

이 조합에서는 미들 라인의 4명이 이루는 다이아몬드 형태가 상대의 다이아몬드와 완전히 매치업되는 상태다. 이것을 역으로 이용해서 중앙 미드필더가 중앙으로 좁혀 들어 센터백이 앞으로 볼을 가져갈 공간을 만드는 것도 효과적이다. 윙은 상대 풀백과 1대1 상태이므로 뒷공간, 발밑, 하프스페이스 중 적합한 선택지를 골라 볼을 받는다. 유리한 상황에서 볼을 받은 윙이 풀백과의 1대1을 돌파하면 득점 기회가 발생한다.

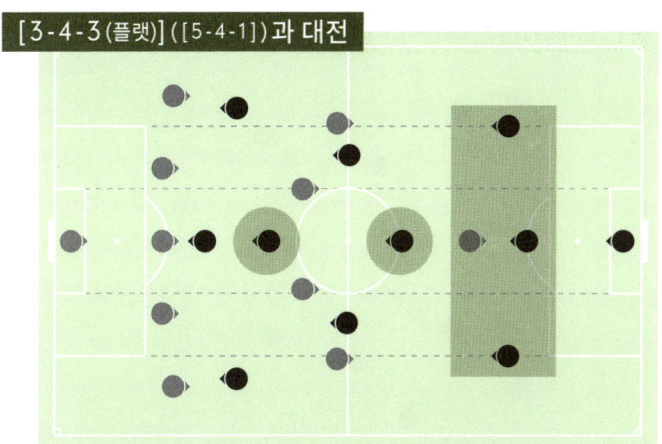

<우위 포지션> 공격형 미드필더 + 앵커맨 + 쓰리백

[3-4-3(다이아몬드)]가 [3-4-3(플랫)] [(5-4-1)]과 맞물릴 때 구조적으로 여유가 있는 '우위 포지션'은 공격형 미드필더와 앵커맨 그리고 쓰리백이다.

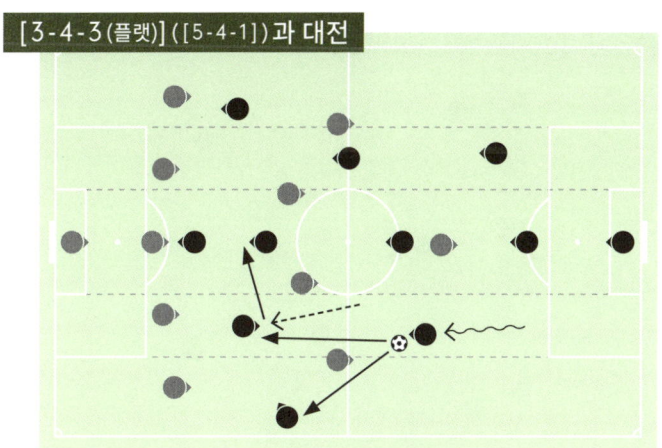

효과적인 공격 루트 ❶

상대가 물러나서 [5-4-1]을 만들었다면 센터백이 드리블해서 상대 윙을 움직이게 하는 것이 빌드업의 첫수다. 상대 윙이 안쪽과 바깥쪽 중 어디를 선택하느냐에 따라 중앙 미드필더 또는 윙에게 가는 패스 경로를 활용한다. 중앙 미드필더에게 패스한다면 원터치로 공격형 미드필더에게 볼을 주고, 윙에게 패스한다면 그대로 상대 윙백과 1대1 상황을 만들어 상대를 무너뜨리는 단계로 넘어간다.

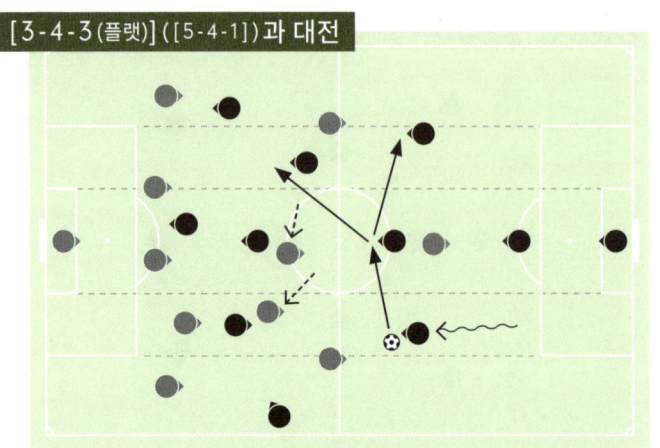

효과적인 공격 루트 ❷
상대의 수비형 미드필더가 중앙을 닫으면 앵커맨을 이용해 반대쪽 사이드에서 침입을 노린다.

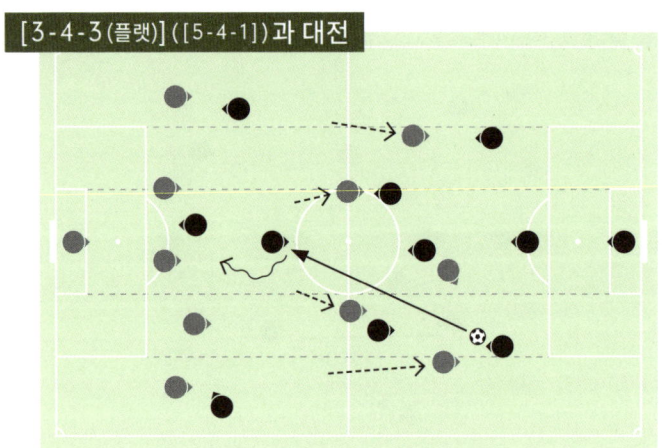

효과적인 공격 루트 ❸
상대가 전방에서 하이 프레스로 압박할 경우에는 그보다 한 라인 안쪽의 공격형 미드필더가 자유로워지므로 이를 활용한다.

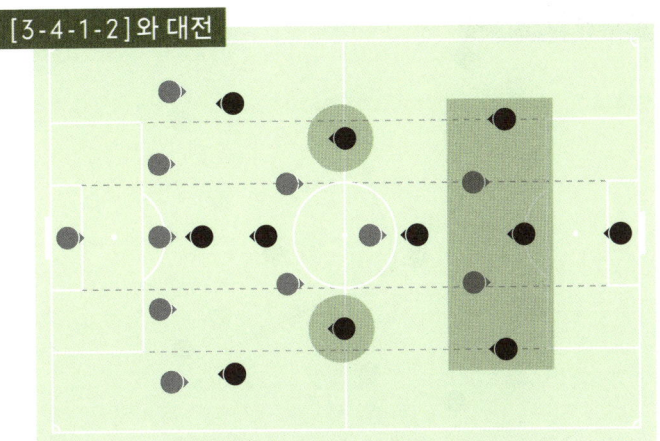

<우위 포지션> 중앙 미드필더 + 쓰리백

[3-4-3(다이아몬드)]가 [3-4-1-2]와 맞물릴 때 구조적으로 여유가 있는 '우위 포지션'은 중앙 미드필더와 쓰리백이다.

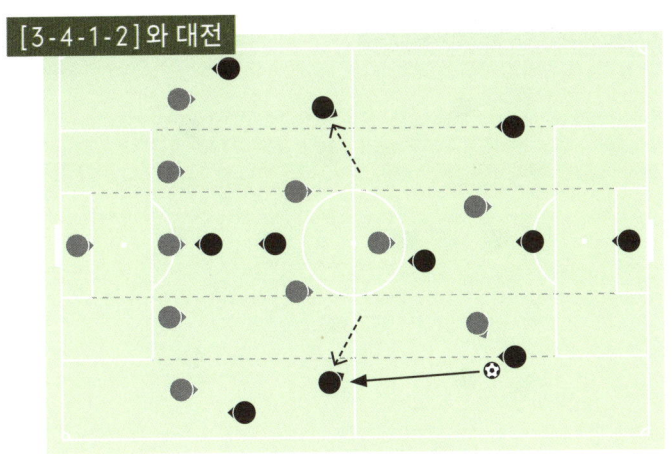

효과적인 공격 루트 ❶

이 조합에서는 중앙 미드필더가 넓게 퍼져서 풀백과 윙의 중계 지점에 위치를 잡으면 빌드업이 원활해진다. 풀백에게서 패스를 받은 중앙 미드필더는 스스로 드리블을 해도 좋고 빠르게 윙에게 연결해도 좋다.

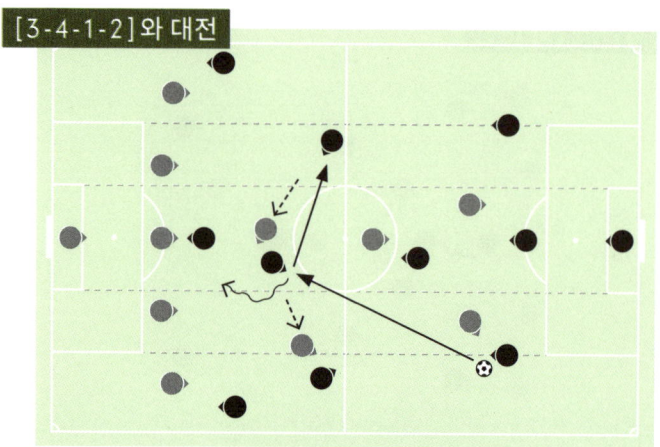

효과적인 공격 루트 ❷

상대 수비형 미드필더가 중앙 미드필더를 붙잡기 위해 사이드까지 나올 경우에는 공격형 미드필더로 가는 패스 경로가 빈다. 종패스를 받은 공격형 미드필더의 우선순위는 우선 턴을 해서 위험 지역으로 직접 침입하는 일이다. 물론 두 번째 선택지로 반대쪽 사이드의 중앙 미드필더에게 볼을 떨어뜨려 주는 포스트 플레이도 준비해 두면 빌드업을 이어가기가 훨씬 쉬워진다.

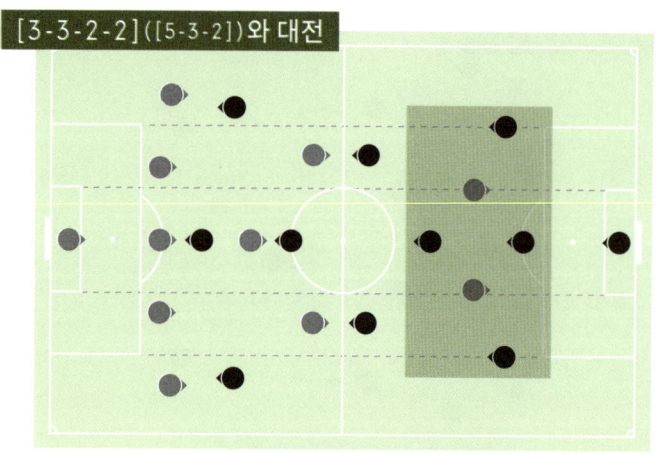

우위 포지션> 상대 투톱에 대한 4대2

[3-4-3(다이아몬드)]가 [3-3-2-2] ([5-3-2])와 맞물릴 때 구조적으로 여유가 있는 '우위 포지션'은 상대 투톱에 대해 쓰리백과 앵커맨이 형성하는 4대2 수적 우위다.

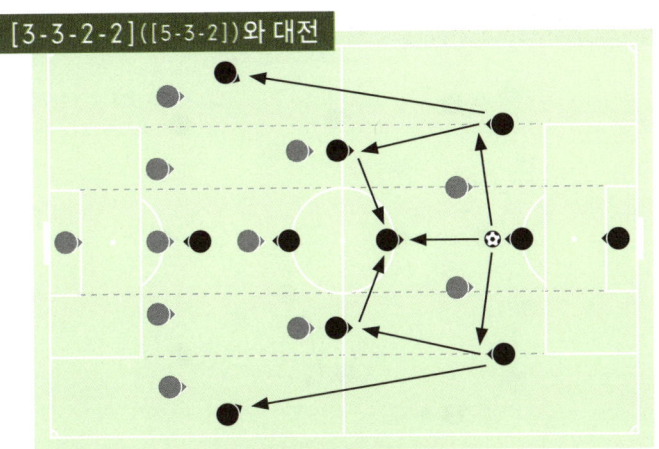

효과적인 공격 루트

이 조합에서 빌드업의 첫수는 상대의 투톱을 돌파하는 것이다. 상대 투톱이 서 있는 위치에 따라 앵커맨을 이용할지 또는 바깥쪽에 있는 윙을 이용할지 판단한다.

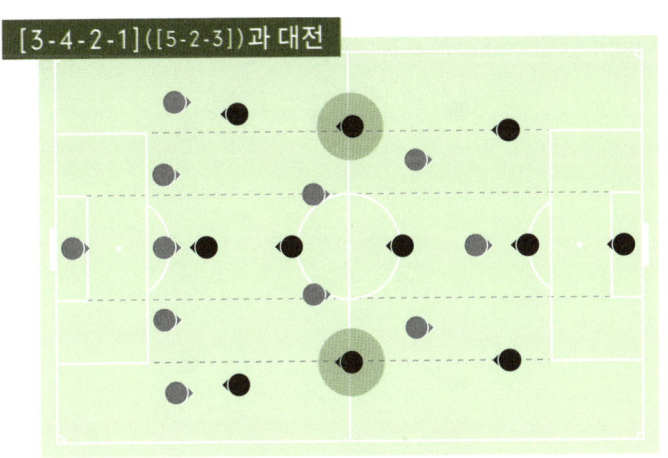

<우위 포지션> 중앙 미드필더

[3-4-3(다이아몬드)]가 [3-4-2-1]([5-2-3])과 맞물릴 때 구조적으로 여유가 있는 '우위 포지션'은 중앙 미드필더다.

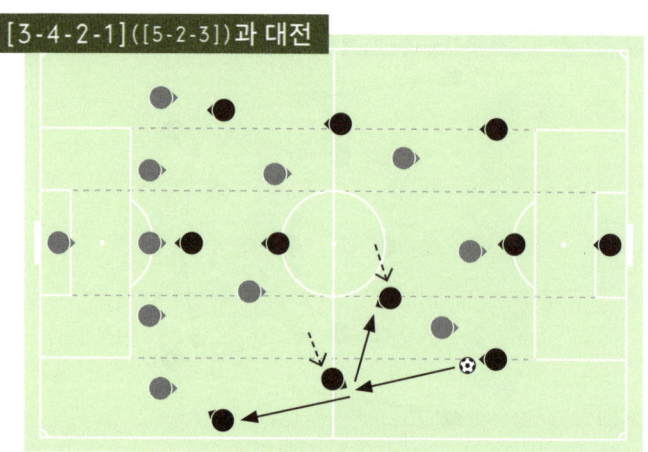

효과적인 공격 루트

이 조합에서는 중앙 미드필더가 사이드로 이동함으로써 안전한 패스 경로를 만들 수 있다. [3-4-2-1]은 사이드에 사람이 적으므로 사이드에 풀백, 중앙 미드필더, 윙, 이렇게 3명을 세워 우위성을 더욱 명확히 하는 것이 정석이다. 패스를 받은 중앙 미드필더는 직접 드리블하거나, 윙에게 패스하거나, 서포트하기 위해 들어오는 앵커맨에게 패스한다.

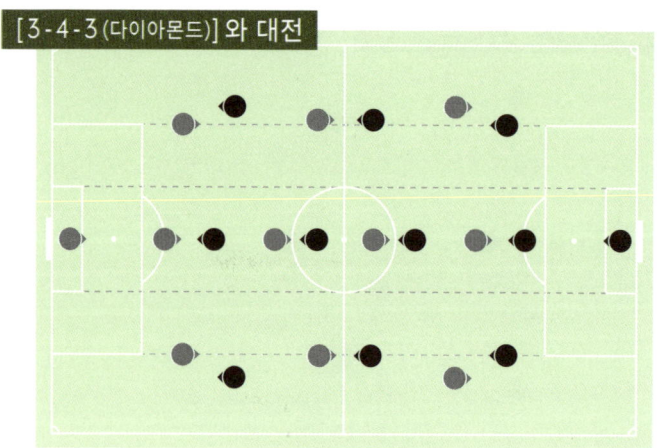

<우위 포지션> 없음

[3-4-3(다이아몬드)]끼리 맞물릴 때 구조적으로 여유가 있는 '우위 포지션'은 없다. 이 조합은 완전한 미러 매치가 된다. 특히 양쪽 골문이 3대3이라는 최소 단위의 수적 동등 관계이므로 개별 선수의 우위성이 노골적으로 드러나는 조합이라고 할 수 있다. 미러 매치이지만, 경기는 교착되기보다 오히려 열린 전개가 될 가능성이 크다.

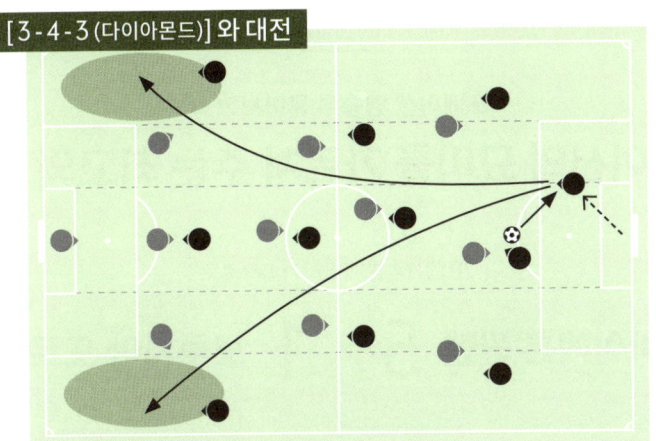

효과적인 공격 루트 ①

빌드업의 첫수부터 3대3의 수적 동등 관계가 되는 조합이다. 빌드업이 시작되는 곳에서 수적 우위를 확보하기 위해서는 골키퍼를 동원할 수밖에 없다. 미들 라인은 완전한 미러 매치이므로 공간은 전방 양쪽의 가장자리에 생긴다. 아군의 쓰리톱은 넓게 벌릴 수 있지만, 상대의 쓰리백은 센터백과 센터백 사이가 너무 멀어지는 것을 꺼려하므로 그다지 넓게 벌릴 수 없다. 이 우위성을 살리는 공격 루트다.

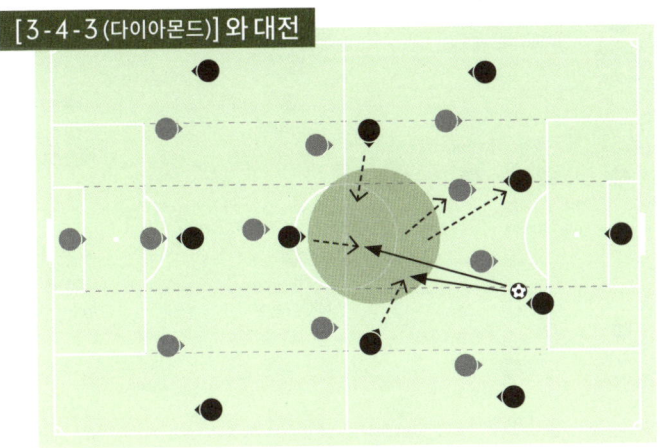

효과적인 공격 루트 ②

골키퍼의 발기술이 불안한 팀이라면, 앵커맨을 수비 라인으로 내려 포백으로 변형하는 것도 효과적인 선택지 중 하나다. 상대 공격형 미드필더가 수비 라인으로 따라오면 미들 라인의 일부가 빈다. 이 빈 공간으로 아군의 공격형 미드필더나 중앙 미드필더를 보내 완전히 1대1 상황인 미들 라인의 균형을 무너뜨리는 것이 목적이다.

Column

포메이션 명승부 돌아보기 ③
포메이션의 묘미를 가르쳐 주는 최고의 교재

2013-14 분데스리가 8라운드
바이에른 뮌헨 5 × 1 보루시아 도르트문트

감독
펩 과르디올라 Pep Guardiola
[3-4-3 (다이아몬드)]

감독
토마스 투헬 Thomas Tuchel
[4-3-1-2]

더글라스 코스타
Douglas Costa

파파스타토풀로스
Papastathopoulos

티아고 알칸타라
Thiago Alcantara

알라바
Alaba

귄도안
Gundogan

하비 마르티네스
Javi Martinez

뮐러
Muller

오바메양
Aubameyang

벤더
Bender

노이어
Neuer

샤비 알론소
Xabi Alonso

레반도프스키
Lewandowski

카가와
Kagawa

바이글
Weigl

뷔르키
Burki

미키타리안
Mkhitaryan

후멜스
Hummels

보아텡
Boateng

카스트로
Castro

람
Lahm

괴체
Gotze

피슈체크
Piszczek

펩 과르디올라와 토마스 투헬이 독일을 대표하는 빅클럽을 이끌고 격돌하는, 두 명장의 머리싸움이 펼쳐진 경기다. 지금 생각하면 현재까지 이어지는 전술 진화의 싹이 이 경기에서 텄는지도 모른다. 이 경기는 선수의 배치 전환을 포함해서 무려 다섯 번에 이르는 포메이션 변형 공방이 이루어져 현지 신문에서는 체스 타이틀전이라고 평했을 정도다. 필자도 경기를 보면서 두 감독이 현란하게 펼쳐내는 한 수 한 수의 변화와 그 의도를 따라가기 바빴던 게 지금도 생생히 기억난다. 포메이션의 묘미를 알고 싶다면 이 경기 이상으로 좋은 교재는 없을 것이다.

우선 주목할 것이 두 팀의 스타팅 오더다. 바이에른 뮌헨을 이끄는 과르디올라는 [3-4-3(다이아몬드)]를 선택했다. 이 중요한 경기에서 궁극의 변태 포메이션을 들고 나오다니 역시 과르디올라라고 할 수밖에 없다. 물론 당시 바이에른은 거기에 걸맞은 선수들을 갖추고 있었다. 공격형 미드필더 토마스 뮐러Thomas Muller는 그야말로 [3-4-3(다이아몬드)]에 이상적인 섀도 스트라이커라고 할 수 있다. 무엇보다 원터치 플레이가 주축이므로 볼의 흐름을 정체시키는 일이 없다. 최대 무기인 둘째 라인에서 뛰어 나오기를 활용하기에도 최적인 포지션이다.

마찬가지로 앵커맨으로 배치된 샤비 알론소도 쓰리톱의 양쪽 날개를 활용하기에 제격이다. 좌우로 볼을 뿌리는 사이드 체인지는 당시 세계 최고라고 해도 과언이 아닌 정확도를 자랑했다. 그리고 쓰리백의 양쪽에는 센터백이면서도 볼을 가지고 있을 때는 드리블로 2명이고 3명이고 벗겨내는 데이비드 알라바David Alaba, 롱패스 한 번으로 결정적 기회를 만들어내는 대포 제롬 보아텡Jerome Boateng이 배치되어 있었다.

한편 보루시아 도르트문트를 이끄는 투헬 감독은 [4-3-1-2]를 선택했다. 사실 이 시즌 도르트문트는 [4-3-3]을 주로 사용했지만 이 바이에른전에서는 포메이션을 바꿨다. 아마 투헬은 바이에른전을 앞두고 [4-3-3]에 일말의 불안을 느꼈을 것이다. 바이에른의 [3-4-3(다이아몬드)]와 대치할 때 앵커맨 샤비 알론소를 마크하지 못한다는 점

이다(이 책의 [4-3-3] 대 [3-4-3(다이아몬드)] 조합 참고). 그래서 투헬은 공격형 미드필더 카가와 신지를 배치해 수비 시 샤비 알론소의 맨마킹을 맡겼다(그림 1).

그리고 바이에른의 쓰리백에서 볼의 기점이 된 양쪽 풀백(알라바와 보아텡)은 투톱이 넓게 벌어지게 유도해서 1대1로 대응했다. 물론 그 대신 쓰리백의 중앙(하비 마르티네스)은 비지만 이곳은 과감하게 버린 것이다. 경기 후 마츠 후멜스Mats Hummels와 카가와 신지가 인터뷰에서 도르트문트의 경기 계획을 이야기했다. "볼을 점유했을 때 보아텡과 알라바에게 시간을 주지 말 것." (후멜스) "샤비 알론소를 혼자 내버려 두지 말라는 지시를 받았습니다." (카가와) 경기 전부터 이미 두 감독 사이에서 두뇌 대결이 시작된 것이다.

결과적으로 투헬의 바이에른 대책은 경기가 시작되었을 때부터 잘 기능했다고 해

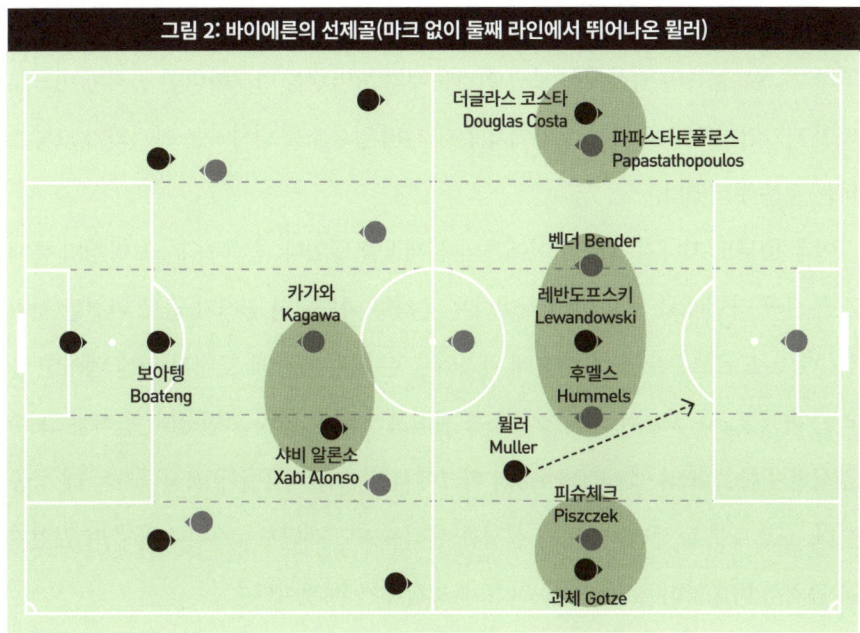

그림 2: 바이에른의 선제골(마크 없이 둘째 라인에서 뛰어나온 뮐러)

도 좋다. 바이에른은 자유로워진(투헬의 계획대로) 하비 마르티네스가 드리블을 했지만 알라바 같은 추진력이나 보아텡 같은 전개 능력이 없어서 빨리 누군가에게 패스를 주고자 했다. 그런데 자신 외의 거의 모든 선수에게는 맨마킹이 붙어 있었다. 이처럼 점유율 축구 유형의 팀에 대해 최후방에서 +1을 확보하면서 어디서 −1의 수적 불리를 허용하느냐 하는 문제는 현대 축구에서 주된 테마 중 하나다. 그리고 상대 팀에서 발기술과 전개 능력이 가장 떨어지는 센터백을 방치한다는 작전은 이 시점부터 모범답안이 되었다.

그러나 이 경기에서는 과르디올라의 대응도 빨랐다. 전반 15분이 지나자 쓰리백의 빌드업이 효과적으로 억제되고 있는 것을 알아차린 과르디올라가 얼른 쓰리백의 배열을 변경했다. 하비 마르티네스와 보아텡의 위치를 바꾼 것이다. 이 변경으로 이번에는 보아텡이 자유롭게 볼을 소유할 수 있게 되어 좌우로 롱패스를 뿌리기 시작했다. 도르트문트의 입장에서 보면 한가운데의 보아텡을 마크하려면 공격형 미드필더인 카가와가 앞으로 나올 수밖에 없는데 샤비 알론소를 담당하는 카가와가 그렇게 하는 것은 무리였다.

이후 10분도 지나지 않아 바이에른이 선제골을 넣었다. 전반 26분, 보아텡의 롱패스를 둘째 라인에서 마크 없이 뛰어나온 공격형 미드필더 뮐러가 골로 연결한 것이다(그림 2). 도르트문트는 이 시점에 카가와를 한 라인 앞으로 보내기 위해 앵커맨 율리안 바이글Julian Weigl이 샤비 알론소를 붙잡으러 가야 할지 고민했다. 뮐러는 그 순간적인 빈틈을 노려 앵커맨(바이글)의 마크에서 벗어나 자유롭게 빠져나가는 데 성공했다. 도르트문트 센터백 2명의 신경은 센터포워드 레반도프스키에게 쏠려 있었기에 공격형 미드필더 뮐러는 한순간 노마크 상태가 된 것이다.

그 후 전반 30분이 지났을 때 바이에른이 추가골을 넣어 2대0이 되자 이번에는 투헬이 움직였다. 포메이션을 [4-3-1-2]에서 [4-2-3-1]로 변경한 것이다. 목적은 바이에른의 앵커맨(샤비 알론소) 양쪽에 생기는 공간이었다. [4-2-3-1]로 변경한 도르트문트는 공격할 때 왼쪽 윙 헨리크 미키타리안Henrikh Mkhitaryan이 사이드로 나가는 것이 아니라 가운데로 파고들어 위험 지역으로 침투했다. 사람이 없어진 왼쪽 사이드 공간에는 뒤에서 풀백 루카스 피슈체크Lukasz Piszczek를 올리는 로테이션 공격으로 바이에른의 [3-4-3(다이아몬드)] 공략을 꾀한 것이다(그림 3).

그리고 그 의도는 딱 맞아떨어졌다. 바이에른에서는 앵커맨 샤비 알론소가 카가와와 미키타리안을 동시에 상대하기는 어려웠기 때문에 수비할 때 중앙 미드필더의 도움이 필요해졌다. 전술 쪽으로 머리가 좋은 중앙 미드필더 필립 람Philipp Lahm은 이것을 한발 빨리 눈치챘지만 미키타리안을 따라가야 할지, 또는 뒤에서 터치라인 부근으로 올라오는 풀백 피슈체크를 상대해야 할지 어려운 판단에 마주했다. 어쩔 수 없

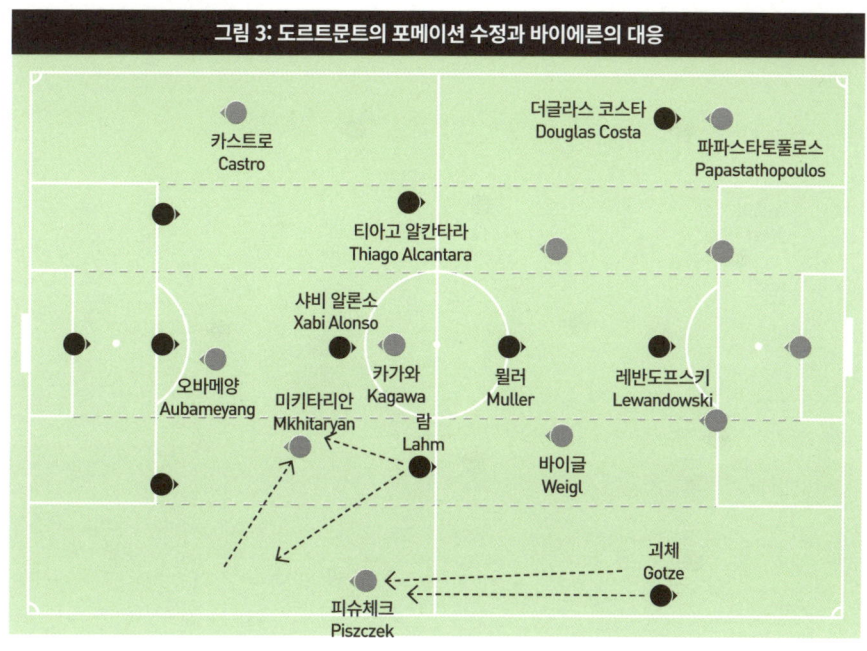

이 윙 마리오 괴체Mario Gotze가 아군 진영까지 돌아가 풀백 피슈체크를 마크함으로써 급한 불을 껐다. 그런데 이번에는 전방에 윙이 없어지면서 바이에른은 빼앗은 볼을 사이드로 전개할 수 없게 되었다. 결과적으로 도르트문트가 미들 라인에서 세컨드 볼을 줍기 시작하고 경기의 흐름이 크게 바뀌었다. 투헬의 포메이션 수정은 훌륭했다.

그리고 전반 35분, 이 흐름에 올라탄 도르트문트가 1골 차로 추격하는 득점에 성공한 것은 필연이라 해도 좋을 것이다. 골의 기점이 된 것은 앵커맨 옆의 공간에 침입한 미키타리안이었다. 그렇게 되자 이번에는 과르디올라가 가만히 있을 수 없었다. 하프타임에 포메이션을 다시 수정한 것이다. 과르디올라는 표적이 되기 시작한 앵커맨 옆의 공간을 메우기 위해 [3-4-3(다이아몬드)]를 [4-2-3-1]로 변경했다. 도르트문트가 원톱이 되었으므로 센터백 2명이 2대1의 수적 우위를 확보하면서 실점의 원인

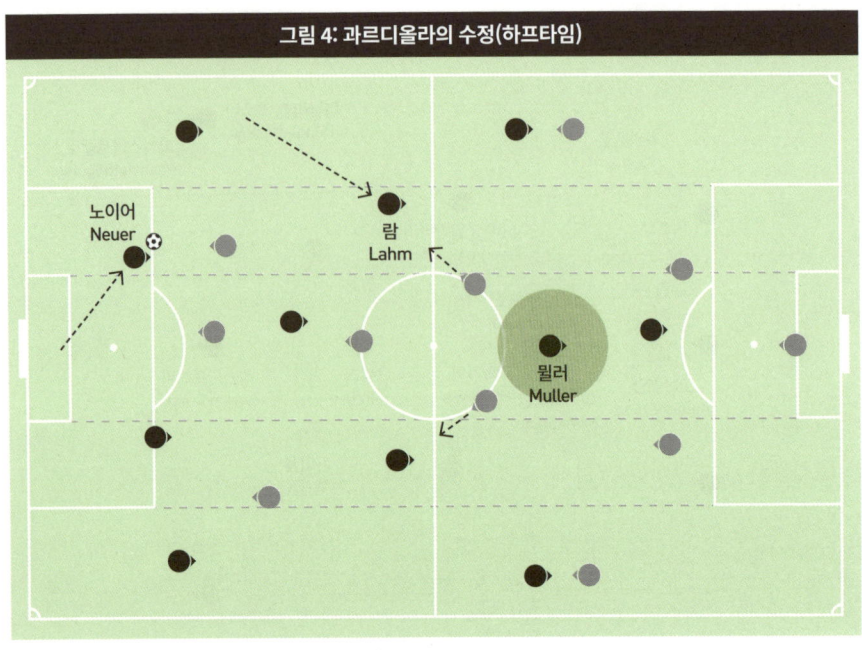

그림 4: 과르디올라의 수정(하프타임)

이었던 앵커맨 옆의 공간을 두 수비형 미드필더로 메우는 교과서적인 수정처럼 보였다.

그런데 과르디올라는 이 수정에 공들여 양념을 쳤다. 수비할 때는 [4-2-3-1]로 균형을 맞추면서도 공격할 때는 람을 '가짜 풀백'으로 활용하기 시작한 것이다. 빌드업할 때는 골키퍼 마누엘 노이어Manuel Neuer를 참여시켜 후방의 수적 우위를 확보하고 가짜 풀백을 활용해 미들 라인에서도 수적 우위에 있도록 한다는 놀라운 발상이었다.

원래 [4-2-3-1]끼리 맞물리면 미들 라인의 인원수는 동등한 관계가 된다. 그러나 가짜 풀백인 람이 미들 라인에 들어가면서 바이에른은 볼을 점유했을 때 4대3의 수적 우위를 이루게 되었다. 도르트문트의 두 수비형 미드필더는 눈앞에 매치업 되는 상대가 있으므로 아무래도 그쪽을 의식할 수밖에 없었고 등 뒤의 공격형 미드필더(뮐리)를 붙잡아 두기 어려워졌다(그림 4).

그리고 후반 1분, 과르디올라의 의도가 멋지게 적중했다. 보아텡이 다시 롱패스 동작에 들어간 순간, 전반 첫 골의 잔상이 머릿속에 있었던 도르트문트의 센터백은 둘째 라인에서 노마크 상태인 뮐러를 의식했다. 그때 이번에는 레반도프스키가 뒷공간으로 침투하여 골을 넣었다.

원래 티키타카의 전도사로 불렸던 과르디올라지만 이 경기에서는 매우 단순한 롱볼로 2골을 만들었다. 경기에서 눈에 띈 것은 빠른 직진 공격에서 진가를 발휘하는 보아텡, 뮐러, 레반도프스키였다. 볼 점유가 특기인 티아고 알칸타라와 샤비 알론소는 이때까지 철저히 보조 역할이었다.

한편 2골 차를 따라잡아야만 하는 도르트문트의 투헬도 곧바로 움직였다. 포메이션을 [4-3-3]으로 만들어 앞에서부터 적극적으로 볼을 빼앗으러 가는 하이 프레스 전술로 나왔다. 그러자 바이에른도 공격 루트를 완전히 바꾸어 대응했다. 이번에는 뒤에서 차근차근 볼을 연결해 도르트문트의 하이 프레스를 1명씩 벗겨내는 공격으로 전환한 것이다. 바이에른은 람의 가짜 풀백, 윙에서 미들 라인으로 내려온 괴체, 밀집한 선수들을 아랑곳하지 않는 티아고 알칸타라의 드리블 등으로 도르트문트의 압박을 무효화했다. 애초에 과르디올라가 단련시킨 바이에른은 상대가 하이 프레스로 나오면 패스워크로 벗겨내는 것이 특기였으므로 당연한 결과였다.

후반에 패스워크의 주역을 담당한 선수는 전반전에서 보조 역할에 충실했던 티아고 알칸타라, 샤비 알론소, 괴체였다. 경기가 끝나갈 때 바이에른은 훌륭한 패스워크로 2골을 추가하며 이 지략 대결에서 5대1로 승리를 거두었다. 그러나 결과보다도 두 감독이 모든 지략을 짜냈던 농밀한 90분은 나중에 프리미어 리그로 무대를 옮겨 펼쳐진 제2막의 서장이었는지도 모른다.

마치며

　이번에 이 책을 집필하면서 '축구에서 포메이션이란 뭘까?'라는 의문을 몇 번이고 떠올렸다. 유동적이고 혼돈을 내포한 축구에서 포메이션대로 선수가 서 있는 시간은 한순간에 불과할 것이다. 그래도 우리는 그 한순간을 포착한 포메이션이라는 개념을 사용해 전후의 경기 전개를 읽어낼 수 있다. 생각해 보면 신기한 일이다.

　조금 벗어난 이야기지만 필자도 이제 아저씨이기 때문에 요즘 젊은 세대에서 유행하는 SNS는 솔직히 따라갈 자신이 없다. 젊은 사람들이 "인스타 안 하세요?"라고 해맑게 물어볼 때면 어쩔 수 없이 나이를 실감한다. 특히 요즘 젊은 사람들 사이에서는 스토리니 틱톡이니 하며 동영상으로 소통하고 자신을 표현하는 것이 주류인 모양이다. 생각해 보면 필자가 아직 젊었을 때는 문자로 보낸 사진이나 스티커 사진 등의 정지 화면이 주류였다. 당시에는 사진 한 장만 봐도 과거의 추억을 떠올리거나 사진에 찍히지 않은 전후 모습까지 머릿속에 선명하게 되살릴 수 있었다. 어쩌면 축구를 포메이션으로 보는 것도 이것에 가까운 느낌이 아닐까. 다시 말해 동영상이 아니라 정지 화면의 문화인 것이다. 예를 들어 실제 경기에서 빈 공간이란 나타났다가 사라지는 동적인 대상이다. 고정된 빈 공간은 존재할 수 없다. 그러나 정지 화면에 지나지 않는 포메이션 그림에서 그 동적인 공간을 가시화하는 일은 가능하다. 포메이션에는 그런 가능성이 숨어 있다.

　더 구체적인 예를 들어 보겠다. 포메이션에서 찾아낼 수 있는 공간 중 하나로 앵커맨 옆 공간이 있다. [4-3-3] ([4-1-4-1]이라고 표현해도 좋다) 등의 포메이션에서 앵커맨의 좌우에 생겨나는 공간이다. 이것이 [4-4-2]가 되면 위험 지역이라고 불리는 띠 모양의 지역이 된다. [4-4-2]는 앵커맨이 없으므로 지역 전체가 빈 공간이 되기 쉽다는 논리다. 여기서 '그렇다면 애초에 앵커맨이라는 포지션은 위험 지역을 메우기 위해 배치된 파수꾼이 아닐까?' 하고 전략적 의도까지 깨닫게 된다. 그림으로 그려서 맞물림을 보면 일목요연하지만 실제 경기 영상만 보면서 이것을 이끌어내는 일은 그보다 몇 배 어려운 작업일 것이다.

　그리고 때로는 [4-3-3]인 팀이라도 앵커맨 옆 공간이 없는 경우가 간혹 있다. 의도적으로 그 공간을 잘 없애기 때문이다. 이번에는 '그렇다면 원래 있어야 할 공간을 어떻게 없앤 것일까?'라는 시각으로 옮겨가게 된다. 잘 관찰

해보면 센터백이 수비 라인을 부지런히 밀어 올려 공간을 없애고 있을 수도 있고, 메짤라가 기회를 봐서 좁혀 들어와 공간을 메우고 있을 수도 있다. 후자의 경우라면 그 메짤라는 수비에 대한 의식이 아주 강하고 포지셔닝 감각이 좋은 선수라는 사실까지 알 수 있다. 이처럼 축구는 정지 화면과 영상을 조합해서 보면 더 폭넓게 이해할 수 있다.

여담이지만 필자는 학창 시절 수업 도중 공책 한구석에 '내가 생각하는 최강 포메이션'을 열심히 그렸다. [4-4-2]나 [3-4-3]의 각 포지션에 필자가 생각한 최적의 선수를 배치하고 움직임의 조합까지 가정했다. '뒤에서 호베르투 카를루스가 올라올 공간을 만들기 위해 앞에는 플레이메이커 유형인 ○○를 배치하고, 수비형 미드필더로는 공간을 잘 메우는 ○○를 배치하자.' 게다가 이 포메이션들을 종이 위에 맞물리게 해서 경기의 전개까지 망상하는 사고실험(?)에 몰두했던 기억이 난다(독자 여러분은 부디 수업 중이 아닌 다른 시간에 해 보기 바란다). 이번에 500개가 넘는 포메이션 도판(책에 수록하지 않은 것까지 포함)을 만들면서 당시의 경험을 특히 많이 활용했다. 언제 무엇이 도움이 될지 모르는 것이 인생이다.

그리고 얼핏 보기에 쓸데없는 망상은 지금 실제 현장에서 경기의 전개를 미리 예측하는 작업으로 이어졌다. 승부의 최전선에서는 포메이션 그림 한 장을 보고 생겨나기 쉬운 공간과 메워야 하는 지역 등 경기의 요점을 파악해야만 한다. 필자에게 그런 안목이 정말로 있는지는 별개의 문제지만 그것이 필요하다는 사실에는 변함이 없다.

이 책을 읽어 주신 독자 여러분도 자신이 응원하는 팀의 감독이 된 기분으로 포메이션 그림 한 장에서 다양한 경기 전개를 예상해 보기 바란다. 경기에 대한 몰입감이 두 배가 될 것이라고 약속한다.

2022년 1월 다쓰오카 아유무

저자 **다쓰오카 아유무**(龍岡歩)

1980년 가나가와 현 출생. 1993년 J리그 개막전에 충격을 받아 만 12세부터 매일 공책에 전술을 기록하며 철저히 연구했다. 28세부터 블로그 '축구 점장이 심심해서 쓰는 일기'를 시작, 예리한 고찰로 좋은 평가를 받아 현 스포츠X에 입사. 스포츠X가 경영하는 후지에다 MYFC(J3)의 전술분석장으로 네 시즌 동안 재직. 현재는 JFL 승격이 목표인 오코시야스 교토 AC(간사이 1부)의 전술 겸 분석관.

한권으로 마스터하는
퍼펙트 축구 포메이션

1판 1쇄 | 2022년 9월 26일
1판 3쇄 | 2024년 7월 8일
지 은 이 | 다쓰오카 아유무
감　　수 | 한 준 희
옮 긴 이 | 이 정 미
발 행 인 | 김 인 태
발 행 처 | 삼호미디어
등　　록 | 1993년 10월 12일 제21-494호
주　　소 | 서울특별시 서초구 강남대로 545-21 거림빌딩 4층
　　　　　www.samhomedia.com
전　　화 | (02)544-9456(영업부) / (02)544-9457(편집기획부)
팩　　스 | (02)512-3593

ISBN 978-89-7849-667-4 (13690)

Copyright 2022 by SAMHO MEDIA PUBLISHING CO.

출판사의 허락 없이 무단 복제와 무단 전재를 금합니다.
잘못된 책은 구입처에서 교환해 드립니다.